神話のおへそ

『古語拾遺』編

監修・神社本庁
扶桑社

装丁・本文デザイン　坂本浪男（アクシャルデザイン）

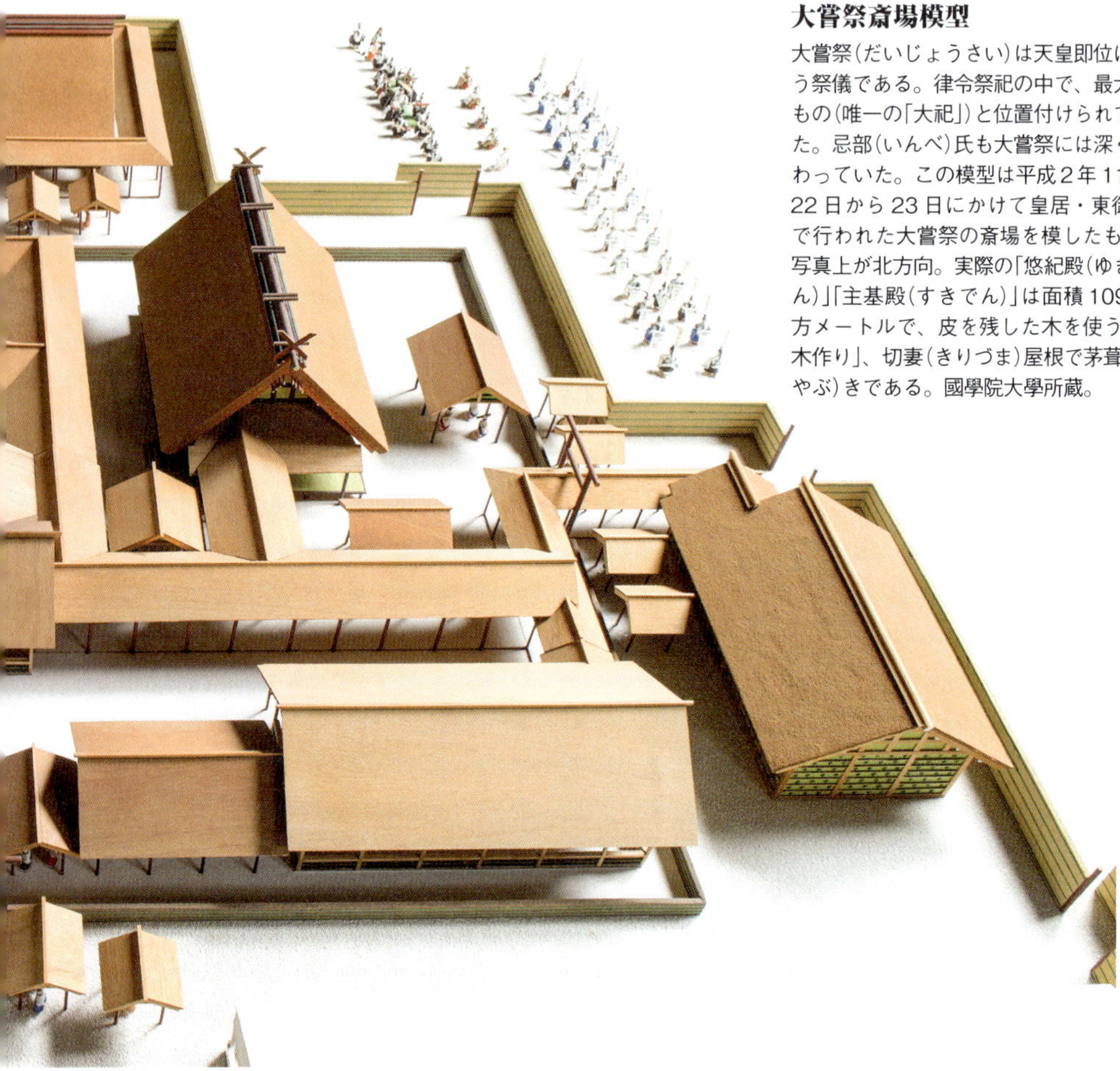

大嘗祭斎場模型

大嘗祭(だいじょうさい)は天皇即位に伴う祭儀である。律令祭祀の中で、最大のもの(唯一の「大祀」)と位置付けられていた。忌部(いんべ)氏も大嘗祭には深く関わっていた。この模型は平成2年11月22日から23日にかけて皇居・東御苑で行われた大嘗祭の斎場を模したもの。写真上が北方向。実際の「悠紀殿(ゆきでん)」「主基殿(すきでん)」は面積109平方メートルで、皮を残した木を使う「黒木作り」、切妻(きりづま)屋根で茅葺(かやぶ)きである。國學院大學所蔵。

北側から見た大嘗祭斎場

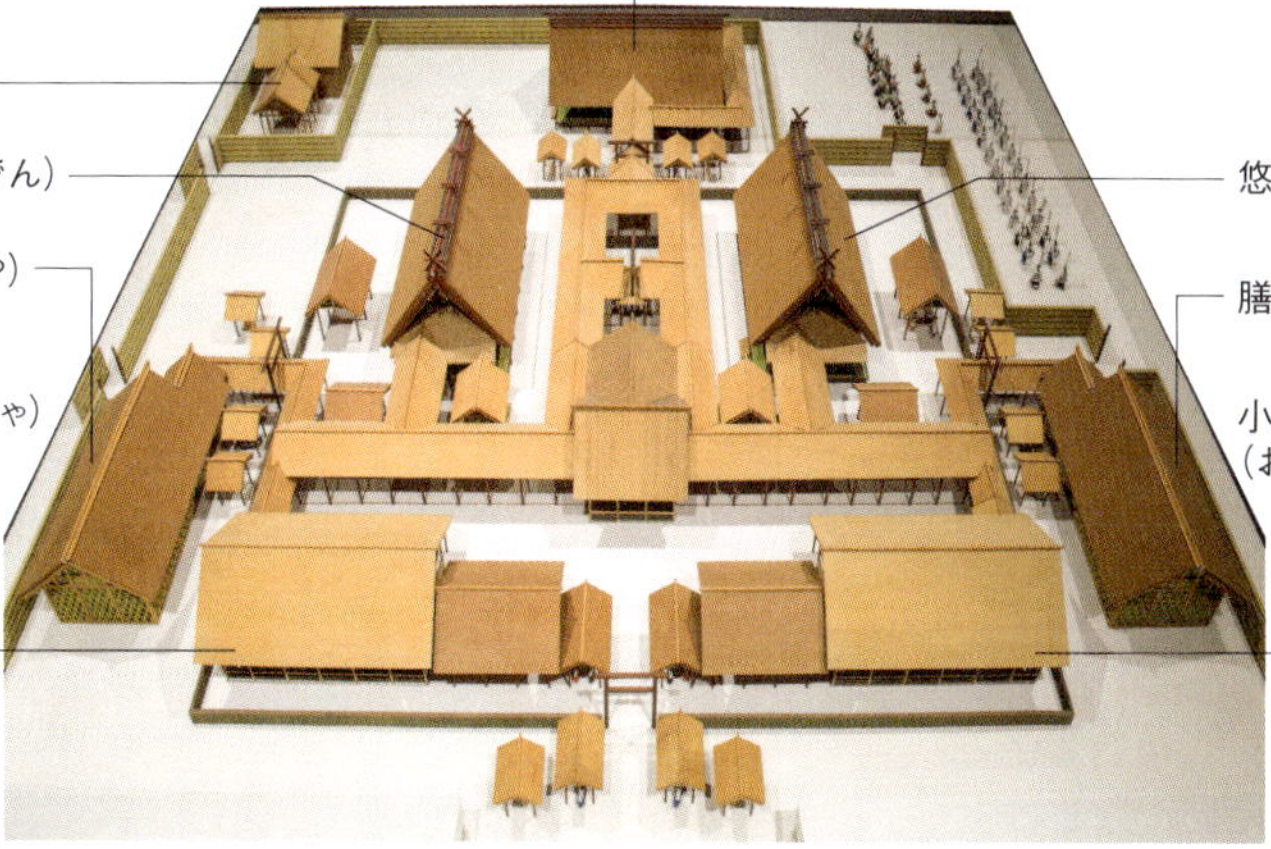

廻立殿（かいりゅうでん）
斎庫（さいこ）
主基殿（すきでん）
悠紀殿（ゆきでん）
膳屋（かしわや）
膳屋（かしわや）
小忌幄舎
（おみのあくしゃ）
小忌幄舎
（おみのあくしゃ）

写真上は南側から、写真下は東側から見た斎場

平安時代初期の時代

平安時代初期は崩れかけた律令制を立て直すために、租税の対象となる田である班田収授法《はんでんしゅうじゅ》の改定が行われ、蔵人所《くろうどどころ》など、令に定められていない令外官《りょうげのかん》が置かれた

桓武天皇の御代	
延暦3年(784)	長岡京に遷都
延暦4年(785)	藤原種継暗殺 ～大伴氏、佐伯氏、紀氏などの古代氏族の没落～
延暦11年(792)	陸奥・出羽・佐渡・大宰府以外の軍団兵士制を廃止し、健児《こんでい》(兵士)の制を定める
延暦13年(794)	平安京に遷都
延暦14年(795)	雑徭《ぞうよう》(労役)を半減
延暦16年(797)	勘解由使《かげゆし》(地方行政を監査)を設置 坂上田村麻呂が征夷大将軍に任ぜられる
延暦20年(801)	土地私有の傾向が強まり班田の支給が困難となり、畿内の班田を6年ごとから12年ごとに緩和
延暦24年(805)	蝦夷征討と平安京の造営を中止

平城天皇の御代	
大同元年(806)	観察使《かんさつし》(地方行政を監察する官職)を置き、国司らを監督
大同2年(807)	参議を廃止

嵯峨天皇の御代	
大同5年 弘仁元年 (810)	蔵人所(天皇に直属し機密文書や訴訟を掌った機関。秘書的な役割をした)を設置。観察使を廃止し参議が復活 薬子の変(平城太上天皇の変)
弘仁7年(816)	検非違使《けびいし》(治安維持のため京内外の巡検と盗賊などの追捕にあたった)を設置
弘仁11年(820)	「弘仁格式」撰進

■「地方の忌部」■

144ページ参照

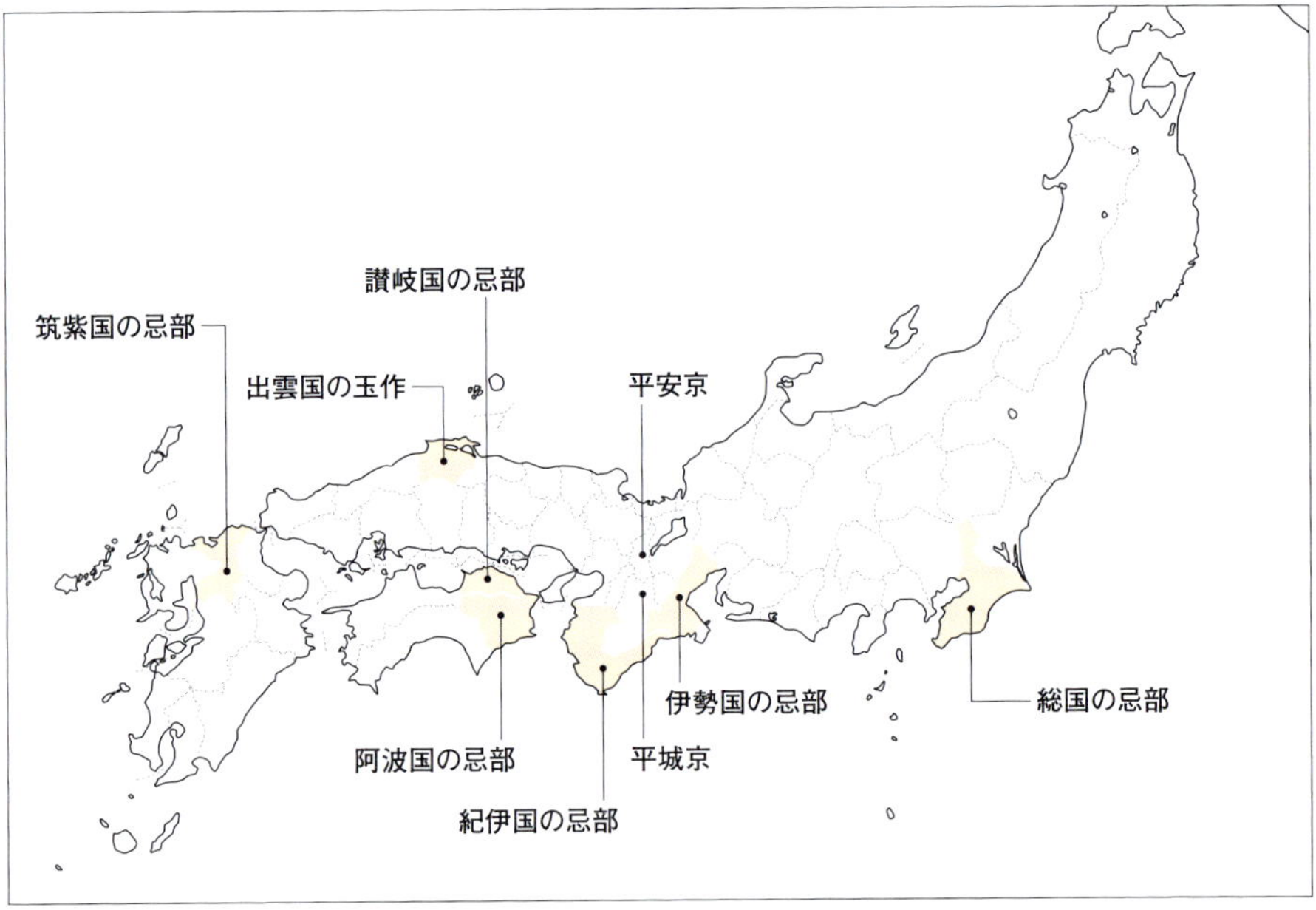

■忌部氏と蘇我氏の本拠地■

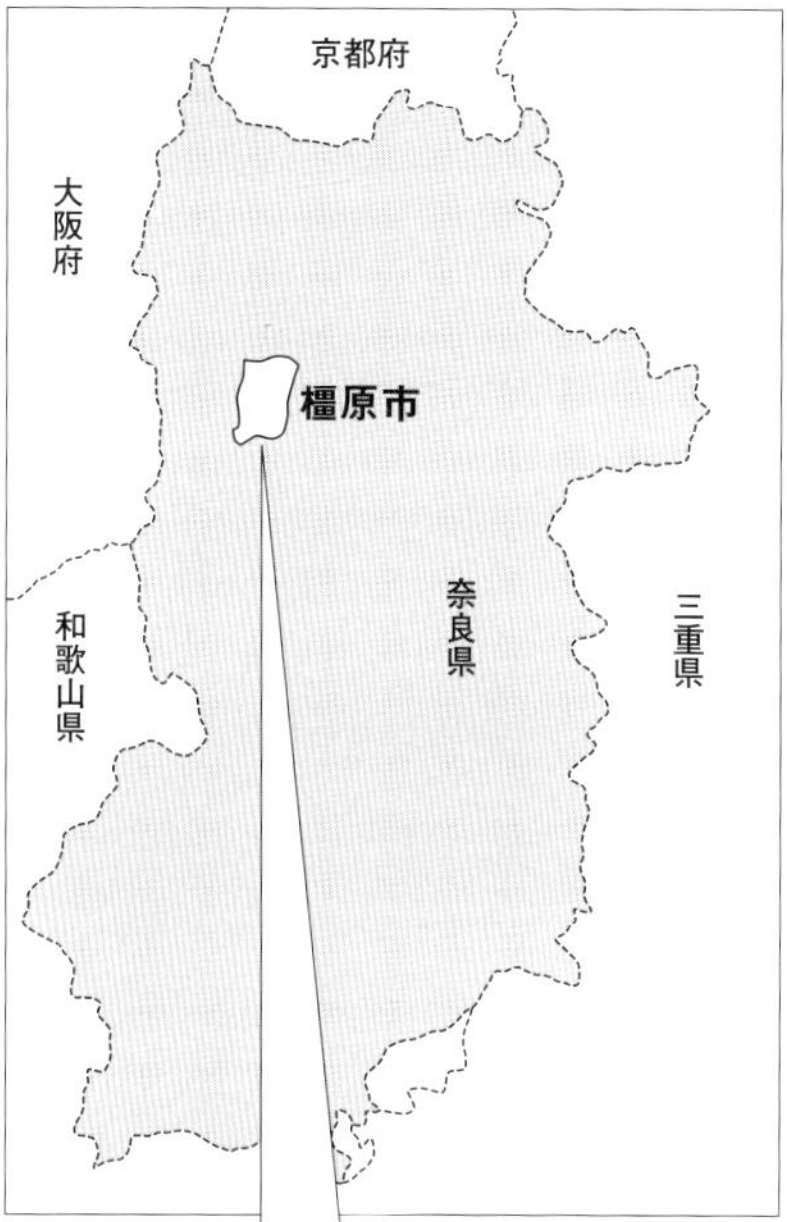

天太玉命（あめのふとだまのみこと）神社と宗我坐宗我都比古（そがにますそがつひこ）神社はそれぞれの氏神社と指摘される（149、248ページ参照）

目次

天孫降臨

神武天皇の東征と祭祀

崇神天皇の御代から「介推《かいすい》の恨み」まで

遺れている事十一か条

御歳神《みとしのかみ》の祭祀

■第2章「中級編」 理解のために

■第3章「展開編」『古語拾遺』を理解する

天孫降臨

神武天皇の東征と祭祀

はじめに

『古語拾遺《こごしゅうい》』。

この一般には聞き慣れない書名の意味は「古伝承に遺《も》れたものを拾う」ことを表しています。なぜ「古語」が「古伝承」になるかというと、「古語」には「古言《ふること》」や「古事《ふること》」の意味があるからです。江戸時代後期の国学者・本居宣長《もとおりのりなが》が『古事記』『日本書紀』の次に読むべき古典と称賛したこの書物は、「記紀」と同じく神道を学ぶ上での重要古典（神典《しんてん》）に位置づけられています。理由は、まさに「記紀」には載っていない独自の古伝承があるからです。

『古語拾遺』は大同《だいどう》二年（八〇七）に成立したとされています。大同二年といえば、都は奈良の平城京から京都の平安京に遷り、桓武天皇から平城《へいぜい》天皇の御代《みよ》へと代わって二年目の年にあたります。書いたのは斎部広成《いんべのひろなり》という八十歳を過ぎた老翁でした。「斎部（忌部《いんべ》）」氏は、古くから中臣《なかとみ》氏と並んで神事や祭事に従事した氏族（神祇《じんぎ》氏族）でした。その広成翁が平城天皇の命により、忌部氏に伝わる伝承を撰上《せんじょう》（編纂し献上すること）したのがこの『古語拾遺』なのです。

当時の日本は、大陸から導入され、わが国の伝統も尊重しながら構成された「律令《りつりょう》」という法律で国が運営されていました。これを「律令制」「律令制度」といいます。律令制は「大化改新《たいかのかいしん》」（六四五年）を成し遂げられた天智《てんじ》天皇や、「壬申《じんしん》の乱」（六七二年）を勝ち抜かれた天武《てんむ》天皇あたりの御代から導入の気運が高まりました。斎部広成が生きた奈良時代後期から平安時代初期は、この「律令制」が崩壊し始めた時代といわれています。また、大同二年は、『古事記』（和銅《わどう》五年／七一二）や『日本書紀』（養老四年／七二〇）の撰進から九十年近くの歳月が経過していた時代でもあります。その一方で、忌部氏にとって「神祇氏族」としての地位が中臣氏に比べて劣ってきていた時代でもあり、この大同二年の一年前には、神事の執行に関して、忌部氏と中臣氏が相互に朝廷に訴えるといった事態も起こっていました。結果としては、朝廷の裁断により忌部氏の言い分が認められています。

一体なぜ、このような時期に斎部広成翁は、神話の時代にも遡る忌部氏一族の古伝承の撰進を求められたのでしょうか。その背景を知ることも『古語拾遺』の理解には必要なことになってきます。

まずは『古語拾遺』の内容に触れていきましょう。『古語拾遺』の内容は大きく次の四つに分けられます。「一　神代《かみよ》の古伝承」、「二　神武《じんむ》天皇以降の古伝承」、「三　古伝承に遺れている事」、「四　御歳神《みとしのかみ》祭祀の古伝承」です。本居宣長は、『古語拾遺』を『古事記』『日本書紀』の次に読むべき本と言いましたが、「記紀」の内容を知らなくても『古語拾遺』の内容は容易に理解できます。むしろ『古語拾遺』から始めて、次に「記紀」に入っていくことも可能です。本書では第1章の「基礎編」を「『古語拾遺』を読む」と題し、漢文で書かれた原文の現代語訳と解説を掲載しています。また、『古語拾遺』は初めに序文が、最後に跋文《ばつ》が付けられています。この序文と跋文は、先に記した『古語拾遺』成立の背景の理解を助けるものとなっています。第2章の「中級編」では「理解のために」と題し、『古語拾遺』成立の背景を解説し、第3章「展開編」の「『古語拾遺』を理解する」では、さらに神道的な理解を深めていきます。

本書は、全国八万の神社を包括する神社本庁が監修する「神道文化検定（神社検定）」の公式テキストとして、第1章が三級、第2章・第3章が二級のレベルになります。つまり、第1章が平成二十八年の三級試験の出題範囲、第2章・第3章を含めた本書すべては平成二十九年の二級試験の出題範囲となっています（一級は平成二十八年から本書すべて）。そして第1章は、神社検定公式テキスト①『神社のいろは』（三級用テキスト）を併せて読むことで理解が進み、第2章・第3章は、同公式テキスト③『神社のいろは続《つづき》』（二級用テキスト）を読めばより理解が深まる内容となっています。もちろん、『神社のいろは』や『神社のいろは続』を読んでいなくとも理解できるように注意を払いました。

それでは、忌部氏の伝承に基づいた「神話」と「史実」の世界に分け入っていきましょう。

■本書は、天理図書館蔵、嘉禄本古語拾遺(天理図書館善本叢書『古代史籍集』所収。原本の第二紙及び第十・十一・十二紙の錯簡を訂したもの)を底本とした。

第1章「初級編」

『古語拾遺』を読む

『古語拾遺』の内容を知る

『古語拾遺』は完全な漢文で書かれています。そこで、その現代語訳と簡単な解説を掲載します。

原文は段落で分けられてはおらず、見出しなどは付けられていませんが、ここでは便宜上、段落分けと見出しを付けています。

その内容は大きく以下の四つに分けられます。一　神代の古伝承、二　神武天皇以降の古伝承、三　古伝承に遺れている事、四　御歳神祭祀の古伝承。まずは、その内容を頭に入れましょう。

伊奘諾神・伊奘冉神
大八洲国
素戔嗚神
根の国
天御中主神
高皇産霊神
神産霊神
天児屋命（中臣氏）
栲幡千千姫命
天津彦尊
天忍日命（大伴氏）
天太玉命（忌部氏）
天日鷲命（阿波国）
手置帆負命（讃岐国）
彦狭知命（紀伊国）
櫛明玉命（出雲国）
天目一箇命（筑紫・伊勢国）

天地開闢《かいびゃく》から大己貴神まで

【天《てん》と地が初めて出来た時】

ある説にいうことには、天地《あめつち》が初めて出来た時、伊奘諾《いざなき》・伊奘冉《いざなみ》の二柱の神様が夫婦となられて大八洲国《おおやしまのくに》をはじめ山川草木をお生みになった。次に、日の神、月の神、そして最後に素戔嗚神《すさのおのかみ》をお生みになった。しかし、素戔嗚神はいつも泣き叫んでいて、そのために人々は死んでしまい、山の木々も枯れてしまいました。そのありさまを見て父母の神である伊奘諾・伊奘冉神は「お前はひどいことをした、すぐに根の国に行きなさい」とお命じになった。

また、別の説には、天地が初めて出来た時に、天《あめ》の中に生まれた神のお名前は天御中《あめのみなか》主神《ぬしのかみ》と申し上げます。次に高皇産霊神《たかみむすひの》（古い言葉にタカミムスヒといい、カムルキノミコトと呼ばれるのはこの神です）、次に神産霊神《かみむすひの》（カムルミノミコトと呼ばれ、この神の子である天児屋命《あめのこやねのみこと》は中臣朝臣《なかとみのあそみ》の祖神《おやがみ》です）が生まれました。

そして、高皇産霊神の子である女神のお名前は、栲幡千千姫命《たくはたちぢひめの》（天津彦尊《あまつひこのみこと》の母神）、男神のお名前は天忍日命《あめのおしひの》（大伴宿禰《おおともすくね》の祖神）、天太玉命《あめのふとたまの》（斎部宿禰《いみべの》の祖神）と申します。

太玉命が統率する神々のお名前は天日鷲命《あめのひわしの》（阿波国《あわのくに》の忌部《いみべ》たちの祖神）、手置帆負命《たおきほおいの》（讃岐国《さぬきの》の忌部の祖神）、彦狭知命《ひこさしりの》（紀伊国《きの》の忌部の祖神）、櫛明玉命《くしあかるたまの》（出雲国の玉作《たまつくり》の祖神）、天目一箇命《あめのまひとつの》（筑紫《つくし》・伊勢の両国の忌部の祖神）と申します。

天地開闢

カムロキ・カムロミノミコト

天津彦彦火瓊瓊杵尊

天祖

まず、天と地が初めて出来た天地開闢《かいびゃく》の時に、伊奘諾神と伊奘冉神という二柱の神が結婚されて、八つの大きな島（日本列島）と山川草木などを生み出され、素戔嗚神が「根の国」に追放されるまでが書かれています。

次の段では、天地開闢の時に、天に出現された天御中主神と高皇産霊神、神産霊神のことが述べられています。そして、高皇産霊神は「カムルキ（カムロキ）ノミコト」、神産霊神は「カムルミ（カムロミ）ノミコト」とも呼ばれることが述べられ、さらに、神産霊神の子が天児屋命であり、天児屋命は中臣氏の祖先であることが記されています。中臣朝臣の「朝臣」とは古代日本における「姓《かばね》」の一つで、氏族に与えられた称号です。なお、「高皇産霊神」のところで、「古い言葉にタカミムスヒといい」とあるところは、原文では「古語、多賀美武須比」となっていて、昔から伝えられた言葉「古語」として、「多賀美武須比」つまり「タカミムスヒ」という言葉および読み方があることを述べているのです。

そして、高皇産霊神の子である栲幡千千姫命、天忍日命、天太玉命のことが述べられ、それぞれ、栲幡千千姫命は天津彦尊の母神であり、天忍日命は大伴氏の、天太玉命が斎部氏の祖先であることが語られます。天津彦尊とは、後に高天原《たかまのはら》から葦原中国《あしはらのなかつくに》に天降《あまくだ》られる天孫・天津彦彦火瓊瓊杵《ひこほのににぎの》尊のことです。ちなみに、ここの原文には「天祖天津彦尊」とあり、この「天祖」（てんそ・あまつみおや）とは、天皇の直系の祖神といった意味になります。また、大伴宿禰などの「宿禰」も姓の一つです。

さらに、（天）太玉命が率《ひき》いた神々として、天日鷲命、手置帆負命、彦狭知命、櫛明玉命、天目一箇命が挙げられ、それぞれの神様が、阿波（徳島）、讃岐（香川）、紀伊（和歌山）、

玉作り

天照大神

曲玉

吾勝尊

瑞八坂瓊之曲玉

約誓（誓約）

筑紫（福岡）、伊勢（三重）に居住した忌部氏の祖先であることが語られています。なお、櫛明玉命のところで「出雲国の玉作の祖神」とありますが、これは出雲（島根）で文字通り「玉作り」に従事した人たちの祖先ということで、他の神の子孫と同じように忌部氏（後に斎部氏）に関係する氏族です。

【約誓《うけい》と素戔嗚神の「天《あま》つ罪」】

素戔嗚神が日の神である天照大神《あまてらすおおかみ》に、根の国に退くご挨拶をしようと天に昇った時、櫛明玉命がお迎えして大きく立派な曲玉《まがたま》を献上しました。素戔嗚神はさらにこれを天照大神に献上しました。素戔嗚神が邪心の無いことを誓うため、子を生むこととなり、天照大神はその曲玉から天祖《あまつみおや》吾《あ》勝尊《かつのみこと》をお生みになりました。天照大神は吾勝尊を非常に可愛がり、常に腋の下に抱きかかえていらっしゃいました。そのため腋子《わきご》と申しました（今でも幼児を「わかご」というのはそれが訛《なま》って伝わったものです）。

ここでは、前段で「根の国に行きなさい」と命じられた素戔嗚神が、暇乞《いとまご》いの挨拶のために「日の神」天照大神がいらっしゃる天に昇った時の話です。前段で太玉命が率いる神として登場した櫛明玉命が、素戔嗚神をお迎えして大きく立派な曲玉を献上しました。原文では「瑞八坂瓊之曲玉」（「瑞《みず》の八坂瓊《やさかに》の曲玉」）とあり、その曲玉は素戔嗚神から天照大神へと献上されます。そして、「約誓《うけい》」（誓約《うけい》）が行われるのです。「約誓」とは、あらかじめ決め事をしておいて、その結果によって神意を卜《うらな》う（確認する）方法です。「約誓」

正哉吾勝勝速日天忍穂耳尊

毀畔
埋溝
放樋
重播
刺串
生剥
逆剥
屎戸
新嘗祭

天つ罪

は「誓約」と書かれることが多いのですが、『古語拾遺』では「約誓」が使用されています。ここでは、突然、訪れてきた粗暴な素戔嗚神に邪心があるかないかを知るため、曲玉から子を出現させることになったのです。そして、天照大神は、その曲玉から「天祖《あまつみおや》吾勝《あかつの》尊」、天皇の祖神にあたる吾勝《あかつの》尊を生み出されました。「吾勝尊」とは『日本書紀』にいう「正《まさ》哉《か》吾勝《あかつ》勝《かち》速日《はやひ》天《あめの》忍《おし》穂《ほ》耳《みみの》尊」のことです。

【素戔嗚神の勝さび】

約誓の後、素戔嗚神は天上で悪い行いを繰り返し、天照大神の面目をつぶしてしまいました。その悪行は、毀畔《あはなち》（古い言葉にアハナチといいます）、埋溝《みぞうみ》（古い言葉にミゾウミといいます）、放樋《ひはなち》（古い言葉にヒハナチといいます）、重播《しきまき》（古い言葉にシキマキといいます）、刺串《くしさし》（古い言葉にクシサシといいます）、生剥《いけはぎ》、逆剥《さかはぎ》、屎戸《くそと》と呼ばれるものです（素戔嗚神は、天照大神が稲作をしようとする田んぼに串を刺したり、種を余計に蒔き、畔《あぜ》を壊し、用水路を埋め、樋《とい》を壊してしまいました。収穫を感謝する新嘗祭《にいなめ》の時には、祭りを行う小屋の戸に大便を塗りつけました。天照大神が機織《はたお》りをしていらっしゃるところへ馬の皮を生きたまま剥ぎ、その部屋の中に投げ入れました。これらの悪行は「天《あま》つ罪《つみ》」と呼ばれ、都で行われる大祓の時に、中臣氏の役人が祝詞の中で読み上げています。また、ここから分かるように養蚕と機織りの起源は神代より始まります）。

約誓によって邪心がないことが証明された素戔嗚神でしたが、その後は大変な悪行を働

大祓詞
六月(十二月)晦日大祓

いてしまいます。見出しの「勝さび」とは勝者の行動のことを意味していますが、その行状が「毀畔《あはなち》」、「埋溝《みぞうみ》」(みぞうめ、とも)、「放樋《ひはなち》」、「重播《しきまき》」、「刺串《くしさし》」(くしざし、とも)、「生剥《いけはぎ》」(いきはぎ、とも)、「逆剥《さかはぎ》」、「屎戸《くそと》」(くそへ、とも)で、これらは「天つ罪」と呼ばれるものでした。それぞれの内容は、素戔嗚神の行為として書かれていますが、一つひとつを挙げていけば、「毀畔《あはなち》」とは、田と田の境として土を細長く盛り上げた「畔《あぜ》」を壊すことで、田を干上がらせたり、他人の田を侵略する行為ともとられます。「埋溝《みぞうみ》」とは、溝を埋めることで、水の流れをせき止めてしまいます。「放樋《ひはなち》」とは、田に水を引く樋《とい》を壊すことで、田に水がこなくなってしまいます。「重播《しきまき》」とは、人が種を播《ま》いた後に重ねて種を播く行為を指していて、初めの種の成長を妨げたり傷つけたりすることになります。「刺串《くしさし》」とは、他人の田に棒などを刺して、自分の田であることを主張し横領《おうりょう》することです。「生剥《いけはぎ》」とは、生きたまま馬や獣の皮を剥ぐことで、「逆剥《さかはぎ》」とは、通常とは違う方法で皮を剥ぐ行為を指しています。ただ、モラルに反するそれらの行為が、呪術的な行為なのかは不明ですが、「屎戸《くそと》」は、糞などで汚すことによって神聖さを犯す呪術的行為と考えられています。

また、この段でも、括弧の中に書かれているように、それぞれの「古語」が示されています。原文では、「阿波那知」(アハナチ)、「美曾宇美」(ミゾウミ)、「斐波那知」(ヒハナチ)、「志伎麻伎」(シキマキ)、「久志佐志」(クシサシ)と書かれています。

そして、これらの「天つ罪」については、「大祓詞《おおはらえことば》」(正確には「六月《みなづきの》(十二月《しわすの》)晦《つごもりの》大祓」)と呼ばれる祝詞の中に書かれていると述べています。大祓は、半年の間に知らず

中臣祓

養蚕・機織り

神代

天石窟

天八湍河原

知らずに犯した罪や、積もり積もった心身の穢れを消滅し、清浄な本来の姿を取り戻すための神事で、その時に奏上される祝詞が「大祓詞」です。現在でも多くの神社では六月と十二月の末日に大祓が行われています。古代においては、六月と十二月の晦日に、男性皇族である親王《しんのう》以下全官人《かんじん》と官人の家族までを対象に、天皇の住まいを中心とした大内裏《だいり》の南門（朱雀《すざく》門）の前で大祓が行われていました。そして、その時に、この大祓詞を奏上したのが中臣氏です。自然災害や戦争などが起きた時にも朝廷に限らず、諸国でも臨時の大祓が行われました。また、天皇即位の大嘗祭《だいじょうさい》といった重要な神事の際などに朝廷で臨時の大祓が行われています。この時に奏上される大祓詞は、平安時代以降に民間にも普及し、中臣氏が奏上したことから「中臣祓《なかとみのはらえ》」とも呼ばれてさまざまに展開がなされ、神道の古典としても重要視されていきます。

そしてこの伝承の中に「機織り」などがあることから、養蚕と機織りの起源は、神話の世界である「神代《じんだい》」（かみよ・かみつよ）にあると述べています。

【天石窟《あめのいわや》】

ついに天照大神はお怒りになり、天石窟《あめのいわや》にお入りになり、石の扉を閉じて引き籠もってしまいました。すると、国中が真っ暗闇となり、昼夜の区別がつかなくなってしまいます。神々は困り果ててしまい、なすすべもありません。仕方なく、明かりを灯してものを見るしかありません。高皇産霊神は大勢の神々を天八湍河原《あめのやせのかわら》に集め、謝罪の方法を議論しました。

思兼神
石凝姥神（天糠戸命の子、鏡作氏）
天香具山
長白羽神（麻績氏）
青和幣・白和幣
津咋見神

天羽槌雄神（倭文氏）
天棚機姫神
神衣、和衣

天御量

御殿
笠・矛・盾
刀・斧・鐸
榊

天鈿女命

ここで、思兼神《おもいかねの》が深く思い計って、提案します。「太玉命に配下の神々を統率させ、天照大神に捧げるいろいろな御幣《ごへい》を作らせましょう。石凝姥神《いしこりどめの》（天糠戸命《あめのぬかとのみこと》の子で、鏡《かがみ》作《つくり》氏の祖神）に天香具山《あめのかぐやま》の銅《あかがね》を採らせて、太陽のかたちを模した鏡を作らせましょう。長白羽神《ながしらはの》（伊勢国の麻績《おみ》氏の祖神、今、衣服のことを白羽《しらは》というのはこれが由緒です）に麻を植えさせ、青和幣《あおにきて》（麻の繊維を垂らした御幣、古い言葉にニキテといいます）を作らせましょう。天日鷲神《あめのひわしの》と津咋見神《つくいみの》にはカジの木を植えさせて白《しら》和幣（白い繊維・木綿《ゆう》をつけた御幣です。麻もカジの木もわずか一夜で成長しました）を作らせましょう。天羽《あめのは》槌雄神《づちのおの》（倭文《しとり》氏の先祖です）には、文様を織り出した織物である文布《しつ》を織らせましょう。天棚機姫神《あめたなばたつひめの》に神様がお召しになる服である神衣《かんみそ》を織らせましょう。いわゆる柔らかい絹布である和衣《にきたえ》です（古い言葉にニキタエといいます）。櫛明玉神には、大きな多くの玉を糸に通した首飾りや腕飾りを作らせましょう。手置帆負《たおきほおい》・彦狭知《ひこさしり》の二神に天御量《あまつみはかり》（さまざまな物の大きさを測定できるハカリの名前です）を使って大小の渓谷の木材を伐採させて、立派な御殿、それに笠や矛・盾を作らせましょう。天目一箇神《あめのまひとつの》にはいろいろな刀・斧、鉄の鐸《さなき》（大鈴・古い言葉にサナキといいます）を作らせましょう。これらの物がすっかり整ったならば、天香具山の神聖な榊を根っこから掘《さねこじのねこ》じて（引き抜いて・古い言葉にサネコジノネコジといいます）、上の枝には玉を取り懸《か》け、中ごろの枝には鏡を取り懸け、下の枝には青和幣・白和幣を取り懸けて、それを太玉命に持たせて、その捧げ物を讃美《さんび》させましょう。また、天児屋命も一緒に祈らせましょう。また、天鈿女命《あめのうずめの》（古い言葉にアメノオズメといいます。この神は強情で勇敢なので、この名前が付けられました。今、強

御幣・幣

布・帛・紙・木綿・麻

い女性をオズシと表現するのは、これに由来します）にマサキの蔓《かずら》を髪飾りにして、ヒカゲの蔓をタスキにして、竹の葉とオケの木の葉を手に採り、鈴（鐸《さなき》）のついた矛を持たせて、石窟の前に桶を伏せて置き、庭火を灯して、天鈿女命を上手に踊らせて、それに合わせて皆で歌い踊りましょう」と言いました。

素戔嗚神の悪行にお怒りになった天照大神は、ついに、天石窟に引き籠もられてしまいます。有名な「天石窟隠れ」の神話です。ここで「国中が真っ暗闇となり」の部分は、原文では「六合常闇」と書かれています。「六合」は「くにのうち」と訓読され、上と下、東西南北の「六合」で、天地四方のことです。また、「天八湍河原《あめのやせのかわら》」の「八湍《やせ》」とは、八つの瀬のことで、多くの瀬ということを表しています。高天原の神々は、天照大神に天石窟から出ていただくべく謝罪の方法を議論するわけですが、思兼神が次のように言います。

前段に出てきた斎部氏の祖先である太玉命に、配下の神々を統率させて、天照大神への捧げものである御幣を作らせましょう、と提案するわけです。「御幣」は、原文では「和幣《にきて》」と書かれ、神の心を和ませる意味の褒め言葉ともいわれます。御幣・幣《ぬさ》は、今では一般に、布や帛《はく》、紙などを木の枝に掛けて作りますが、古くは、木綿《ゆう》や麻などが用いられました。以下、どの神様に何を作らせようと思兼神が提案したか、箇条書きにまとめます。

・石凝姥神《いしこりどめの》（天糠戸命《あめのぬかとのみこと》の子で、鏡作《かがみつくり》氏の祖先）⬇太陽のかたちを模した鏡

・長白羽神《ながしらはの》（伊勢国の麻績《おみ》氏の祖神）⬇青和幣

・天日鷲神《あめのひわしの》と津咋見神《つくいみの》➡白和幣

・天羽槌雄神《あめのはづちのおの》（倭文氏《しとり》の祖先）➡文布《しつ》の織物

・天棚機姫神《あめたなばたつひめの》➡神様のお召しになる神衣《かんみそ》

・櫛明玉神➡玉の首飾り・腕飾り

・手置帆負神と彦狭知神➡立派な御殿、笠や矛・盾

・天目一箇神➡刀・斧、鉄の鐸《さなき》（大鈴）

ここで、長白羽神の系譜の説明として括弧内に出てくる伊勢国の麻績氏《おみ》とは、麻を紡いで伊勢の神宮に神衣を奉った氏族のことです。天羽槌雄神のところの倭文氏《しとり》とは、麻などで織った日本古来の布を作った氏族です。天棚機姫神は、その名前から考えると棚をつけた機《はた》で織る天上界の姫の神といった意味になります。

一方、ここでは系譜の説明のない天日鷲神や櫛明玉神、手置帆負神、彦狭知神、天目一箇神については、先の段で天太玉神が統率する神として言及されていましたが、津咋見神《つくいみの》だけは系譜が明らかにされていません。また、本文の長白羽神のところで「衣服のことを白羽《しらは》という」とありますが、これは「羽」が動物の身を覆う物であるところに由来するものです。

この段では、御幣の内容についても詳しく記述されています。「青和幣」は、麻を垂らした御幣であり、麻が青みがかっているところからの名称で、「白和幣」は白い木綿《ゆう》を垂らすことに由来する名称です。「カジ」は「穀《かじ》」の木のことです。括弧の中に「麻もカジの木もわずか一夜で成長しました」とあるのは、一晩のうちに繁殖することをいっていて、

八坂瓊五百箇御統玉

瑞殿

真賢木

上枝・中枝・下枝

神異が現れる木であることが表現されていると考えられています。

また、「大きな多くの玉を糸に通した首飾りや腕飾り」の原文とその読み方は「八坂瓊《やさかにの》五百箇御統玉《いおつのみすまるのたま》」で、「八坂」は「八尺《やさか》」で、長く大きいことを表し、「五百箇」は数が多いこと、「御統」とは、多くの玉が緒に貫かれて環状になっているもののことを指しています。「立派な御殿」の原文は「瑞殿、（古語、美豆能美阿良可。）」で、「ミズノミアラカ」と読みます。「瑞」は若々しく生き生きとしたことを表す美称で、「殿《みあらか》」は、神や天皇の住居を表しています。「鉄《くろがね》の鐸《さなき》」は祭式用として用いられました。

そして、以上のものがすべて整ったら、「天香具山の神聖な榊を根っこから引き抜いて「上の枝には玉を取り懸《か》け、中ごろの枝には……」となるわけですが、ここの部分の原文は「天香山《あめのかぐやま》の五百箇真賢木《いおつのまさかき》を掘《さねこじのねこ》じて」とあり、ここでも「五百箇」が用いられていて、天香具山に神聖な榊が一面に繁茂している状態が表されています。また、「上の枝」「中ごろの枝」「下の枝」は、それぞれ「上枝《ほつえ》」「中枝《なかつえ》」「下枝《しづえ》」と訓読されるとされています。その状態を箇条書きにすると以下のようになります。

- **上枝⬇玉**
- **中枝⬇鏡**
- **下枝⬇青和幣・白和幣**

この榊を太玉命が奉持して捧げものを讃えて、天児屋命にも天照大神の出現を祈らせよ

鬘・手襷
採物
庭燎
俳優
日前神社
神宮

うという提案だったのです。

　こうして、強情で勇敢な天鈿女命に、神事の際の髪飾りの「鬘」、「手襷《たすき》」を身に着け、神楽の際に手に取る採物《とりもの》、鈴の付いた矛を持たせて、「石窟の前に桶を伏せて置き、庭火を灯して、天鈿女命を上手に踊らせて、それに合わせて皆で歌い踊りましょう」と提案したのです。ここでの「ヒカゲの鬘」とは細長い紐状のつる草で、「オケの木の葉」に関しては、どういう木なのか分かっていません。また、天鈿女命の踊りに際して出てくる「庭火」とは原文には「庭燎」とあり、神楽奏上の際に場を清め、明かりをとるための焚火であり、さらに「巧みに俳優《わざおき》を作《な》し」とあって、その深い意味としては、神意を窺うために神前で芸を行うことといったことになります。そして「相与《あいとも》に歌い舞わしむ」とあります。

【日神の出現と素戔嗚神の追放】

**　この、思兼神の提案に従い、石凝姥神に太陽のすがたを模した鏡を作らせました。最初に作ったものは、少し意図したものとは違いました（これは紀伊《きの》国の日前《ひのくま》神社のご神体です）。次に作ったものは、きれいに出来上がりました（これが、伊勢の神宮のご神体です）。すっかり準備が整って、思兼神の提案通りになりました。そこで太玉命は丁重に祝詞をこう申し上げました。「私の差し上げたこの宝の鏡が、明るく輝き美しいのは、あたかも天照大神、あなた様のようです。さあ、岩戸を開けてお姿をお見せください」。そう申し上げて太玉命と天児屋命二人でお祈りをしました。その時、天照大神は心の中で「最近、私が引き籠もって世界がすべて真っ暗になったはずなのに、大勢の神々はどうしてこのよう**

天手力雄神

日御綱・シリクメナワ

大宮売神

豊磐間戸命、櫛磐間戸命

注連縄

に歌い遊んでいるのだろう」、と思われて、岩戸を少し開けてのぞき見ました。この時、天手力雄神《あめのたぢからおの》がその戸を引き開け、新しい御殿へ天照大神をお移し申し上げました。すぐに天児屋命と太玉命は日御綱《ひのみつな》（いまはシリクメナワという。これは日の影・日光の形をしています）を御殿の周りに張りめぐらし、大宮売神《おおみやのめの》を天照大神の近くに仕えさせました（この神は太玉命が不思議な力で生みなさった神です。今の女官が麗しく優しい言葉を用いることで、天皇陛下と臣下の間を和らげて、天皇陛下の御心を悦ばせていることと同じです）。豊磐間戸命《とよいわまとの》と櫛磐間戸命《くしいわまとの》の二神に御門を守護させました（これらの神もすべて太玉命の子です）。

この段では思兼神の提案が実行に移され、天照大神が出現されるまでが書かれています。そして、「太陽のすがたを模した」鏡作りにおいて、最初に出来て意図したものと少し違った鏡は和歌山市にある日前神宮のご神体であり、次に完成したものが神宮のご神体であることが記されています。そして、太玉命が祝詞を奏上し、天児屋命と共にお祈りをして、天照大神が不審に思われ、石戸《いわと》を少し開けた瞬間に天手力雄神が石戸を引き開け、新しい御殿へ天照大神をお移しします。そして、日光の形をした「日御綱」（シリクメナワ）を御殿の周囲に張り巡らしたことが書かれています。このシリクメナワは領域境界を表す神聖な縄で「注連縄」のことと考えられています。以下の登場人物とその役割を箇条書きにまとめておきます。

・大宮売神《おおみやのめの》（太玉命が不思議な力で生み出した）……天照大神の近くに仕える。宮中の女官のように天皇陛下と臣下の間を取り持ち、関係をスムーズにする
・豊磐間戸命《とよいわまとの》、櫛磐間戸命《くしいわまとの》（太玉命の子）……御殿の門を守護する

まさにこの時、天上は晴れ上がり、神々はお互いの姿を見て、皆、大喜びしました。手を伸ばして歌い踊りながら、「あわれ、あなおもしろ、あなたのし、あなさやけ、おけ（あっぱれ、ああ面白い、ああ楽しい、ああ爽やかだ、おけ）」と歓声をあげました。そして太玉命と天児屋命はともに天照大神に「もうお戻りなさらないでください」と申し上げました。これらを引き起こした罪を素戔嗚神に負わせて、罰として沢山の償いの品々を差し出させ、髪の毛、手足の爪を抜き、罪のお祓いをして追放しました。

天照大神の出現により、暗かった世界が晴れあがり、神々が大喜びする姿が描かれています。実は、原文では「あわれ、あなおもしろ……」などの語源を説いているのですが、ここではその詳細については省きます。ちなみに「おけ」は「あ〜、こりゃこりゃ」などといった囃子《はやし》言葉の一つです。

しかし、素戔嗚神は、その「罪穢れ」を「お祓い」するために追放されてしまいます。原文の訓《よ》み下し文を挙げれば「罪過《つみ》を素戔嗚神に帰《よ》せて、之《これ》に科《おお》するに千座《ちくら》の置戸《おきと》を以《もっ》てし」となり、この中の「千座《ちくら》の置戸《おきと》」とは、罪を祓い償うために備える品物を載せる多くの台のことを表しています。つまり「千」は多数で、「座」は台、「置戸」は祓物を台上に

置く呪的行為のことを示しているのです。そして、「髪及《また》手足の爪をも抜かしめて、之を贖《あがな》はしむ」「其の罪を解除《はら》へ、逐降《やらいにやら》ひき」したのです。

【剣と「国作り」】

素戔嗚神は天上から出雲国の斐伊川《ひい》の上流に天降《あまくだ》りました。天十握剣《あめのとつかつるぎ》（その名前は天《あめの》羽々斬《ははきり》といい、今は石上《いそのかみ》神宮に納められています。古い言葉に、大蛇《おろち》をハハといい、大蛇を切るという意味になります）で八岐大蛇《やまたのおろち》を斬りなさった。その大蛇の尾から霊妙な剣があらわれました。その名前は天叢雲《あめのむらくも》（大蛇の上に常に雲が立ち昇っていたためその名がつきました。倭武尊《やまとたけるのみこと》が東征した折り、相模《さがみ》の国で野火の災難に遭遇した時に、この剣で草をなぎ払って難を逃れたことによって草薙《くさなぎの》剣と改名しました）といいます。そこで素戔嗚神は天つ神に献上しました。その後、素戔嗚神は国つ神の娘と結婚して、大己《おおな》貴《むちの》神（古い言葉にオオナムチノカミといいます）がお生まれになりました。最後に、素戔嗚神は地下の根の国へと赴かれました。

ここでは、高天原から追放された素戔嗚神が出雲に天降り、八岐大蛇を退治して、大己貴神を授かり、死者が行く国と考えられていた根の国に行くまでがダイジェストで書かれ、さらに、三種の神器の一つである天叢雲剣の名前の変遷についても記されています。実は、今までもそうだったのですが、『古語拾遺』で記されている神話は『古事記』『日本書紀』からの引用である場合が多く、『古語拾遺』にだけ書かれているものもあるのですが、そ

斐伊川
天十握剣（天羽々斬）
天叢雲
倭武尊（倭建命・日本武尊）
草薙剣
大己貴神
根の国

石神布都魂神社

大物主神、大国主神、大国魂神
大神神社
少彦名神
常世の国
国作り
病気を治す方法

のベースとなっているものは『日本書紀』です。要約だけにその内容はよくまとまっているといってよく、『古事記』『日本書紀』を読んだことがない人でも、ここから神話の世界に入っていくことは一つの方法と思われます。

さて、この段で出てくる剣の系譜は箇条書きでまとめておきますが、ここでの石上神宮は、『日本書紀』によれば、奈良県に鎮座する神社ではなく、岡山県赤磐《あかいわ》市に鎮座する式内社（備前国赤坂郡、石上布都之魂《ふつのみたま》神社／現・石神布都魂神社）と考えられています。

また、「国つ神」とは、高天原に存在する神や高天原からこの国に降りてきた神などを指す「天つ神」に対し、広くこの国の神々を指しています。

・八岐大蛇を斬った天十握剣（天羽々斬）……岡山県の石上布都之魂神社に
・八岐大蛇から出てきた天叢雲剣……天つ神に献上⬇倭武尊により草薙剣に

大己貴神（別名は大物主《おおものぬしの》神、大国主《おおくにぬしの》神、大国魂《たまの》神です。大和国の城上郡《しきのかみのこおり》に鎮座する大神《おおみわ》神社のご祭神です）と少彦名《すくなびこなの》神（高皇産霊尊の子で、後に常世《とこよ》の国に赴きました）と共に力をあわせ心を一つにして国作りをなさいました。人々や家畜のために病気を治す方法を定め、鳥獣や昆虫による災いを取り除くためのおまじないの方法を定めなさいました。効験は確かで、人々は今に至るまで、その恩恵をこうむっています。

ここでは大己貴神の別名と、少彦名神の「国作り」のことが書かれています。この二柱の神によって、この国が整えられていくのですが、その国作りが終わると、少彦名神は海の彼方の理想郷である「常世の国」へと行かれてしまいます。また、この少彦名神は、『日本書紀』でも高皇産霊尊の子となっていますが、『古事記』では神産巣日《かみむすひの》神の子となっています。また、「恩恵をこうむっています」の原文には「恩頼」とあり、これは「みたまのふゆ」と読み慣わし、神や天皇の霊威による恩恵をこうむっているとの古来の信仰を表現した言葉です。

天孫降臨

【天孫】

吾勝尊は高皇産霊神の娘、栲幡千千姫命と結婚し、天津彦尊がお生まれになりました。皇孫命《すめみまのみこと》（天照大神と高皇産霊神の二神の孫にあたるため、皇孫といいます）と申し上げます。まさしく、天照大神と高皇産霊神は皇孫を大切にお育てになり、天降《あまくだ》らせて豊葦原《とよあしはら》の中国《なかつくに》の君主になさろうと考えられました。そのために、経津主《ふつぬしの》神（この神は磐筒女《いわつつめの》神の子で、今の下総《しもうさの》国の香取神宮のご祭神です）と武甕槌《たけみかづちの》神（この神は甕速日《みかはやひの》神の子で、今の常陸《ひたちの》国の鹿嶋神宮のご祭神です）を地上に派遣して平定させました。大己貴神と子の事代主《ことしろぬしの》神は共に国を献上しました。経津主神と武甕槌神の二神に向かって大己貴神は、「この矛のおかげで私は国作りの功績をあげることができました。天孫がこの矛を使って国を治めれば必ず平和になるでしょう。今から私はこの国から退去いたします」と申し上

恩頼

皇孫命

豊葦原中国

経津主神（香取神宮）

武甕槌神（鹿島神宮）

事代主神

葦原瑞穂国

八咫鏡

神璽の剣、鏡

天つ神籬、天つ磐境

げて、ついに退去なさいました。そこで二神は、従わない荒くれの神々を平定して、天上に復命しました。

この段は、『古事記』『日本書紀』でいえば、大国主神（大己貴神）の「国譲り」に相当するところです。先の段に登場していた吾勝尊や栲幡千千姫命、天津彦尊が出てきて「皇孫」の説明がなされます。経津主神（香取神宮のご祭神）と武甕槌神（鹿島神宮のご祭神）が地上に派遣され、大己貴神と事代主神は「豊葦原中国」を献上し、さらに経津主神と武甕槌神は「鬼神等《あらぶるかみども》」を平定して天上界に戻って報告しました。

【神勅】

そこで天照大神と高皇産霊尊は相談してこうおっしゃいました。「葦原の瑞穂《みずほ》の国は、我々の子孫が君として治める国である。皇孫よ、赴いて国を治めなさい。皇室の繁栄は天《あめ》地《つち》と共に長く続くことでしょう」。そして八咫鏡と草薙剣の二つの神宝を皇孫に授けられて、永遠に天皇を象徴するしるしとなさいました（いわゆる神璽の剣、鏡がそれです）。それと共に矛と玉も従いました。そして、天照大神よりこのようなお言葉が下されました。「わが子孫たちよ、この鏡は私そのものであると思いなさい。あなたと同じ御殿、同じ御床に安置して神聖な鏡としなさい」。そして、天児屋命、太玉命、天鈿女命を添えて近くに仕えさせました。そこで天照大神は「私は天つ神籬《ひもろき》と天つ磐境《いわさか》を設けて、私の子孫のためにお祭りをしよう。お前たち、天児屋命、太玉命の二神は天つ神籬を持って葦原の中国

来目部の祖神・天槵津大来目

神勅

宝祚・天つ日嗣

へ降り、またわが子孫のためにお祭りをしなさい。そして共に御殿にお仕えして、守護しなさい。私が高天原で作った神聖な稲穂をまた、わが子孫に授けなさい。太玉命は配下の神々を率いて、高天原にいた時と同様にその職分で奉仕しなさい」というお言葉を下されました。そこで、太玉命の配下の神々もまた従って天降りました。大物主神には「沢山の神々を率いて、永久に皇孫を守りもうしあげなさい」というお言葉を下されました。大伴氏の祖神である天忍日《あめのおしひの》命に、来目部《くめべ》の祖神である天槵津大来目《あめのくしつおおくめ》を率い、武装して、天降る皇孫の前駆をさせました。

この段と次の段は『古事記』『日本書紀』でいえば、天孫が地上のこの国である「葦原中国」に降られる「天孫降臨」の場面です。ここでは、天照大神よりいくつかの詔《みことのり》（神勅《しんちょく》）が下され、「神器」が授けられています。

まず、天照大神と高皇産霊尊から下された詔は「天壌無窮《てんじょうむきゅう》の神勅」といわれるものです。ここで使われている「葦原瑞穂国」という言葉は日本の国の美称で、「葦原」とは、邪気を払う葦が生えているところを指していて、「瑞穂」は瑞々しい稲穂のことです。この部分の原文を訓《よ》み下し文にしてみると「葦原瑞穂国は、吾《わ》が子孫《うみのこ》の王《きみ》たるべき地《くに》なり。皇孫《すめみま》、就《い》でまして治《おさ》めたまへ。宝祚《あまつひつぎ》の隆《さか》えまさむこと、天壌《あめつち》と与《とも》に窮《きわ》まり无《な》かるべし」といった感じになります。「宝祚」とは天皇の位、つまり「天つ日嗣《ひつぎ》」のことで、天照大神の偉業を引き継ぐことを意味します。そして、「二種《ふたくさ》の神宝《かむだから》」が授けられます。これは「天石窟」で出てきた鏡と、素戔嗚神が献上した草薙剣のことです。それが、永遠に天皇を象徴するしるし「天璽《あまつしるし》」なのです。それとともに矛と玉も授けられましたが、これは、先の「天石窟」で手置帆負《たおきほおい》・彦狭知《ひこさしり》の二神に作らせた「矛」であり、「約誓」のところで櫛明玉命《くしあかるたまの》から素戔嗚神を通じて天照大神に献上された「玉」のことです。

次に天照大神から下された詔を「宝鏡奉斎の神勅」または「同床共殿《どうしょうきょうでん》の神勅」といいます。同じ御殿で同じ床に安置して御神体としての鏡にしなさい、との神勅です。ここも訓み下し文にしてみると「吾《あ》が児、此《こ》の宝の鏡を視《み》まさむこと、吾《われ》を視るごとくすべし。与《とも》に床《ゆか》を同じくし、殿《おおとの》を共にして、斎《いわ》ひの鏡と為《す》べし」といったものになります。

そして、天児屋命と太玉命、天鈿女命に天孫のお側に仕えることを命じ、さらに授けられた詔が「神籬磐境の神勅」、「侍殿防護《じでんぼうご》の神勅」、「斎庭稲穂《ゆにわのいなほ》の神勅」です。それぞれ「吾《われ》は天津《あまつ》神籬（注略）、及《また》、天津磐境を起こし樹《た》てて、吾が孫《みま》の為に斎《いわ》ひ奉《まつ》らむ。汝《いまし》、天児屋命・太玉命の二はしらの神、天津神籬を持ちて、葦原中国に降り、亦《また》、吾が孫の為に斎ひ奉れ」、「惟《ねが》はくは、爾《いまし》、二はしらの神、共に殿《おおとの》の内に侍《さもら》ひて、能《よ》く防《ふせ》き護れ」、「吾《わ》が高天原に御《きこ》しめす斎庭《ゆにわ》の穂《いなほ》（是《これ》、稲種《いなだね》なり。）を以《も》ちて、亦、吾が児に御《まか》せまつれ」の部分になります。また、太玉命には、「諸部の神を率《い》て」「天上の儀の如く」奉職せよ、と詔を下されます。

最後に、大物主神に「八十万《やそよろず》の神を領《ひき》ゐて、永《ひたぶ》るに皇孫の為に護り奉れ」との神勅を下されました。そうして、大伴氏の遠祖である天忍日命に「仗《つわもの》を帯びて前駆《みさきはらい》せしめたまふ」のでした。

以上の神勅のうち、「天壌無窮の神勅」「斎庭稲穂の神勅」「宝鏡奉斎の神勅・同床共殿の神勅」を三大神勅、これに「神籬磐境の神勅」「侍殿防護の神勅」をあわせて五大神勅といいます。その内容を以下に箇条書きにします。

【三大神勅】と【五大神勅】

・「天壌無窮の神勅」皇孫にこの国の君たるべきことを命じ、この国の永遠の繁栄を祝った神勅
・「斎庭稲穂の神勅」高天原で育てている斎庭の稲穂を与える神勅
・「宝鏡奉斎の神勅・同床共殿の神勅」皇孫に宝鏡（天照大神）を同じ御殿で祀ることを命じた神勅
・「神籬磐境の神勅」高天原で天津神籬を建てて皇孫のために祭りをするように、天児屋命と太玉命は地上で天津神籬を奉じて皇孫のために祭りをしなさいという神勅
・「侍殿防護の神勅」天児屋命と太玉命は皇孫の御殿に侍して守りなさいという神勅

【天孫降臨】

皇孫が天降ろうとした時、前駆の神が戻ってきて「一人の神が天降る道の途中にいます。鼻の長さは七咫《あた》、身長は七尺《さか》もあり、口と尻が光り輝いていて、眼は八咫鏡のように光っています」と報告しました。そこで供の神を派遣してその神の名前を問わせたのですが、眼光が鋭く、どの神々も面と向かって話すことができません。そこで、天鈿女命が命令され、赴きました。天鈿女命は乳房を露わにして帯の紐を臍《ほぞ》の下まで押し下げて、正面に向きあい、ニッコリと笑いました。

猨田彦大神

日向の高千穂の槵触の峯
五十鈴川の上流

猿女君

彦火尊
豊玉姫命
彦瀲尊
掃守連の祖神・天忍人命

その時に、道に立ちふさがっているこの神が「お前は何のためにそんな格好をしているのか」と尋ねると、天鈿女命は逆に「天孫が行幸《ぎょうこう》される道をふさいでいる者は誰だ」と問いかけました。その神は「天孫が天降ろうとなさっていると聞いた。だから、お迎えするために待っていたのだ。私の名前は猨田彦大神《さるたひこのおおかみ》である」と言いました。そこで天鈿女命は再び「あなたが先導しますか、そうでなければ私が先に行きますよ」と言いました。猨田彦大神は「私が先に行きましょう」と答えました。天鈿女命はまた「あなたはどこに行きますか、また、天孫はどこに行けばよいのでしょうか」と尋ねました。猨田彦は「天孫は日向《ひむか》の高千穂の槵触《くしふる》の峯《たけ》に天降るのがよろしいでしょう。私は伊勢の狭長田《さなだ》の五十鈴川の上流に赴きます」と言い、「私の名前や住む所を天孫に知らしめたのはあなたです。ですから、伊勢まで、私と一緒に来てください」と天鈿女命に言いました。天鈿女命は天に戻って報告し、天孫は猨田彦の教えの通り天降りました。天鈿女命は猨田彦の求めに応じて伊勢へ共に天降り、見送りました（天鈿女命は猿女君《さるめのきみ》の祖神である。その名を現した神の名前を付けて氏の名前としました。今、この氏の男女を猿女君というのはこの由来からです）。これらのように諸々の神はご命令を承り、天孫にお仕え申し上げ、歴代、継承して今でもその職分に奉仕しています。

彦火尊《ひこほの》は、海の神の娘、豊玉姫命《とよたまひめの》と結婚して、彦瀲尊《ひこなぎさの》がお生まれになりました。お生まれになる時、浜辺に小屋を建てられたり、掃守連《かにもりのむらじ》の祖神天忍人命《あめのおしひとの》がお仕えしてお側におり、箒《ほうき》でやってくるカニを追い払いました。それ以来、敷物を敷く仕事を職分とするようになり、「カニモリ」と呼ばれるようになりました（今、「借守《かりもり》」と呼ぶのは訛《なま》って

天八達之衢

鎮魂祭

伝えられたものです）。

この段では、猨田彦大神と天鈿女命のことが書かれています。最初の「一人の神が天降る道の途中にいます」と現代語訳したところは、訓み下し文では「一《ひとり》の神有りて、天《あめの》八達之衢《やちまた》に居《お》り」といった感じになります。「天八達之衢《あめのやちまた》」とは、天の道が多く分かれているところといった意味で、ここに神がいるわけですから道祖神的な神であることが分かります。「鼻の長さは七咫、身長は七尺」とあり、「咫」は親指と人差し指や中指を広げた長さとの説もあり、「尺」は約三〇・三センチですから、巨大な鼻を備え、背丈も大きい神です。猨田彦の「猨」とは「大猿」を意味します。その神に対し、天鈿女命は「天石窟」の前で行ったような行為に及びます。

猨田彦大神は「天孫は日向の高千穂の槵触《くしふる》の峯《たけ》」に行った方がいいだろうと言い、猨田彦大神は「伊勢の狭長田《さなだ》の五十鈴川の上流に行く」と言います。ここでの「日向」とは現在の宮崎県や鹿児島県を含む南九州一帯といわれています。そして、天鈿女命の質問に答えて自分のことを話してしまったということで、猨田彦大神は天鈿女命に伊勢まで見送ることを要求しました。古くは、名前や住所は軽々しく話すものではなかったのです。

括弧の中では、「猿女君」の名の由来が語られています。猿女君は、この『古語拾遺』の後の段にも出てきますが、朝廷の鎮魂祭などの儀式で楽舞《がくまい》を奉仕した女性たちを貢上した氏族です。また、前段の神勅を踏まえて、それらの神々の子孫は今も天孫に仕えていることが書かれています。

彦火火出見尊
彦波瀲武鸕鷀草葺不合尊
神日本磐余彦命・神武天皇

日向三代

掃部

次は、降臨の後の状況が書かれています。彦火尊とは、皇孫の天津彦尊（天津彦彦火《ひこほの》瓊《に》瓊杵《ぎの》尊）の御子《みこ》・彦火火出見《ひこほほでみの》尊で、この彦火火出見尊が豊玉姫と結婚されて彦瀲《ひこなぎさの》尊（彦《ひこ》波瀲《なぎさ》武《たけ》鸕《う》鷀草葺不合《がやふきあえずの》尊）が生まれます。そして、この彦瀲尊の御子が神日本磐余彦《かむやまといわれびこの》命、つまり、後の神武天皇です。『古事記』『日本書紀』には、この間のことが詳しく書かれていて、天孫降臨から神武天皇がお生まれになるまでは「日向」が舞台となりますので、皇孫の天津彦尊（天津彦彦火瓊瓊杵尊）とその御子・彦火尊（彦火火出見尊）、さらにその御子である彦瀲尊（彦波瀲武鸕鷀草葺不合尊）のことは一般に「日向《ひゅうが》三代」と呼ばれています。

そして、彦瀲《ひこなぎさの》尊が生まれる時に「浜辺に小屋を建てられたり」とあるのは、この御子が生まれる時に、海辺の渚に産屋を建て、その屋根を鵜の羽で葺いたということが『古事記』『日本書紀』に書かれていることに由来しています。「記紀」には御子の名前の由来についても触れられていますが、その屋根がまだ葺き終わらないうちに生まれたので彦波瀲《ひこなぎさ》武《たけ》鸕《う》鷀草葺不合《がやふきあえずの》尊というのです。

「掃守《かにもり》」とは、宮中の掃除・敷物・造営のことを掌った役である「掃部《かもん》」のことですが、ここではその起源と、呼び方の間違いが指摘されています。

日臣命（大伴氏の先祖）
饒速日命（物部氏の先祖）
椎根津彦（大和氏の先祖）
八咫烏（賀茂県主の先祖）
橿原

神武東征

神武天皇の東征と祭祀

【神武天皇の東征と橿原の宮】

神武天皇が東征する時に大伴氏の先祖、日臣命《ひのおみの》が将軍となって敵を殲滅して天皇をお助けした殊勲は他に並ぶものはありません。物部氏の先祖、饒速日命《にぎはやひの》は、敵を倒し、人々を率いて天皇の軍隊に帰順しました。著しい忠誠ぶりにより特別に褒賞されました。大和《やまと》氏の先祖、椎根津彦《しいねつひこ》が天皇の軍隊の船を誘導した功績は、あたかも香具山のように燦然と輝いています。賀茂県主《かもあがたぬし》の先祖、八咫烏《やたがらす》は天皇の御輿《みこし》を誘導して、吉兆を菟田《うだ》の道にあらわしました。不穏な気配は消え失せて、災いは起こりませんでした。都を橿原《かしはら》の地に建設し、宮殿をお建てになりました。

「記紀」では、神武天皇が日向の地を離れ、大和に入られるまでの「神武東征」の物語が詳しく書かれているのですが、ここではそれらのことを前提にして、功績のあった人などが取り上げられています。つまり、大伴氏の先祖である日臣命と物部氏の先祖・饒速日命、大和氏の先祖・椎根津彦、賀茂県主の先祖・八咫烏です。「吉兆を菟田の道にあらわしました」とは、八咫烏が天皇の行軍を案内して、その地名である「菟田」の道に素晴らしい兆しをあらわしたことをいっています。こうして多くの賊が滅び、大和を覆っていた不穏な気配はなくなり、二度と戦いは起こらなかったことを述べています。そして、都を橿原の地に造り、皇居を建てることになったのです。

天富命

底つ磐根に宮柱ふとしり立て、高天原に千木高しり

御木・麁香

神宝

御祈玉

【造殿と斎部】

そして、天富命《あめのとみの》（太玉命の孫である）に命じて、手置帆負《たおきほおい》・彦狭知《ひこさしり》の二神の子孫を率いて神聖な斧・鋤《すき》で山から木材を伐《き》り出させ、天皇の宮殿を作らせました。祝詞で「底《そこ》つ磐根《いわね》に宮柱《みやはしら》ふとしり立て、高天原に千木高《ちぎたか》しり」というように、天皇の立派な御殿をお作り申し上げました。その由来から、二神の子孫は紀伊国名草郡《なぐさのこおり》の御木《みき》・麁香《あらか》の地に住んでいます（古い言葉に、宮殿をアラカといいます）。木材を伐り出す斎部が住んでいる所は御木といい、宮殿を作る斎部の住んでいる所は麁香というのがその証拠です。

この段では、宮殿の造営に関する斎部の役割が書かれています。ここで出てくる手置帆負と彦狭知は、最初の天地開闢の段のところで、それぞれ讃岐国の忌部の祖先、紀伊国の忌部の祖先として出てきていました。「底つ磐根に宮柱ふとしり立て」とは「地底にある大岩に宮殿の柱をしっかりと立て」といった意味で、「高天原に千木高しり」とは「高天原に向けて千木を高く立て」といった意味になり、祝詞などによく出てくる表現です。そして「御木」と「麁香」の地名の説明がなされています。

【祭祀具と斎部】

また、天富命に斎部の配下の諸氏を率いて、さまざまな神宝《かむだから》、鏡・玉・矛・盾・木綿《ゆう》・麻などを作らせました。櫛明玉命《くしあかるたまの》の子孫は、御祈玉《みほきたま》（古い言葉にミホキタマといいます。

大嘗祭

矛・竿

それは「祈祷」という意味です）を作りました。その子孫は、今、出雲国に住んでいます。毎年、貢ぎ物と一緒にその玉を献上しています。天日鷲《あめのひわしの》命の子孫は木綿と布（古い言葉にアラタエといいます）を作りました。また、天富命に命じて、日鷲命の子孫に肥沃な土地を探させ、阿波国に派遣してカジノキ・麻を植えさせました。その子孫は今もその国に住み、大嘗祭の時、木綿・麻布の他さまざまの物を献上します。そのことから、居住している郡《こおり》は「麻殖《おえ》」と呼ばれています。天富命はさらに肥沃な土地を求め、東国の関東の地に阿波国の斎部の一部を移住させ、麻・カジノキを植えました。それらがよく育ち、ふさふさと生え茂りました（古い言葉で麻を総《ふさ》といい、国の名を総国《ふさのくに》と名付けました。今は上総・下総の二国に分かれています）。カジノキの名前から結城という郡の名前を付けました。阿波の忌部が居住したところを、安房郡《あわのこおり》と名付けました（今は安房国《あわのくに》になっています）。天富命はそこに太玉命の神社を建てました。今の安房神社です。そのため、その神戸《かんべ》には斎部氏がいます。また、手置帆負命の子孫は矛・竿《さお》を作り、今は讃岐国に居住しています。毎年の調・庸のほかに、数多くの竿を献上しています。これらの事実がすべて古の事跡を証明しているのです。

この段では、天石窟の段で天太玉命が率いた神々が祭祀具を作った故事にならい、天太玉命の子孫である天富命が、忌部諸神の子孫を率いて神宝を作ったことを述べています。また、天地開闢の段あたりでも、櫛明玉命は出雲国の玉作の祖神、天日鷲命は阿波国の忌部たちの祖神、手置帆負命は讃岐国の忌部の祖神として書かれていました。「カジノキの

高皇産霊・神産霊・魂留産霊・生産霊・足産霊・大宮売神・事代主神・御膳神
八神殿
生嶋（国土の神）
坐摩（宮殿の敷地の神）

御巫
御門の巫
生嶋の巫
坐摩の巫

名前から結城という郡の名前を付けました」の部分は、少し分かりにくいかもしれませんが、木綿《ゆう》の原料となるカジの木が生えているところだから、「木綿《ゆう》」と「結《ゆ》う」をかけて、さらに、「結城《ゆうき》」の「城《き》」は区域を示す名称で、「木綿」を産する区域なので「木綿城」、つまり「結城」だといっているのです。そして、これら現在に行っている斎部の斎器具を調進する事柄が、古い過去の事柄（天石窟の故事）と繋がっているのだと説いているのです。

【神籬《ひもろぎ》を建て神々を祀る】

さて、天照大神・高皇産霊神の二神のご命令に従って、神籬が建てられました。高皇産《たかみむす》霊《ひ》・神産霊・魂留《たまつめ》産霊・生《いく》産霊・足《たる》産霊・大宮売《おおみやのめの》神・事代主《ことしろぬしの》神・御膳《みけつ》神（神祇官の八神《はっしん》殿《でん》に祀られている神です）、櫛磐間戸《くしいわまとの》神・豊磐間戸《とよいわまとの》神（内裏の御門に祀られている神）、生《いく》嶋《しま》（国土の神）、坐摩《いかすり》（宮殿の敷地の神）がお祀りされました。

そして、皇居に神籬《ひもろぎ》が建てられ、今でいう（当時の）神祇官の八神殿に祀られている神と、内裏の御門に祀られている神々、国土の神と宮殿の敷地の神が祀られたことを述べています。ここでは分かりやすく意訳していますが、「神祇官の八神殿に祀られている神」の部分は、原文の訓《よ》み下し文では「今、御《み》巫《かんなぎ》の斎《いわ》ひ奉《まつ》れるなり」、「内裏の御門に祀られている神」は「今、御門《みかど》の巫《かんなぎ》の斎ひ奉れるなり」、「国土の神」は「大八洲《おおやしま》の霊《みたま》なり。今、生嶋の巫の斎ひ奉れるなり」、「宮殿の敷地の神」は「大宮地《おおみやどころ》の霊なり。今、坐摩の巫の斎ひ奉れるなり」となります。御巫とは神祇官の女性神役のことで、宮中でお祀りした三

二十三座に仕えた少女

内物部

大殿祭

十六座の神々のうち二十三座に仕えた少女たちのことをいいます。

【大殿祭・御門祭と大嘗祭】

日臣命は来目部《くめべ》を率いて、宮殿の門を警護し開閉を掌《つかさど》りました。饒速日命は内物部《うちのもののべ》を率いて矛と盾を作りました。これらが、すっかり整ったところで、天富命は斎部たちを率いて、天璽《あまつしるし》の鏡・剣を捧げ持って、天皇の宮殿に安置申し上げました。また、宮殿の中に玉を懸け、神様へのお供え物をならべて、宮殿の祭りの祝詞を奏上しました（この祝詞は別巻に記載されています）。ついで、宮殿の門の祭りを行いました（この祝詞も別巻に記載されています）。その後に物部は矛と盾を立て、大伴・来目は門を開き、各地から朝貢する人々が参上し、天皇の位が貴いことを知らしめたのでした。

日臣命は先にも出てきたように大伴氏の祖先で、来目部は大伴氏に率いられた人々です。来目部は軍隊といってもよく、その人たちが宮殿の門を警護しました。饒速日命も先に出てきましたが、物部氏の祖先です。内物部とは宮廷内の物部氏のことで、この人たちが天皇即位に伴う大嘗祭で用いる儀式用の矛と盾を作ったとします（実際には盾は丹波国の楯《たて》縫《ぬい》氏、矛は紀伊国の忌部氏が作ります）。そして、先に述べられた御祈玉《みほきたま》や木綿、麻などの大嘗祭の祭祀具が整ったところで、天富命は天子のしるしである皇位継承の鏡と剣を捧げ持ち、新しく出来上がった宮殿に安置したのです。また、宮殿に玉を懸けて献饌《けんせん》をし、宮殿の祭りを行いました。原文では「殿祭《おおとのほかい》」とあり、これは一般にいう「大殿祭《おおとのほかい》」のことです。次に宮殿の門の祭りが行われましたが、これは原文では「宮門《みかど》を祭る」とあり、「御門祭《みかどの》」のことです。また、この後の原文の訓み下しには「大伴・来目、仗《つわもの》を建て」とありますが、これは儀仗用、つまり儀式の装飾用として矛や盾といった武器を立てたことを表しています。

この天皇即位の大嘗祭のことを述べた段の中に、なぜ、宮殿の新築に伴う「大殿祭」や「御門祭」のことが語られているのか不思議に思う人もいるかもしれません。しかし、持統天皇以降の藤原京や平城京以前は、天皇が即位するたびに新しい宮（都）が造られていました。大殿祭や御門祭が大嘗祭に付属するのはその名残ともいえるものなのです。

【斎蔵】

この時、天皇と天の神様との間柄は親しいものでした。天皇の居住する宮殿の同じ部屋に、天照大神の分身の鏡が安置されていました。神宝と皇室の財産の区別はありませんでした。宮殿の中に蔵を建て、それを斎蔵《いみくら》と名付けて、斎部氏をその管理の役職に就かせました。

「天皇と天の神様との間柄は親しいものでした」とは、初代・神武天皇は、いわゆる「人皇」とはいえ、より神に近い存在であることをいっているのでしょう。そして、同床共殿の神勅の通りに鏡が祀られていたことが書かれています。ここでは、天璽の鏡と並ぶ剣も同じところに祀られていたともいっています。そして、「神宝と皇室の財産」は原文訓み

神物・官物

大蔵

国つ罪

下しでは「神物《かむだから》・官物《みやけのもの》」となり、そのうちの「神物」、つまり神に供え奉る神宝や祭祀具を「斎蔵」と名付けた蔵に入れて斎部氏に管理させたことが書かれています。一方、朝廷の領地から獲れた「官物」を収納したところが「大蔵」です。

【国家の祭祀と氏族】

また、天富命にその統率する諸氏を率いて、祭祀の幣帛を作らせました。天種子命《あめのたねこの》（天児屋命の子孫）に天つ罪・国つ罪の祓を命じました。国つ罪は国中の人々が犯した罪です。いわゆる天つ罪については素戔嗚神の段で説明しました。そのことは中臣氏が唱える大祓詞に書かれています。そして、祭場を鳥見山《とみやま》の中に作り、天富命は幣帛を神前に並べ置き祝詞を奏上して、天の神を祀り、国つ神を祀ることで、神々のご恩を感謝申し上げました。このことから、中臣・斎部の二氏は共に祭祀の職分を掌《つかさど》るようになりました。猨女《さるめの》君氏《きみうじ》は神楽を奉仕し、その他の氏もそれぞれの職分を掌りました。

ここからは、神武天皇の祭祀とその内容について書かれています。「天つ罪」と「大祓詞」については先に説明した通りです。一方、「国つ罪」とは個人的な不道徳のことで、例えば、「生膚断《いきはだたち》」「死膚断《しにはだたち》」（生きている人間の肌や死者の膚を断つこと）、「己《おの》が母犯せる罪」、「己が子犯せる罪」などのことです。ここでは、天種子命、つまり中臣氏には「祓」をすることが命じられていることを注目しておきましょう。鳥見山は大和にあった山のことです。こうして、中臣・斎部の二氏が祭祀を掌るようになり、猿女君は神楽を、そして、その他

磯城の瑞垣宮
崇神天皇

笠縫邑に磯城の神籬
豊鍬入姫命

天社・国社、神地・神戸

の氏もそれぞれの職分を掌ったことを述べています。

崇神天皇の御代から「介推《かいすい》の恨み」まで

【崇神天皇の御代に】

磯城《しき》の瑞垣宮《みずがきのみや》に都した崇神《すじん》天皇の御代、次第に神様の霊威を恐れ畏《かしこ》むようになり、ご神体を同じ宮殿の内に留めておくのは畏《おそ》れ多い、と感じられるようになりました。そこで、斎部氏に命じて石凝姥神・天目一箇神の子孫たちに新たに鏡、剣を作らせ、天皇をお守りするしるしとしました。これらは、今、天皇がご即位される時に、斎部氏が奉る神璽の鏡・剣です。そして、大和国《やまとの》の笠縫邑《かさぬいのむら》に磯城の（神聖な）神籬を建て、天照大神のご分身の鏡と、草薙剣をお遷し申し上げ、皇女・豊鍬入姫命《とよすきいりびめの》にお祀りさせました。お遷し申し上げた日の夕刻、天皇にお仕えする人々が皆集まり、一夜中、宴会を開きました。その時歌った歌は、「宮人《みやひと》の　おほよすがらに　いさとほし　ゆきの宜《よろ》しも　おほよすがらに（今、民間で歌われている「宮人の　おほよそ衣《ころも》　膝通《ひざとお》し　裄《ゆき》の宜しも　おほよそ衣」という歌はこれが訛ったものです）」。また、数多くの神々を祀り、天社《あまつやしろ》・国社《くにつやしろ》、神地《かむどころ》・神戸《かんべ》を定めました。初めて男性には狩猟の収穫を、女性には手仕事の工作品を献上させました。今、神様のお祭りに熊・鹿の皮、角、布などを用いるのはこれが起源です。

第十代崇神天皇は「磯城」に瑞垣宮を営まれました。原文には「崇神天皇」の文字はなく、「磯城の瑞垣の朝《みかど》」とあり、それは崇神天皇の御代であるため上記の訳にしました。なお『古語拾遺』では、先の段の「神武天皇」のみが特例で、このように「宮号」で天皇の御名が表現されています。この崇神天皇の御代に、「同床共殿」で祀られていた神様の霊威を畏れ、大和国の笠縫邑にお遷しし、豊鍬入姫命にお祀りさせました。そして、その際に、斎部氏に命じて、そのご神体である鏡・剣を作った神々の子孫たちにご神体の「写し」を作らせました。それ以来、天皇即位の時に斎部氏が神璽の鏡・剣を奉ることになりました。

お遷ししてお祭りした夜には、夜通し宴会が開かれました。原文には「終夜宴楽《よもすがらとよのあかり》す」とあります。その時に歌われた歌の意味は詳《つまび》らかではありませんが、「宮人が大勢集められ、ご遷座《せんざ》がよろしく行われたよ、神様の御心も十分奮い立つことであろうよ」といった意味になるとされています。次の歌は、「宮人のゆったりした衣は、膝の下まで届いて、裄《ゆき》も十分にあって、ゆったりして素晴らしいよ」といった意味です。

天社は「天つ神」、国社は「国つ神」を祀る神社のことで、神地は神の料田、神戸は神社に所属した民のことで神田の耕作などを行いました。また、「男性には狩猟の収穫を」「女性には手仕事の工作品を」の部分は、租・庸・調の「調」の税に当たる部分です。実際に、熊や鹿の皮、鹿角、布は多くの国家のお祭りで使用されました。

【垂仁天皇の御代に】

巻向《まきむく》の玉城宮《たまきの》に都した垂仁《すいにん》天皇の御代になり、皇女、倭姫命《やまとひめの》にお命じになって、天照

五十鈴川の川上

斎宮

海檜槍

幽れたる契り

出石神社

纏向の日代宮
景行天皇

大神をお祭りなさいました。大神の教えに従って、お社を伊勢国の五十《い》鈴《すず》川の川上に建てました。倭姫命のお住まいになる斎宮《いつきのみや》もお建てになりました。この地は、天照大神が高天原で予め密かにお約束をされて、まず、道の神である猨田彦大神をお降《くだ》しなさったという、深い理由があったのです。この天皇の御代に初めて、弓・矢・刀《たち》を奉って神様をお祭りしました。さらに、神地・神戸を定めました。また、新羅《しらぎ》国の王子、海《あまの》檜槍《ひほこ》が来朝して、今の但馬国出石郡《たじまのくにいずしのこおり》に住み、後に大きなお社にお祀りされました。

第十一代垂仁天皇の御代に、伊勢の五十鈴川の川上の地に天照大神が鎮座され、大神を奉斎する倭姫命（斎王）が籠もる斎宮が建てられました。神宮の創祀です。このことは先の「天孫降臨」の段に、猨田彦大神が伊勢の地に赴くとあったように、高天原での天照大神の約束だったと語られていて、原文には「預《あらかじ》め幽《かく》れたる契《ちぎ》りを結んで」とあります。さらに、武器を神様に奉ってお祭りし、崇神天皇の御代に続いて神地・神戸が定められたことが記されています。また、朝鮮半島の新羅の国の王子がやってきて但馬の国に住んだことが書かれています。「大きなお社」とは、兵庫県豊岡市に鎮座する現在の出石《いずし》神社のことです。

【景行天皇の御代に】

纏向《まきむく》の日代宮《ひしろの》に都した景行《けいこう》天皇の御代、天皇は日本《やまと》武命《たけるのみこと》にお命じになり、東国の夷《えみし》を討伐させせました。その途中、日本武命は伊勢神宮に参拝し、倭姫命にお別れの挨拶を申

宮簀姫

胆吹山（伊吹山）

熱田神宮

磐余の稚桜宮

神功皇后

しあげた時、倭姫命は草薙剣《くさなぎのつるぎ》を日本武命にお授けになり、こうおっしゃいました。「慎みてな怠りそ（慎んで、軽率な行動をとらないように）」と。そして、日本武命は、東国の敵賊を討ち果たし戻る途中の尾張国で、宮簀媛《みやずひめ》と結婚して久しくその地に留まりました。草薙剣を媛の許に置いたまま、武器を持たずに胆吹《いぶき》山に登り、山の神の毒気に当たって薨去なさいました。その草薙剣は、今、尾張国の熱田社《あつたのやしろ》にあります。しかしまだ国家の公の祭祀の栄典にはあずかってはいません。

ここでは、崇神天皇の御代に宮殿とは別のところでお祀りすることになった鏡と剣のうち、草薙剣の行方が書かれています。つまり、第十二代景行天皇の皇子で、東国の蝦夷《えみし》の討伐を命じられた日本武命が、「記紀」では叔母にあたるとされている倭姫命から、伊勢の神宮で草薙剣と「慎みてな怠りそ」の言葉が授けられます。そして、東征が終わり、都に帰る前に、東征の途中で結婚の約束をしていた尾張国の宮簀媛のところに日本武命は行き、胆吹《いぶき》山（伊吹山）に登ったことをきっかけとして薨去されました。その後、草薙剣は熱田社（熱田神宮）で祀られているのです。しかし、そういう由緒があるにもかかわらず、熱田社には国家から奉幣のある公の祭祀にあずかっていない事実も述べています。

【神功皇后の御代に】

磐余《いわれ》の稚桜《わかざくらの》宮に都した神功《じんぐう》皇后の御代に、住吉の大神が姿を現されました。新羅を討伐して、三韓が初めて貢ぎ物を持ってやってきました。百済の国王は誠実な心を示して、

仲哀天皇

住吉三神
底筒男命・中筒男命・表筒男命

軽嶋の豊明宮
応神天皇
王仁（河内文首の先祖）
弓月（秦公の先祖）
阿知使主（漢直の先祖）

西文氏・東文氏

終始裏切ることはありませんでした。

神功皇后は第十四代仲哀《ちゅうあい》天皇の后で第十五代応神《おうじん》天皇の母后です。今まで磯城、巻向や纏向などの宮の地名が出てきましたが、この磐余も大和の地名です。

神功皇后といえば三韓進攻が有名で、底筒男《そこつつおの》命と中《なか》筒男命、表《うわ》筒男命の住吉三神が託宣を下してその戦いを助けられました（『神社のいろは』84ページ「住吉さんについて教えてください」参照）。

【応神天皇の御代に】

軽嶋《かるしま》の豊明《とよあきらの》宮に都した応神天皇の御代、百済の国王は博士の王仁《わに》を遣わしました。河《かわ》内文首《ちのふみのおびと》の先祖にあたります。秦公《はだのきみ》の先祖である弓月《ゆづき》は、当地の百二十県の人々を率いて帰化しました。漢直《あやのあたい》の先祖の阿知使主《あちのおみ》も十七県の人々と共にやってきました。秦・漢・百済からやって来た人々は各々一万人ほどでした。彼らの功績は賞賛すべきものでした。それぞれの氏族には彼らの祀る神社もありますが、国家から幣帛が下されてはいません。

多くの渡来人のことが書かれています。王仁博士は「文首」の祖先で、この文首たちは「西文氏《かわちのふみうじ》」とも呼ばれました。また、阿知使主を祖先とする漢直は「東文氏《やまとのあや》」とも呼ばれました。これらの人たちは朝廷にあっては文筆や工芸などを職とした氏です。

後の磐余の稚桜宮
履中天皇

長谷の朝倉宮
雄略天皇
秦酒公
勝部

【履中天皇の御代に】

後の磐余の稚桜宮に都した履中《りちゅう》天皇の御代、三韓が貢ぎ物を持ってくることは絶えることがありませんでした。斎蔵《いみくら》の隣に内蔵《うちのくら》を増築して国家の財物を区分して収めました。初めて蔵の管理に従事する役の蔵部《くらひとべ》を設置しました。

第十七代履中天皇の御代のことが書かれていますが、冒頭に「後の」とあるのは、神功皇后と同じ所に宮があったためです。「斎蔵」は先に出てきたように、斎部氏が管理した神宝や祭祀具を入れた蔵ですが、ここに「官物」を収納する「内蔵」を建てたことが記されています。

また、阿知使主と王仁に出納役を命じたとありますが、この二人が渡来したのは応神天皇の御代ですから、その子孫と考えられ、「斎蔵」を管理した斎部氏以外に蔵を管理する氏族が出来たことを意味しています。

【雄略天皇の御代に】

長谷《はつせ》の朝倉宮に都した雄略《ゆうりやく》天皇の御代に、秦氏《はだうじ》は分散してしまって、他の氏族に服属していました。秦酒公《はだのさけのきみ》は宮廷に奉仕して寵愛されました。天皇は命令して分散していた秦氏を集めて、酒公をその長としました。そこで、多くの勝部《すぐりべ》を統率して養蚕と機織り

蘇我麻智

三蔵

主鎰

に従事させて調の貢ぎ物を献上させ、宮中の庭に積み上げげました。貢ぎ物はますますうず高く積まれたので、「うずまさ」という氏の名が与えられました（貢ぎ物の絹・綿は肌触りが柔らかだったため、秦を「はだ」と訓《よ》むようになりました。秦氏の献上した絹で、神様に奉る剣の柄《つか》を巻きました。現在でも、「秦のハタマキ」と呼ばれているものの起源です）。この後、諸国からの調の貢ぎ物は年々数を追って増えていきました。さらに大蔵を増設して蘇我麻智《そがのまちの》宿禰に三蔵《みつのくら》（斎蔵・内蔵・大蔵）を管理させて、秦氏に出納の役をさせ、東《やまと》西文氏《かわちのふみうじ》に帳簿の記載を命じました。そこで漢氏《あやうじ》に姓を与え、内蔵・大蔵としました。これが、現在でも秦・漢氏が内蔵・大蔵の主鎰《かぎつかさ》・蔵部《くらひとべ》に任じられている由来です。

第二十一代雄略天皇の御代のこととして、秦氏のその後のことが詳しく書かれています。秦酒公は、第十五代応神天皇の御代に渡来した弓月君《ゆづきのきみ》の孫と考えられています。「多くの勝部」とは多種多様の渡来系の専門職業団体のことです。ここでまた、「うずまさ」などの語源解釈がなされていますが、「秦のハタマキ」の原文部分を訓み下しすると「秦の機《はた》纏《まき》」となります。ここに蘇我麻智が出てきますが、後の馬子や大化改新で滅ぼされる蝦夷、入鹿《いるか》などの先祖です。

また、大蔵は先に出てきた「官物」を収める蔵で、漢氏に「内蔵《うちの》」や「大蔵」の姓を与えたことが書かれています。「主鎰《かぎつかさ》」とは、鍵を掌り貢ぎ物の出納を管掌する官人のことです。

小治田宮
推古天皇

難波の長柄豊前宮
孝徳天皇
諱部首作斯
祠官頭
御卜

【推古天皇の御代に】

小治田宮《おはりだの》に都した推古天皇の御代、太玉命の子孫は連綿と細々ながら絶えることなく続いていました。天皇は廃絶していた諸事を再興し、斎部氏も辛うじてその役職の任についていました。

【孝徳天皇の御代に】

難波《なにわ》の長柄豊前宮《ながらのとよさきの》に都した孝徳《こうとく》天皇の御代、白鳳《はくほう》四年に小花下《しょうけのげ》諱部首作斯《いみべのおびとさかし》を祠官頭《かむづかさのかみ》に任命して、皇族や宮中の儀礼・婚姻・卜占のことを掌らせました。夏・冬の二季の天皇御卜《みうら》の儀式はこの時に始まりました。作斯の後胤《こういん》はその職を継がず、衰退して現代に至っています。

上記の二つの段には第三十三代推古天皇と第三十六代孝徳天皇の御代のことが書かれています。推古天皇の御代といえば、聖徳太子が摂政を務め、蘇我馬子が権力を握った時代です。中国大陸では隋や唐といった強大な統一国家が生まれ、朝鮮半島情勢も流動化する中、孝徳天皇の御代は、大化改新後、中大兄皇子が皇太子のまま、中国の律令制度などを参考にさまざまな改革が行われた時代です。

「小花下」とは「冠位十九階」の制の「大職《だいしょく》（だいしき）」をトップとした十番目の冠位号です。官吏の位を明確に序列した冠位制度は、推古天皇十一年（六〇三）に「冠位十二階」が制定され、その後に「冠位十三階」とされ、この冠位十九階は大化五年（六四九）に制定されたものです。その小花下であった諱部（斎部）の首である作斯という者が「祠官」という職の長官に任命されたことが書かれています。「御卜」とは、天皇のお体を占う祭儀で、作斯の子孫にその職は受け継がれなかったことが記されています。

【天武天皇の御代に】

浄御原宮
天武天皇

浄御原宮《きよみはらの》に都した天武天皇の御代、全国の人々の姓《かばね》を改めて、八等に区分しました。しかし、壬申の乱の功績だけを基準にして、天孫降臨以来の功績には基づきませんでした。姓の第二等を朝臣《あそみ》といい、中臣氏《なかとみうじ》に授けて、太刀《たち》をそのしるしとしました。第三等を宿禰《すくね》といい、斎部氏に授けて、小刀《かたな》をそのしるしにしました。第四等を忌寸《いみき》といい、秦《はだ》・漢《あや》の二氏、また百済の文氏《ふみうじ》の姓としました（おそらく、斎部と共に斎蔵に関わったために姓が与えられたのでしょう。現在、東西の文氏が、大祓《おおはらえ》に太刀を献上するのは、おそらく斎《いみ》蔵《くら》に関わっていたことに由来します）。

太刀を献上

八色の姓

壬申《じんしん》の乱（六七二年）で勝利を収めた大海人《おおあまの》皇子（天武天皇）は、天武十三年（六八四）に「八色《やくさ》の姓《かばね》」を制定し、「真人《まひと》」を筆頭に、従来の姓を「朝臣」「宿禰」「忌寸」「道師《みちのし》」「臣《おみ》」「連《むらじ》」「稲置《いなぎ》」に改めました。太刀や小刀が姓のしるしとして与えられたという記述に関しては他書には見えず、『古語拾遺』独自のものです。朝廷における六月と十二月の大祓では東西の文氏が実際に太刀を献上しました。「東西の文氏が、大祓に太刀を献上する」というのは、そのことをいっています。

【大宝年間に関して】

大宝年間、初めて律令の条文が定められましたが、全国の神祇の帳簿は、はっきりと定まったものはなく、祭祀の儀礼についてもその施行細則は定まっていませんでした。

【天平年間に関して】

天平年間に神祇の帳簿が策定されました。しかし、中臣が権力を笠に着て、意のままに取捨してしまいました。中臣に縁のある神社は、小社でも帳簿に記載され、縁のない神社は大社であっても無視されました。申請や実施についても中臣の勝手次第でした。諸社の神税もすべて中臣一門に入ってしまいました。

【介推《かいすい》の恨み】

天孫降臨から神武天皇の東征に至るまで、天子につき従って功績をあげてきた神々の名前は国史に記されています。ある神々は天照大神と高皇産霊神のご命令を受けて皇室を守護し、ある神々は天照大神の偉業を受け継ぐ天皇のご威光に出会い、皇位の継承のしるしである神器の製作に携わり、天皇の大業を補佐してきました。そのため、功績を記録し報いるためには、等しく国家的な祭祀の恩典に預かるべきです。しかし、これら功績のあった神々の社において、祭祀の班幣《はんぺい》を受けられないところもあり、全く嘆かわしい限りです。

神祇の簿

皇天

宝基

【大宝年間に関して】に始まるこの三段は、すべて最後の【介推の恨み】にかかっていきます。「介推の恨み」とは、最後のところで「全く嘆かわしい限りです」と訳した部分の原文に使われている言葉ですが、中国の故事に基づくものです。古い時代に「介推《かいすい》」という忠臣がいて、讒言《ざんげん》によって王様と共に亡命し「自己の股肉を割く」といった献身を尽くします。その後、疑いが晴れ、王様は国に戻って即位しましたが、介推は恩賞もさずからず冷遇され、母親と共に山に隠棲します。後に、王様は介推を呼び戻そうとしますが、彼は山に火を放って死んでしまいます。これを「介推の恨み」というのです。ここでは、中臣の専横に怒り、天孫降臨以来の功績のある神々に国家的な祭祀の恩恵がないのは「介推の恨み」に相当すると糾弾しています。

最初の段で大宝年間に律令の条文が定められたというのは大宝元年（七〇一）の『大宝律令』を指していると思われます。歴史的事実に即していえば、それに先立ち、持統三年（六八九）に施行された「飛鳥浄御原令」があったとされています。

また、「神祇の帳簿」の原文は「神祇《あまつかみくにつかみ》の簿《しるしふみ》」とあり、後の『延喜式神名帳』のようなものを指していると思われます。

最後の段の「ある神々は天照大神と高皇産霊神のご命令を受けて皇室を守護し」の原文は「皇天《あまつかみ》の厳《いつく》しき命《みことのり》を承《う》け、宝基《あまつひつぎ》の鎮衛《みまもり》と為《な》る」とあります。「皇天」が天照大神と高皇産霊神、「宝基」は皇統ということになります。ここで「鎮衛《みまもり》」をしたのは、天孫降臨や日向三代、神武東征で皇孫や皇統を継ぐ天皇のために活躍した神々や氏族を指しています。また、「天照大神の偉業を受け継ぐ天皇のご威光に出会い」の原文は「昌運《みいつ》の洪《おお》きなる啓《ひら》けに遇《あ》ひ」です。「班幣」とは「幣帛を班《わか》つ」ことです。

遺《も》れている事十一か条

【遺《も》れている事の一】

特に、草薙剣は、まさしく天皇の位の象徴であります。日本武尊が東国を平定して凱旋した時に、熱田社《あつたのやしろ》に留め置かれました。外国の盗賊が、剣を盗んで国外に逃亡しようとしましたが、国境を越えることができませんでした。神宝の霊威はこの事実を見ても明らかです。

ですから、神祇官から幣帛を奉る時、同様に崇敬の意を表するべきです。しかし、長い間そのことはなく、祭祀をおろそかにしているのです。これが遺《も》れている事の一です。

さて、ここから著者である斎部広成の具体的な慨嘆が始まります。それぞれ文末に「遺れている事」とあって、広成が「遺漏がある」と思っていることなのです。その「第一」として、草薙剣が天皇の位の象徴（天璽《あまつしるし》）であるのに、熱田社（熱田神宮）への崇敬の念が足りないと言っています。

「外国の盗賊」とは『日本書紀』天智天皇七年十一月条の、道行《どうぎょう》という僧侶が草薙剣を盗んで新羅に逃げたが、途中で風雨にあい道に迷って逃れられず、剣は無事だった、という部分のことです。そして、七世紀の後半以降、祈年祭に国家から幣帛を献じられた神社

月次祭、新嘗祭

然れば、天照大神は、
惟れ祖惟れ宗、
尊きこと与二無し

を官社といい（『神社のいろは』176ページ「式内社、一宮について教えてください」参照）、熱田社は名神大社として祈年祭に幣帛を受けていましたが、特に重要とされる神社に献じられた月次祭《つきなみ》や新嘗祭などの幣帛に預かっていないことを問題にしているのです。

【遺れている事の二】

そもそも、先祖を崇敬することは、礼の教えの第一に優先することです。ですから、古代の中国では皇帝が位につくときには、先帝の遺志を継ぎ、天の神、日月星・山川・諸々の神を祀りました。天照大神は、まさに天皇の祖先であり、最も貴い神です。ほかの神々は天照大神に対しては、子、もしくは臣下であり、比べ物になりません。しかし、現在の神祇官は幣帛を頒《わか》つ時に諸神を先に行い、伊勢の神宮を後回しにしています。これが遺れている事の二です。

ここでは中国の例を引きながら、日本での天照大神の至高性を強調しています。そして、祭祀を扱っていた行政組織である神祇官からの神宮への幣帛を奉る順番が、他の神社より後回しになっていることを指摘しています。

この段は、天照大神の至高性を形容する「然《しか》れば、天照大神は、惟《こ》れ祖《おや》惟《こ》れ宗《きみ》、尊きこと与二《ならび》無し」という有名な言葉（原文訓み下し）の初出でもあります。

【遺れている事の三】

天照大神の分身の御鏡は、もともとは天皇と同じ宮殿に祀られていましたから、臣下は、天照大神・天皇共にお仕えしていたことになります。天石窟の時、中臣・斎部の二氏は、相共に日の神・天照大神をお出しするために祈りました。猿女の祖先もまた、天照大神のお怒りを解きました。ですから、三氏の職掌は天照大神の祭祀と切っても切り離せないものです。にもかかわらず、現在伊勢の神宮の宮司は、中臣氏のみが任命され、他の二氏はそれにあずかることができません。これが遺れている事の三です。

この部分に書かれていることは、「同床共殿」をはじめ、先の段で出てきたことですので説明は不要でしょう。そして、当時は神宮の宮司に中臣氏のみが任命されていることを問題にしています。

【遺れている事の四】

神殿や宮殿の造営は、すべて神代以来の職掌である者に任せるべきです。中央の斎部は、紀伊国の御木《みき》・麁香《あらか》に居住する忌部を監督し、斎斧《いみ》で材木を伐り出し、斎鉏《すき》で土台を掘り、その後に大工が作業を始めて竣工し、斎部が大殿祭《おおとのほかい》・御門祭《みかど》を斎行し、その後にお住まいになるべきです。しかし、現在、伊勢の神宮の神殿や大嘗祭の由紀殿《ゆきでん》・主基殿《すき》を造営する時に斎部が関与していません。これが遺れている事の四です。

由紀殿・主基殿

斎宮寮の主神司

【遺れている事の五】

また、大殿祭・御門祭は、もともと太玉命がご奉仕した儀式で、斎部氏の職掌でもあります。しかし、現在は中臣・斎部が共に神祇官に召集され、共同で奉仕しています。そのため、宮内省が祭りの時に奏上する言葉には、「御殿祭《おおとのほかい》に奉仕するため、中臣・斎部が御《み》門《かど》に待機しています」とあります。これは、宝亀《ほうき》年間の時、宮内少輔従五位下の中臣朝臣常麿《つねまろ》が勝手に奏上の言葉を改めて「中臣が斎部を率いて、御門に待機しています」、と申しあげてしまいました。宮内省ではその前例に従って、現在でも改められていません。これが遺れている事の五です。

【遺れている事の四】では、先の段に出てきた紀伊国の御木・麁香の忌部が、神宮や大嘗祭での由紀殿《ゆきでん》・主基殿《すき》の造営に関わっていないことを問題視しています。由紀殿・主基殿とは、大嘗祭において神事が執り行われる神殿で、大嘗祭に際して建てられ、終わると、すぐに撤去されるものです（4ページ口絵参照）。【遺れている事の五】の宝亀年間とは七七〇年から七八〇年までの期間です。

【遺れている事の六】

また、神代から中臣・斎部が神事に奉仕する時、上下の差はありませんでした。しかし、ある頃から権限が中臣一氏に集中してしまいました。斎宮寮《いつきのみやのつかさ》の主神司《かむづかさ》の任につく中臣・

斎部はもともと官位は同じ七位でしたが、延暦《えんりゃく》年間の初め、朝原内親王《ないしんのう》が斎宮に就任した時に、ことさら斎部の官位を降格させ、八位とし、現在もそのままです。これが遺れている事の六です。

文中の「ある頃から」とは大化改新（六四五年）の頃と考えられ、中臣（藤原）鎌足が力を持ったことからだと思われます。「斎宮寮」とは斎宮一般に関することがらを扱った役所で、「主神司」とは、斎宮寮の神殿での神事に関することを担当した職掌です。「七位」や「八位」は、正《しょう》一位を筆頭とする役人の官位のことで、内親王とは、律令においては天皇の皇女に与えられた称号です。

【遺れている事の七】

幣帛を諸神に奉ることは、中臣と斎部で共同して携わっていました。しかし、大宰府の主神司《かむづかさ》の官職は、中臣氏が独占して、斎部が就任することはありません。これが遺れている事の七です。

「幣帛を諸神に奉る」とは、先の段にあったように官社に幣帛を奉ったことをいいます。大宰府とは筑前国《ちくぜんのくに》に置かれ、「遠《とお》の朝廷《みかど》」とも呼ばれた、九州や壱岐・対馬の外交や防衛などにあたった地方行政機関です。そこには祭祀を掌る「主神司《かむづかさ》」が置かれていました。

大宰府の主神司

【遺れている事の八】

諸国の大社の神職にも、中臣を任命して、斎部を排除しています。これが遺れている事の八です。

【遺れている事の九】

宮中の鎮魂祭の儀は、天鈿女命に由来します。ですから、八神殿に奉仕する巫女の職は本来の氏族である猿女氏から任命されるべきです。しかし現在、他氏から選考されています。これが遺れている事の九です。

【遺れている事の八】の説明は省略します。【遺れている事の九】の「鎮魂祭」とは、大嘗祭や新嘗祭など重大な祭祀に臨む天皇の霊魂の力を高めるため、祭祀に先立って御巫《みかんなぎ》や猿女などによって行われた祭儀です。天石窟の前で天鈿女が神懸かりして天照大神を招きだした神話に基づいて猿女の所作が演じられたといわれています。八神殿とは神祇官内にあった神殿で、天皇守護の八神を祀っていました。

【遺れている事の十】

大幣《おおみてぐら》を作ることは神代からの職掌によって、神祇官の斎部がそれを造作する諸氏を監督して、前例に従って整備するべきです。ですから、神祇官の神部《かむべ》の職には中臣・斎部・

鏡作・盾作・神服

奉幣使

猨女・鏡作・玉作・盾作《たてぬい》・神服《かみはとり》・倭文《しとり》・麻積《おみ》などの氏を採用すべきです。しかし、現在は中臣・斎部などの二、三の氏からのみで、他の氏は選考されていません。この現状では、神代以来の由緒を持つ氏族たちは滅亡してしまうでしょう。これが遺れている事の十です。

【遺れている事の十一】

天平勝宝《てんぴょうしょうほう》九年、左弁官《さべんかん》から「今後、伊勢の神宮の奉幣使には専ら中臣氏のみを任用し、他姓の者を遣わしてはいけない」との指示が出されました。それは実施されませんでしたが、前例として官庁に記録されており、削除されていません。これが遺れている事の十一です。

【遺れている事の十】の説明は省略します。【遺れている事の十一】のことは『続日本紀』天平宝字《ほうじ》元年（七五七）六月条に同様な記載があります。天平勝宝九年八月に天平宝字と改元されていますので、これに対応するものだと思われます。しかし、『続日本紀』天平宝字二年八月条には、中臣氏と忌部氏が神宮に奉幣していることが記されており、その後にも同様の記事があります。これらのことを指しての記述なのです。

大地主神
御歳神
白猪・白馬・白鶏
託宣
祈年祭

御歳神《みとしのかみ》の祭祀

【御歳神】

とある伝えに、昔々の神代の時、春の田作りを始めようとする日に、耕作する人々に対して大地主神《おおなぬしのかみ》が牛肉をふるまって食べさせました。その時、御歳神《みとしのかみ》の子が田んぼにやってきて、饗膳《きょうぜん》につばを吐きかけて帰り、父神にそのさまを報告しました。御歳神は怒って、イナゴをその田んぼに放ちました。すると、稲の苗の葉っぱは枯れてしまい、篠竹のように弱々しくやせ細ってしまいました。そこで、大地主神は、片巫《かたかんなぎ》（鳥を用いた占い）・肱巫《ひじ》（米を使った占い）をして、稲が枯れしぼんだ原因を占うと、「御歳神が祟《たた》っています。白猪《しろい》・白馬《しろうま》・白鶏《しろかけ》を献上して、その怒りを解きなさい」という託宣《たくせん》が下されました。占いの教え通りにして、謝罪をしました。御歳神はそれに応えて「まことに、私の意の通りだ。麻柄《あさがら》で桛《かせい》を作りイナゴを縛りつけ、麻の葉でイナゴを払い、天押草《あめのおしくさ》を使ってイナゴを押しのけ、烏扇《からすおうぎ》を使ってイナゴを扇《あお》ぎなさい。もし、それでもイナゴを駆除できない時には、牛肉を排水口に置き、男根形《がた》をその傍らに置き、ツスダマ・ナルハジカミ・クルミの葉、そして塩を畦《あぜ》に置きなさい」と託宣しました。そして、教えの通りにすると、稲の苗の葉がまた生き生きと茂り始め、秋には豊作になりました。これが、現在、祈年祭の時、神祇官において御歳神に白猪・白馬・白鶏を奉る起源なのです。

大地主神とは、その土地の主《ぬし》たる偉大な神のことです。その神が、田作りの時に、それに関わる農夫たちに牛肉をふるまい、御歳神の怒りをかうことになります。御歳神とは年穀（稲）の神です。つばが吐きかけられた饗膳とは、豊穣を願い御歳神に捧げられたものだと思われます。御歳神の子がそれにつばを吐きかけたのは、牛の肉を食べることが穢《けが》れにあたるからだとも考えられます。そして、そういった事態を父である御歳神に報告したのです。

「片巫」とは鳥を用いた占い、「肱巫」とは米を使った占いで、粥《かゆ》の量や状態で吉凶を占う「粥占《かゆうら》」や、竈《かまど》の灰が消えていく状態によって占う方法だと思われます。御歳神の託宣の「まことに、私の意の通りだ」とは、イナゴを放って害を与えたことが、自分の意志であったことを意味しており、そこから、イナゴの除去方法が説かれていきます。「麻柄」とは、麻の皮を除いた茎のことで、「桛」とは、紡いだ糸を巻きつける道具のことです。「天押草」とは、「ごまのはぐさ」と呼ばれるもので、「烏扇」とは「檜扇《ひおうぎ》」、つまり、檜の木で出来た扇のことです。これらはすべて、縛る、払う、押す、扇ぐといった呪術なのです。そして、それでもダメなら、男根の形のものを作って牛肉に添え、「ツスダマ」（鳩麦《はとむぎ》）、「ナルハジカミ」（山椒《さんしょう》）などと塩を畦に置けと言っています。これらも呪術であり、防虫の効果をもたらすものです。

この段では、神祇官での祈年祭に際して、白い猪・馬・鶏を捧げることの由来を説いているのです。ここまでの「遺れている事」のトーンとは打って変わった内容になって唐突感さえ覚えてしまいますが、これも「古語」を紹介して、今に至るまで行われていることを説明しているものと考えられます。

第2章「中級編」

理解のために

忌部氏とはどんな人たちだったのか

第1章で見てきたように、『古語拾遺』は忌部氏に継承されてきた古伝承が書かれています。神祇氏族だった忌部氏は、律令制下、神祇官の中で一定の地位を占めていました。また、中央の忌部氏が地方に住む数々の忌部氏を〝支配・統括〟していました。

こういったことを理解するためには、古代の「氏姓制度」や「部民制」といった背景としての制度について知っておくことが必要です。ここでは、そういったことを踏まえて、忌部氏についての理解を深めていきます。

「氏姓制度」の仕組み

「律令制」は大陸に由来する国家の行政・法制度です。その「律令制」を当時の日本は、日本なりにアレンジして導入しました。例えば、国家の祭祀を司る「神祇官」を、現代の内閣に当たる太政官《だいじょうかん》に並立して設置したことなどが挙げられます。それ以前の日本では、慣習的な家族・親族としての「氏族」のシステムが朝廷と結びつき、政治体制のみならず社会・経済のシステムになっていた時代がありました。これを「氏姓《しせい》制度」と呼びます。その仕組みの根幹は「氏《うじ》」と「姓《かばね》」です。

「記紀」の神話には各氏の遠祖（祖先）の神が記述されています。例えば、『古事記』に「天児屋命は中臣連たちの祖先であり、布刀玉命《ふとだまのみこと》は忌部首の祖先であり…」とある通りです。まずは、天皇に近侍した中央の有力な豪族が「ウジ」を名乗るようになり、ウジが成立したのではないかとも推定されています。「地名」もしくは朝廷に対する「職務」がウジの名前になり、おそらくは五世紀の後半、雄略天皇の頃までには、それに倣う形で地方にもウジが成立して、有力豪族に従属する体制が築かれていったと考えられています。

例えば、「葛城《かつらぎ》」「平群《へぐり》」「巨勢《こせ》」などはその居住地からつけられたウジ名で、「大伴《おおとも》」「中臣《なかとみ》」「物部《もののべ》」などは職務からつけられた名称です（大伴・物部は警察・軍事、中臣は神事に奉仕）。特に、後者の職務からつけられたウジは「負名氏《なおいのうじ》」とも呼ばれました。また、中央の有力なウジにはそれぞれ「大臣《おおおみ》」「大連《おおむらじ》」「宿禰《すくね》」などの「カバネ」が与えられました。「蘇我大臣《そがのおおおみ》」「物部大連《もののべのおおむらじ》」といった具合です。また、「首《おびと》」「村主《すぐり》」「君《きみ》」「公《きみ》」など地方の首長を示した「カバネ」も見られ、全国の氏族が序列化・組織化されていきます（『神社のいろは続』26ページ「氏姓制度と氏上」参照）。

『日本書紀』によると、允恭《いんぎょう》天皇四年九月に、氏を偽るものが多かったので、詔《みことのり》を下して「味橿丘辞禍戸碑《うまかしのおかのことのまがへのさき》」で「盟神探湯《くがたち》」（熱した釜の湯の中に手を入れ、偽りがなければ火傷をしない）をしてウジを正したとされています。わざわざ詐称《さしょう》をするということは、ウジとその系譜が非常に重視されていたことを裏付けています。

天武天皇十三年（六八四）十月一日には、それまでのカバネを整理統合して「八色《やくさ》の姓」が制定されました。「真人《まひと》」「朝臣《あそみ》」「宿禰」「忌寸《いみき》」「道師《みちのし》」「臣」「連」「稲置《いなぎ》」の八等です。律令制が成立した後は氏族の出自によらない「正五位」などの「位階」と「勲五等」などの「勲等」が与えられて序列化されるようになり、「カバネ」は残存しますが、しだいに実質を失っていきました。

■「服部」さんは、なぜ「ハットリ」さんなのか？

一方、「大化改新」（六四五年）以前には、全国の各地にさまざまな名称を持つ「部《べ》」と呼ばれる社会集団がありました。例えば朝廷の直轄地である「屯倉《みやけ》」の耕作民を「田部《たべ》」といいました。また、中央の有力な氏族が地方の人々を支配するようになり、「部曲《かきべ》」と呼ばれる集団が成立します。「カキベ」は、例えば蘇我氏に従属する地域の民が、氏《うじ》の名を冠した「べ」、例えば「蘇我部」などと呼ばれました。それ以外にも「名代《なしろ》部」、「子代《こしろ》部」

というものもあります。これは、皇子や皇女を養育するための領地の住民たちが皇子・皇女の名を部の名称にしたものです。

また、「品部《しなべ》」と呼ばれる職能の「部民《べのたみ》」がいました。特定のモノを作って朝廷に献上したり、朝廷の職務に奉仕する「部」です。彼らは「伴造《とものみやつこ》」と呼ばれる中央の有力な氏族に統率されて朝廷に奉仕することとなり、それらの「べ」も一つの「ウジ」を名乗っていきます。

身近な例として、なぜ「服部」さんが「ハットリ」さんなのか説明しましょう。「服部」は、現在、誰も疑問もなく「ハットリ」と読みますが、どうしてでしょうか。これは「機《はた》織《おり》」の読みの発音がつづまったものです。「機織の部」であることから「服部」（フクベ）と書き、それが「ハットリ」となった。それが現在は姓《せい》（苗字）になっています。そういった家が、今の日本の中にもたくさんあると考えれば、親しみを持ってもらえるのではないでしょうか。

現存する地名にも古代部民制の名残があります。例えば、埼玉県に春日部という地名がありますが、そこは古代に「カスカベ」という部民が住んでいた土地だったのです。同様に「○○部」という地名は、特に西日本や畿内を中心に関東以西には比較的多く分布して、そうした歴史を今に示しています。「部」を統括する中央の有力な伴造の「氏」がいて、地方にはそれに従う配下の「部民」の「氏」がいるという社会構造が律令制以前には存在し、律令制が導入されて以降も並行して存続し、中央と地方が結ばれていたのです。

「忌部《いんべ》」というのは、これらの「部」のなかでは「職能の部の民」にカテゴライズされる氏族です。さらに詳しくいうと、中央のインベは「負名氏」の伴造として、地方の職能民である「品部の民」の「インベ」を統括していた、ということになります。

■忌部氏の職能

忌部は、「忌」の文字が表すように祭祀に関わる人々です。現在の感覚では「忌」という字は、「忌中」などと用いられるように葬儀関係の字であると思われていますが、本来は古代日本語の「いむ」に漢字を宛てたもので、葬儀も含んだ広い意味での祭祀を示す言葉であったと考えられています。先に触れたように、中央にはそれを統括する「忌部」がいて、地方には統括される「忌部」がいる。そうした構造性がありました。

これは特殊なことではなく、おおまかにいって「氏族制」の時代はいろいろな職業・職能に携わる「部」によって社会が構成されていたのです。そういう社会的な背景の上に「律令制」が導入され、中央集権的な官僚統治国家という社会システムに変化・再構築され、さらに大同年間（八〇六～八一〇年）の前後には修正が加えられました。

『古語拾遺』を理解するためには、斎部広成が生きた時代である八世紀初期からの奈良時代の律令制での「忌部」の主要な役割を押さえることが重要です。では、「律令」に「忌部」の役割がどのように規定をされていたのか確認してみましょう。

律令制下において、忌部の非常に重要な役割は、天皇践祚（即位）、および大嘗祭の際に「鏡・剣」を奉ることにありました。「神祇令」には「中臣は天神《あまつかみの》寿《よ》詞《ごと》を奏して、忌

神璽之鏡剣

忌部幣帛を

神祇官内の忌部

延喜式祝詞

部は神璽之鏡剣を「上《たてまつ》れ」という役割が規定されています。天皇践祚はその天皇の治世の「一世一度」の特別のことですが、通常は神事に関わる幣帛の調製や供進が大きな仕事とされていました。二月の祈年祭、六月・十二月の月次祭には、「忌部幣帛を班《わか》て」と書かれています（『神社のいろは続』39ページ「神祇令と国家祭祀」以降参照）。

この「律令」に示された忌部の役割については、少し時代は下りますが『延喜式』から、より詳しく知ることができます。神祇官の行う祭祀に用いる幣帛の調製にも神祇官内の九人の忌部が携わります。また、神祇官内に忌部の定員が不足した場合、他の役所の忌部氏を充《あ》てよ、と規定されるほど、忌部が関与することが必須であったようです。先ほど述べたように「忌部」とは、「祭祀を掌る民」の意味であり、幣帛の調製・供進、班幣という、国家の祭祀にとって大事な要素を掌っていたことが理解できます。

忌部の役割については、もちろん『（貞観）儀式』なども参照する必要がありますが、その中でも「延喜式祝詞」（『延喜式』巻八「祝詞」）の章句にも触れなければいけません。『延喜式』に記載されている祝詞のほとんどは中臣氏が奏上しますが、例外的に天皇の宮殿および内裏の門で行われる「大殿祭《おおとのほがい》」「御門祭《みかどのまつり》」については忌部氏が奏上することが定められています。忌部は祭祀で祝詞を奏上するという役割も担っており、これも深く「忌部」の本義に関わっています。

神祇官人の奉仕として重要なものの一つが、朝廷が伊勢大神宮の祭祀にあたって幣帛を奉る使者である「神宮奉幣使」です。後で詳しく言及しますが、「はじめに」で触れた大同元年の中臣・忌部の争論は、まさにこの点を争っているのです。神宮以外にも主要社への恒例の奉幣差遣《さけん》、臨時の奉幣にも差し遣わされています。神祇官には三十名を定員とする「神部《かんべ》」（神官）という役職が置かれていましたが、その中にも忌部氏が任命されていました。また、皇女がその任に当たる神宮の斎王・「斎宮」、さらには広成より後の嵯峨天皇の御代になりますが、賀茂社の斎王・「斎院」が制度化されていきます。この斎宮・斎院についても、中臣氏とともに忌部氏が奉仕をすると規定されています。

なお、インベの漢字表記は、一般的に「忌部」と「斎部」の二つがあります。もともとは「忌部」でしたが、平安時代の延暦二十二年（八〇三）三月に、都の右京《うきょう》に居住する中央インベ氏である忌部宿禰浜成《はまなり》らが、朝廷に願い出て斎部を名乗ることが許されました（『日本逸史』）。浜成を広成の誤記とする説もありますが、広成に近い同族の何者かであると考えられています。ただし、斎部への改称は中央のインベ氏のみが許されたのであり、地方の他のインベ氏は忌部のままでした。表記を改めた理由として、「忌」という文字は、先に少し触れましたが、「葬儀」という意味も含んでおり、それを嫌ったことが考えられます。同様の事例としては、「土師《はじ》」が「菅原《すがわら》」に改姓したことが挙げられます。土師という呼称が墳墓の造営や葬儀の土器を作る凶事に携わる役目である、という印象が強くなり、それを嫌ったためだといわれています。

以上のように律令制における忌部の役割を見ていきますと、広成が生きていた時代には神祇官という役職の中で一定の立場を占めていたということが分かります。大同二年当時、国家の神祇祭祀に関わる重要な氏族であったのです。

東大寺の大仏の修理にも貢献。六国史に見える忌部

『日本書紀』に始まる「六国史《りっこくし》」に、忌部の名が見えるのは比較的新しく、大化元年（六四五）七月十四日条に「忌部首子麻呂《おびとこまろ》」が美濃国に遣わされ、神に供進する幣を徴収した記事が初出です。ついで、天武天皇元年（六七二）七月三日条の「壬申の乱」に関連した記述で、「忌部首子人《こびと》」が大海皇子《おおあまのみこ》（天武天皇）の命にしたがって飛鳥の都を防衛したことが記されています。天武天皇九年（六八〇）正月八日には、「忌部首首《こびと》（子人）」に連の姓が授けられ、次いで「八色《やくさ》の姓」の制定直後の同十三年（六八四）十二月二日には大伴《おおとも》、佐伯《さえき》、阿曇《あずみ》、尾張氏らとともに忌部氏に第三等の姓である宿禰が授けられます。また、持統天皇四年（六九〇）一月一日には「忌部宿禰色夫知《しこぶち》」が持統天皇即位にあたり鏡剣を奉じています。

『続日本紀』では、慶雲元年（七〇四）十一月八日に「忌部宿禰子首《こびと》（子人）」が伊勢の奉幣使に任命された記事以降、歴代の忌部宿禰が伊勢奉幣使に任じられる記述が見られ、天平宝字七年（七六三）七月十四日には「忌部宿禰呰麻呂《あざまろ》」が神宮の斎宮の長である「斎宮頭《かみ》」に任じられた例もありました。他にも多くの忌部氏出身の人物が神祇官の官職を持ち、平安初期までは神祇官の次官級の「神祇少副《しょう》」の官職、「従五位下」の官位に進みましたが、九世紀以降は若干の例外はあるものの、一級降《くだ》った「神祇大祐《だいじょう》」、「六位」以下となり、朝廷内での地位が低下していったことが窺えます。

なお『日本三代実録』には、貞観《じょうがん》三年（八六一）三月十二日に「斎部宿禰文山《ふみやま》」が東

大寺の大仏（奈良の大仏）の修理に多大な功績があったとして、従八位下から従五位下への異例の昇格をしたという記事が見られます。具体的には、斉衡二年（八五五）に東大寺大仏の頭部が損傷して落下するという出来事があり、文山は「轆轤《ろくろ》之術」・「雲梯《うんてい》之機」（はしご、クレーン）という高度な建築・土木技術を用いて大仏の頭部を引き上げて修復したというものです。この文山の活躍は、『古語拾遺』で忌部氏が神殿・宮殿の造営に神代から関わっていたと主張していることとも符合します。この出来事は、まさに古代国家における忌部氏の最後の輝きとでもいえるものですが、それが仏教に関連するものであったということは時代の皮肉なのかもしれません。平安時代後期になると、忌部氏は律令に定められた祭祀・儀礼に必要な人員を充当できなくなり、その役割を他の氏の官人が「忌部代《だい》」として奉仕するようになります。

中臣・忌部論争

今まで忌部氏の歴史について触れてきました。そして、忌部氏の神祇氏族としての地位が中臣氏に比べて劣ってきた平安時代初めに起きたのが「中臣・忌部論争」でした。

忌部氏は、神宮への奉幣使が中臣氏に独占されていることに対して訴訟を起こします。忌部氏は、幣帛を神前に奉ることと祈願をすることは忌部の職掌であり、忌部こそ奉幣使としてふさわしく、中臣は祓をする所役なのだと提訴しました。これに対して中臣氏は、忌部の職務は幣帛の調製であり祝詞は唱えないから、奉幣使として派遣するにはふさわしくない、と主張しました。そして『日本後紀』によれば、『古語拾遺』が撰録される前年の大同元年（八〇六）八月十日に、この両者の主張に対して朝廷から裁定が下されたのです。

結果は忌部氏に有利なもので、その根拠は非常に興味深いものでした。朝廷が裁定の基準としたのは、天照大神が天磐戸《あめのいわと》を閉ざして籠もられた時、両氏の遠祖である天児屋命と太玉命が「相共に《あいともに》」祈った、という『日本書紀』神代巻の記述だったのです。それを根拠として、奉幣の使者には両氏を平等に用いることを命じたのです。

この裁定から、当時の人々が、『古事記』や『日本書紀』をどのような存在として認識していたかを窺うことができます。『古事記』や『日本書紀』に書かれている内容は、フィクションとしての「神話」ではなかったのです。現在、神代の物語は「神話」だから、現実の歴史とは関係ないと理解する人も多いのですが、少なくとも平安時代初期の人々にとって「神話」の持つ意味合いは、非常に重要であったと考えられます。『日本書紀』に記載された神代の出来事は、ある種の「事実」として認定され、それに基づいて忌部氏有利の判決が下ったのです。この事実には注目しておきたいと思います。

これらに関連して、『古語拾遺』はこの論争のために提出された「愁訴状《しゅうそじょう》」であるとする説があります。しかし、『古語拾遺』が撰進されたのは、この相訴《あいそ》の裁定が下された翌年のことです。裁定では忌部氏に有利なものが下されたのですから、わざわざその後に「愁訴状」のような訴えをする必要はないと思われます。『古語拾遺』撰上の理由は、律令を補完するために編纂が始められた「式《しき》」の参考資料とするために提出されたとするのが有力です。このことは、後に詳しく触れますが、律令の規定の施行細則が「式」で、補足・

修正する法令が「格《きゃく》」です。平城天皇の次の嵯峨《さが》天皇の御代には「弘仁《こうにん》格式」が完成しました（『神社のいろは続』59ページ「律令制度の揺らぎと東北地方の平定」、60ページ「平安遷都」参照）。

■斎部広成について

『古語拾遺』の著者は斎部広成で、生没年は不詳です。ただし、跋文に記されているように、大同二年当時で八十歳を超えていたところから、神亀五年（七二八）以前に生まれたと考えられます。しかし、国史の上では、『日本後紀』の大同三年十一月十七日の条に「従五位下」の位を授かったとする所以外に、その名前は見えません。従五位下ですから、位はさほど高くありません。もし、『古語拾遺』が残されていなかったならば、忘れ去られていた人物でしょう。奈良時代初期に生まれていますので、まさに「律令政治」の全盛期であった奈良時代を生きた人物です。従五位下に叙せられたのは、平城天皇の大嘗祭に際しての功績だったともされ、『古語拾遺』の撰上とも無関係ではないと考えられます。広成は奈良時代を生き抜いた斎部氏の長老ともいうべき存在だったのでしょう。忌部氏の伝承のみならず朝廷の祭祀などの歴史やその変遷についても深い知識を持っており、それを存分に生かし、斎部氏を代表して編纂したのが『古語拾遺』だったのです。その序文と跋文には広成の気概が溢れています。以下がその現代語訳と解説です。

【序文】

遠い昔、まだ文字がなかった上古《じょうこ》の時代には、身分の高下、老若にかかわらず、皆が、昔の伝承や出来事を口頭で洩らさず伝え、忘れることはなかったといいます。文字が伝わって以来、古《いにしえ》を語ることは好まれず、流行に乗った新奇な事ばかりがもてはやされ、古いことを知る老人たちは、かえって笑いものになっています。ついに、人々は新しいことにばかり目を奪われ、世代が新しくなるごとに、古の事柄が改変されていくようになってしまいました。物事の由来を調べようとする時にも、その根源をたどろうとはしません。国家の歴史や家々の系譜にはその由来の根源が記されてはいますが、それらの詳細についてはまだ遺《も》れ落ちていることがあります。私は愚かな臣下ではありますが、もしここで申し上げなければ、遺れ落ちた伝承は忘れ去られ、断絶してしまうでしょう。幸いにも、朝廷からの御下問を蒙り、今まで我慢してきた憤りを述べたいと思います。そのため、古い伝承を撰録して、敢えて献上いたします。

ここでは、大きく、文字の渡来以前・以後に歴史を分け、文字の使用による人心の変化に言及しています。文字がなかった時代、人は口頭で古の事柄を伝承していたのですが、決して忘れたり抜け落ちたりすることはなかったのだと広成は述べています。一方、文字が移入されて以来、口伝えを軽視するようになり、目先の新奇な流行を追うようになってしまったと嘆いています。具体的には挙げられていませんが、人々が儒教や仏教の宗教・思想や、律令の法制度など海外から移入された知識を争って受け入れ、古来の伝統はややもするると軽視されたという風潮を指しているのでしょう。

口承の大切さを認識していたのは広成ばかりではありません。現存する日本で最も古い書物である『古事記』そのものが、天武天皇の命を受け稗田阿礼《ひえだのあれ》が読み習った「コトバ」が文字に記録されたという性格を持っています。また、奈良時代の初期には国家・皇室の歴史が『古事記』『日本書紀』として編纂され、奈良時代の末期から平安時代の初期にかけては「高橋氏文《うじぶみ》」など、各氏族の系譜などが編纂されていきます。ただし、まだまだ記録されずに遺れ落ちている古の伝承はあるのだ、と広成は主張し、広成の知る古の事柄を何とか記録にとどめておきたいのだという『古語拾遺』編纂の動機がここで示されています。

【跋文】

今まで述べた神代の事跡は、古代中国の「盤古《ばんこ》」の伝説のように、一見、荒唐無稽の物語のように思えます。夏の虫は冬の氷を疑う、という諺《ことわざ》があるように、現在の常識では信じられないようなお話です。しかし、わが国のご神宝が示した霊験の証拠は、現前に顕れているように、虚構ではありません。ただし、中古の時代は素朴であり、礼《れい》や楽《がく》のような制度は整備されていませんでした。制度や法律を制定する際に、遺れ落ちた古の事柄も多いのです。まさに今、天皇陛下がご即位され、そのご威光は国中に広がり、新たな元号も定まり、お恵みは波のように四方に寄せて、誤った慣習は古の良きものに改まり、政治の欠陥もすぐに改まりました。時勢に随って制度を定め、万世にも続く素晴らしいしきた

りを後世へ伝え、廃れたものを再興し、断絶したものを復興するなどして、長年の欠陥を是正されようとしています。もし、この「式」を制定しようとする年に当たって、神祇の祭祀の儀礼を制定できなければ、後世の人間が今の状況を見て、現在、古の根源が分からなくなっているのと同じような混乱の状態であると見られてしまうことを恐れます。愚かなる臣下である私、広成はすでに八十歳を超え、余命もあとわずかです。主人を慕う犬や馬のように、日々に陛下のためを思っております。私がもし今死ねば、墓場まで恨めしい思いを持っていくことになるでしょう。平凡な人間の思いも、むげに捨て去ってよいわけではありません。幸い、古い事跡を求め尋ねられるという良き時代に逢って、口伝えが失われずにすむことを大いに喜んでおります。願わくは、この文章が陛下の許まで届き、ご高覧がかなうことを。

大同二年二月十三日

この跋文は中国の故事成句を多用して構成されています。これは広成だけではなく、平安時代初期の朝廷に申し上げる形態の文章（上奏文）の特徴でもあります。例えば、「盤古」とは、古代中国の創世神話で最初に現れた神の名前であり、日本の開闢神話を中国の神話の例を挙げて対比させたものです。「夏虫の氷を疑う」という表現は中国の六世紀前半の南北朝時代の詩文集である『文選《もんぜん》』から、「主人を慕う犬や馬（犬馬の恋《おもい》）」は司馬遷の編纂した『史記』からそれぞれ引用されています。当時の教養の有無はいかに漢文が流麗に書けるかという点にありました。皮肉なことに日本の古伝承を記録した『古語拾遺』の跋文においても当時の風潮に逆らえなかったのです。しかし、これは広成が頑迷固陋《ころう》な老人ではなく、当時の知識人としての高い教養の持ち主であったことを示しています。

また、「ご神宝の霊験」とは、具体的には『古語拾遺』の本文で、「遺れている事の一」に記述されている新羅僧の道行によって盗みだされた草薙剣が奇瑞によって難を逃れたことを指していると考えられます。この出来事は歴史的事実として『日本書紀』の「天智天皇紀」に記されています。現実の神器の霊験があるのだから、神代の話は決して荒唐無稽なものではない、と広成は確信していたのでしょう。それゆえに遺れ落ちた古の伝承の保存を強く主張したのです。

新たに即位した平城天皇が、律令制度の改革の一環として「式」の撰録に着手したことは、まさに広成の積年の思いを晴らす千載一遇のチャンスであったのです。そのなかでも、広成の関心の中心は神祇の祭祀に関わる「式」が制定されることにありました。遺れ落ちた神代の伝承を残すことと、祭祀の制度を確立したいという広成の願いは、「伝承」と「祭祀」は不離一体であるとする『古語拾遺』に一貫した観念が反映されています。実際に、『弘仁式』が撰録され、その「神祇式」は現存する『延喜式』に受け継がれました。それらの記録を見ると必ずしも斎部氏だけが重視されているわけではありませんが、「後世の人間」であるわれわれも古代祭祀の概要を知ることができ、広成の憂いの一端は晴れたともいえるでしょう。

広成の死後、斎部氏が次第に衰退していくことを知っているわれわれにとっては、八十歳を超えた広成の切々たる願いは胸を打つものがあります。『古語拾遺』を通読することは、その声に耳を傾け、古に思いを馳せるきっかけになるのではないでしょうか。

「氏文」の時代

奈良時代末期から平安時代初期にかけては、『古語拾遺』と同様に、氏族に伝えられてきた古伝承をまとめた書物が作られていきます。これらを「氏文《うじぶみ》」といいます。奈良時代末期といえば、律令制度が導入されて久しく年月が経過し、古代社会では勢力を持った「氏族」の力は弱まり始め、一方で、特定の氏族、さらにはその氏族の一部分・「家」が力を持ち始めた時代です。

ここでは、各氏族のアイデンティティを再確認する行為ともいえる「氏文」成立の背景とその内容を理解します。

「稽古照今《けいこしょうこん》」と「遺れたる事」

まずは日本において「国史」の編纂が始められた状況について振り返ってみましょう。『日本書紀』推古天皇二十八年（六二〇）には、聖徳太子と蘇我馬子が『天皇記』『国記』を編纂したと書かれています。この両書は現存していませんが、初めての国史編纂事業と考えられています。次いで『古事記』序文の「天武天皇の詔」には以下のようなことが述べられています。「聞くところによれば、諸家が伝えている帝紀《ていき》（皇室の系譜）や本辞《ほんじ》（古い伝承）は、すでに正実を違えて多く虚偽を加えている。今、その誤りを改めなければ、いく年もしないうちに大切な主旨が滅びてしまうだろう。帝紀や本辞は、わが国の起源由来と先祖が国土経営を重ねてきた大本である。ゆえに帝紀を撰録し、旧辞を究め明らかにして、偽を削り真実を定めて、後世に伝えたい」（神社検定公式テキスト②『神話のおへそ』316ページ「『古事記』」、公式テキスト③『神社のいろは続』35ページ「神祇制度と国史編纂のさきがけ」参照）。つまり、さまざまな氏族が持っているそれぞれの史書の間違いを改めないと、正しい伝承・歴史はなくなってしまうのではないかという危機感があったことを示しています。また、七世紀末の天武・持統朝の頃は、大陸の律令制を導入しようとしていた時です。このことは、やはり『古事記』序文に「稽古照今《けいこしょうこん》」（過去に学んで今の世の指針を見出す）と書かれているように、国家の一大変革期に対応しなければならないという当時の認識に基づいています。

そして、『古事記』の撰録から一世紀近くも時代が降っているにもかかわらず、『古事記』

序文とほぼ同じことが、『古語拾遺』の序文でも述べられています。「国史・家牒《かちょう》、其の由《よし》を載《の》すと雖《いえど》も、一二の委曲《いきょく》、猶《なお》遺りたる有り。愚臣言《ぐしんもう》さずは、恐るらくは絶えて伝ふること無からむ（国の歴史書、家々の系譜書にはさまざまな由緒・起源が記されているけれども、若干の詳細については記載に遺れたことがあります。私が申し上げなければ、おそらくはその伝えは絶えてしまうでしょう）」とある部分です。ここは『古語拾遺』を理解する際に、ぜひとも踏まえてもらいたい記述です。

『古事記』は、天武天皇の詔によって稗田阿礼が読み習った古《いにしえ》の伝承を、元明天皇の和銅五年（七一二）に太安万侶《おおのやすまろ》が文字に起こしたものですが、諸家の伝承は取捨選択して一本にまとめられたとされ、異伝承は載っていません。一方、元正天皇の養老四年（七二〇）に編纂された『日本書紀』は、「本書（本文）」以外に「一書《いっしょ》（あるふみ）」が記載されており、諸家が伝えていた異なる伝承を並記するという形式をとっています。『古事記』と『日本書紀』にはそういう編纂方針の違いがあり、国家の対外的な正史としての『日本書紀』に異伝が多数見られるようになっています。しかし、斎部広成にとっては、それでも「遺《も》れたる」古伝承がある、との認識だったのです。ちなみに、『日本書記』の天武天皇十年（六八一）三月十一日条には、天武天皇は「帝紀および上古諸事《いにしえのもろもろのこと》」を記録するよう川嶋皇子《かわしまのみこ》らに命じますが、この記録を「執筆」する役割を担った一人が先にも少し触れた忌部連首《おびと》（子人《こびと》・子首《こびと》）とされています。この「記録」と『古事記』『日本書紀』との関係は不明ですが、かつて古伝承の記録にも忌部氏が関与していたという記憶も、広成の古伝承の保持に対する強い意識の形成をうながしたとも考えられます。

日本紀講

さらに「記紀」のうち、『日本書紀』はまさに正史として扱われた「中央」の歴史です。一方、地域の歴史としては、和銅六年（七一三）に「風土記」撰進の命があり、それ以降、各国において「風土記」が撰進されていきました。現在、まとまった形で残っているのは出雲、常陸、播磨、肥前、豊後の五つの国の『風土記』ですが、その他の各国に「風土記」があったことが「逸文《いつぶん》」（一部しか残っていない文章。他書などに引用された形として残っていてその存在が確認される）から指摘されます。これらには「記紀」には見られない貴重な記述が見られ、地方から見た異伝としての古伝承ということができるでしょう。

一方、奈良時代に国家が編纂した記録の参考や根拠として用いられ、各氏族が持っていた伝承のいくつかが現存しています。それらを見ていくと、そのような諸家の伝承をまとめて『古事記』や『日本書紀』が撰録され、地方でも「風土記」が作られていったのですが、それでもまだ撰録されずに遺れている諸家の伝承があったことが窺われます。『古語拾遺』は忌部氏の伝承がまとめられたものですが、各々の氏族が、奈良時代末から平安時代初頭にかけて、自分たちの伝承をまとめた記録類が、現在「氏文《うじぶみ》」と呼ばれるものです。

氏文は、正史である『日本書紀』などに多くを依拠しつつまとめられているという特徴があります。『日本書紀』が編纂されて以降、朝廷では『日本書紀』をどう読み、どう正しく解釈するかについての講義「日本紀講《こう》」が度々行われました。そのなかで、『日本書紀』だけではどうしても解釈できない箇所、記述がなされていない事項などについて当時の学者たちが議論した疑問が蓄積されていきます。それらに対する回答の一つとして、各氏の伝承を記録した氏文が注目されるようになったとも考えられています。

代表的なものとして「高橋氏文」、『延暦儀式帳』、『住吉大社神代記《じんだいき》』、『新撰亀相記《きそうき》』、「秦氏本系帳」、『先代旧事本紀《せんだいくじほんぎ》』などが挙げられます。

■『新撰姓氏録』の編纂

代表的な「氏文」の概要について個々に取り上げていく前に、氏文の成立背景に関連して『新撰姓氏録《しょうじろく》』の編纂にも触れておきたいと思います。

嵯峨天皇の弘仁六年（八一五）に、万多親王《まんだしんのう》を中心に編纂された本書では、平安京と五畿内（山城・大和・摂津・河内・和泉国）の国別に、全一一八二氏を、天神地祇の子孫の「神別《しんべつ》」、天皇・皇子などの子孫の「皇別《こうべつ》」、渡来人の子孫の「諸蕃《しょばん》」の三つの出自に区分し、祖先や系譜の伝承、改姓の経緯などが記されています。先に允恭天皇が氏姓の乱れを正したことについて触れましたが、平安初期においても氏姓の混乱は大きな問題であり、出自を偽る者が多く存在したため、それを正すのが本書の目的であったと考えられます。

本書の成立の過程にはいくつかの段階があります。まずは奈良時代の淳仁《じゅんにん》天皇の天平宝字五年（七六一）に『氏族志《しぞくし》』編纂が試みられますが、未完成に終わりました。次いで桓武天皇の延暦十八年（七九九）十二月二十九日に、諸氏族にその由来を記述した「本系帳」の進上を命じたことも、本書の作成の基礎になっていると考えられています。『新撰姓氏録』に「新撰」とあるのは未完成に終わった『氏族志』を受けて完成したからだともいわれています。

安曇氏

膳部

本書の編纂は、平城《へいぜい》天皇の次代である嵯峨天皇の弘仁元年（八一〇）九月以降に始められました。同五年六月に完成して、いったん、奉《たてまつ》られ（『日本紀略』弘仁五年六月丙子朔条）、さらに翌六年七月二十日、源朝臣や良岑《よしみねの》朝臣など諸氏の本系を加え、再上表されて全三十巻が完成しました。なお、現存するものは完本ではなく抄本（記述が一部省略された本）であるとされています。

ここでは中央の斎部氏が「右京 神別」として記述されているのをはじめ、『古語拾遺』にも記載された諸氏の出自があります。特に、渡来人の記述は『古語拾遺』でも描かれていますが、「諸蕃」が三二七氏を数えることから見ても、平安時代の初期までは大きな影響力を持っていたようです。

・「高橋氏文」

「高橋氏文」は、「高橋」と「安曇《あずみ》」という二つの氏族の間に起こった争論に際し、高橋氏の立場から朝廷へ進上された記録です。古来、天皇のお食事を掌る役の「膳部《ぜんぶ》」の職能氏族としては、食物を献上して調理を奉る高橋氏と、海の民としても有名な安曇氏の二氏がありました。両氏は律令制下でも同様に、天皇の日常の食事を掌る「内膳司《ないぜんし》（うちのかしわでのつかさ）」という「官司《かんし》」（役所）に奉仕しています。

延暦八年（七八九）、この両氏の間で、神事や儀式において着座する席次について、どちらが上位かという争論が起きました。その際に高橋氏が太政官に進上したのがこの「氏文」です。内容は、高橋氏がどうして天皇に仕えるようになったのかという由緒伝承で、

皇太神宮儀式帳
止由気宮儀式帳

房総に景行《けいこう》天皇が行幸《ぎょうこう》（お出まし）された際、高橋氏の遠祖である磐鹿六鴈命《いわかむつかりのみこと》がアワビを調理して奉った縁で、それ以降、子孫が天皇のお食事を奉る職になったということが書かれています。

この「高橋氏文」は完全な形では伝来せず、平安時代の『本朝月令《がつりょう》（げつれい）』や『政事要略《ようりゃく》』といった書籍に引用されたものを、近世後期の国学者・伴信友《ばんのぶとも》が考証・編纂して、広く知られるようになりました。この「氏文」でも、「神話」や「伝承」は作り物ではなく深い真実・事実そのものと捉えられていて、だからこそ景行天皇の御代の伝承が争論の際の根拠として提出されたのです。ここには、中臣・忌部争論における斎部氏伝承の主張と態度を共通する古代人の観念が反映されていると理解できるでしょう。

・『延暦儀式帳』

『延暦儀式帳』は、伊勢の神宮、内宮の『皇太神宮《こうたいじんぐう》儀式帳』と外宮の『止由気宮《とゆけぐう》儀式帳』各一巻を総称したものです。この本は、『古語拾遺』成立の三年前である延暦二十三年（八〇四）に、内宮・外宮のそれぞれの禰宜が神祇官に奏進したもので、神宮の祭祀や造営、神領に関すること、そして、それらの由緒についてなど非常に幅広く記載がされています（『神社のいろは続』55ページ「神仏隔離の思想」参照）。これを基にして後の「弘仁《こうにん》式」での神宮に関する規定が定められたとされ、「神祇式」制定にあたって、氏族や古社の伝承が参考にされたことを示す貴重な史料です（『神社のいろは続』60ページ「平安遷都」参照）。

荒木田氏、度会氏

栗田寛
武田祐吉

一方でこの本は、内宮の荒木田《あらきだ》氏、外宮の度会《わたらい》氏という両宮の禰宜《ねぎ》を歴代世襲していた両氏がいかに内宮・外宮に奉仕してきたかを、伝承を用いながら述べています。例えば、「記紀」に記述のない外宮の鎮座年についても、『止由気宮儀式帳』には雄略《ゆうりゃく》天皇の御世に、丹波国から遷座したことが記されており、本書はいわば両氏の「氏文」ともいうべき内容を持ち、『古語拾遺』との共通性が見られます。

・『住吉大社神代記』

『住吉大社神代記』は住吉大社（大阪市住吉区鎮座）に所蔵され、長い間広く知られることのなかった書ですが、近代以降注目されるようになりました。明治期には神社考証で著名な国学者の栗田寛《くりたひろし》、昭和に入ってからは國學院大學教授で国文学者の武田祐吉《ゆうきち》などにより研究が行われ、本書の成立年や真偽に関して学界で論争が展開されました。

奥書には、大宝二年（七〇二）八月二十七日に津守連吉祥《つもりのむらじきちじょう》が住吉社の「本縁起」を定め、天平三年（七三一）七月五日に津守宿禰《すくね》客人《まれひと》および津守宿禰島麻呂《しままろ》が朝廷に奉ったと記されています。しかし、成立年については、用いられている仮名遣いや用語から、十世紀中期の天慶年間以降に降るとする坂本太郎説もあれば、さらに遡って八世紀前半の天平年間とする田中卓《たかし》説をはじめとした諸説がありました。現在では、天平三年（七三一）に奏上されたという奥書については否定的な見解が多いのですが、本書の大部分は延暦八年（七八九）の頃までに成立したと考えられています。

内容は『日本書紀』を記述のベースとして、天地開闢から始まり、伊装諾尊《いざなきのみこと》の禊《みそぎ》によ

津守氏

卜部氏

る住吉三神（底筒之男《そこつつのおの》・中筒之男《なかつつのおの》・表筒之男神《うわつつのおのかみ》）の出現までが詳しく語られています。さらに、仲哀《ちゅうあい》天皇・神功皇后の活躍の記述が続き、三神の出現と活躍、住吉大社の神職・津守氏の伝承を中心に、住吉へのご鎮座の由緒や神領、また、住吉神の託宣により津守氏の祖である手搓足尼《たもみのすくね》が奉仕し、子孫がそれを継承するようになった理由など、独自の伝承も伝えられています。一方、天孫降臨や神武東征・橿原即位など、『古語拾遺』が重視した伝承は全く記述されず、住吉三神および住吉社の由緒を、同社の祭祀氏族である津守氏の関心に従って、『日本書紀』を再構成しつつ記述した古伝承であるといえるでしょう。

・『新撰亀相記』

『新撰亀相記』は卜部《うらべ》氏の伝承がまとめられた本です。卜部氏は、中世から近世にかけて神社界に大きな影響力を持った吉田家の祖先に当たります（『神社のいろは続』46ページ「中臣氏と忌部氏」、110ページ「吉田兼倶と吉田神道」以降参照）。成立自体は『古語拾遺』よりは若干新しく、天長七年（八三〇）八月十一日、「卜長上《うらのちょうじょう》」従八位下の卜部遠継《とおつぐ》なる人物によって編纂されたとされています。

「神祇令」では、神祇官に二十人の「卜部」を置くことが定められ、『令義解《りょうのぎげ》』にはその中に「長上」が置かれていたことが記述されています。本書には祓や卜兆《ぼくちょう》の起源、卜部氏がそれらに関わった由来が記されています。また、『古語拾遺』が『日本書記』をベースとして記述され、その他の「氏文」も同様なのに対し、『新撰亀相記』は多く『古事記』が引用されています。『古事記』を引用した最古の書の一つであるという意味で、『古事記』

亀卜の家

本系帳

松尾社

賀茂下上社

研究の分野からも注目を浴びています。

さらに、律令祭祀の「鎮火祭《ひしずめのまつり》」「大祓」の起源について独自の主張が記されているように、この本の成立には、平安初期の卜部氏が神祇官における地位を上昇させていく際に、自らの由緒を確立しようとしたことが考えられ、神代まで遡る「亀卜《きぼく》の家」としての卜部氏を主張したものです。実際に、大祓詞も「神祇令」では中臣氏が読む規定であったのが、『延喜式』では卜部の役に変化しているように、忌部氏とは対照的に徐々に神祇官内での影響力を強めていったのです。

・「秦氏本系帳」

各々の氏族の伝承をまとめた氏文の数は少なくはありません。例えば、京都の松尾大社や伏見稲荷大社に歴代奉仕をしていた「秦氏」にも平安初期の記録が残されています。秦氏については『古語拾遺』でも言及されていますが、ここでは渡来人系のそれとは異なり、日本の神祇に連なる系譜の秦氏が記述されています。「本系帳」とは、奈良時代後期以降に提出が命じられた氏族の系譜や事績などがまとめられたものですが、「秦氏本系帳」は桓武天皇が進上を命じたものの一つと考えられています。しかし、完本では伝来しておらず『本朝月令』などに引用され、部分的に残存した逸文として伝来しています。

具体的には、秦氏が奉仕した松尾社（現、松尾大社）の祭神を大山咋神《おおやまくいのかみ》とする『古事記』の記述とは異なり、大宝元年（七〇一）に秦忌寸都理《はたのいみきとり》が松尾へ「胸形《むなかた》（宗像）の中部大《なかつのおお》神《かみ》」を奉斎したとする伝承が語られています。また、賀茂下上社（賀茂御祖《みおや》神社・賀茂別《わけ》雷《いかづち》神社）の由緒が記されています。そこには、秦氏の「女子《おみなご》」が葛野《かどの》川から流れてきた矢を拾って神の子を生み、その神の子が上賀茂の別雷神であり、秦氏の女子が下鴨の御祖神、矢が松尾神であり、その後、賀茂氏が婿に入って以後、賀茂社は賀茂氏が奉仕し、秦氏は松尾社に奉仕したのだという伝承が述べられています。これも、別雷神を生んだのは賀茂氏の「玉依日売《たまよりひめ》」であり、最初から賀茂氏が奉仕していたと伝える「山城国風土記」逸文の記述とは異なります。本書では山城国（京都）の有力社である賀茂社、松尾社がともに秦氏の奉斎する神社であったということを主張しているのです。

なお、『新撰姓氏録』でも、渡来系（「諸蕃」）の秦氏とは異なり、山城国の「神別」に神饒速日命《かむにぎはやひのみこと》を祖にする秦忌寸の記述があるように、同じ秦氏でも系譜の伝承を異にしている系統が存在していた点が注目されます。

・『先代旧事本紀』

先に「国史」編纂の始めとして、推古天皇二十八年春に聖徳太子と蘇我馬子によって編纂されたという『天皇記』・『国記』について触れましたが、この『先代旧事本紀』の序文には、聖徳太子と蘇我馬子によって編纂されたとあります。「神代本紀　陰陽本紀」「神祇本紀」「天神本紀」「地祇本紀」「天孫本紀」「皇孫本紀」「天皇本紀」「神皇本紀」「帝皇本紀」「国造本紀」の十巻の「本紀」により構成され、神代から推古天皇の御代までが記述されています。

『先代旧事本紀』は、平安時代中期頃から、先述の「日本紀講」においても、「記紀」に

物部氏

十種神宝

国造

先行する正しい国史であるという説が出されるほど重視されていました。しかし、実際には九世紀の後半までに作成されたと考えられています。この書も『日本書紀』を基にして独自の伝承が加えられていますが、物部氏の伝承が多く記述されており、本書が同氏によって作られたとも指摘されています。ただし、『先代旧事本紀』がまとめられたと考えられている九世紀には、既に物部氏は祭祀を掌る氏族ではなく、いわゆる律令体制下の役人になっています。祭祀に関わる記述は決して多くはないのですが、それでもその祭祀や神事に関する認識が卜部や斎部とは若干異なっていることが注目されます。

具体的には、「天孫本紀」に物部氏の祖である饒速日尊《にぎはやひのみこと》の子、宇摩志麻治命《うましまちのみこと》が神武天皇の即位にあたって鎮魂の儀礼を掌ったことが描かれ、「天皇本紀」の神武天皇即位の記述には律令祭祀の大嘗祭・新嘗祭で行われた鎮魂祭の起源伝承があります。また、「天神本紀」には、天照大神から皇孫に「十種神宝《とくさのかむだから》」を授けられたとも記され、「国造本紀」には、「記紀」に見られない地方の国造《くにのみやつこ》の氏族伝承が豊富に見られます。確かに、聖徳太子や蘇我馬子の撰という部分は偽りであり、本文の多くは『日本書紀』を下敷きにしていて、偽作であることは明白ですが、完全な「偽書」とは言い難い書物であり、独自伝承が伝える内容は「氏文」として大きな意味を持っています。

以上代表的な氏文について見てきましたが、諸家に伝わった伝承には、『古事記』や『日本書紀』に見られない独自の記述が多く見受けられます。これら記録を残した氏族の中でも、忌部氏は神祇官の中で中臣氏に次ぐ位置を占めていました。神道を学ぶために『古語拾遺』を参考にしなければならない理由の一つはここにあります。つまり、古代に数多くいた氏族の中に、神祇の祭祀を掌る氏族が複数いて、そのなかでも代表的な存在が中臣氏と並んで忌部氏であり、その氏族伝承をまとめた『古語拾遺』は、祭祀や神祇およびその背景を理解する上で『古事記』や『日本書紀』を補完する性格を有しているのです。

『古語拾遺』成立の頃の時代状況

さて、今まで『古語拾遺』がなぜ撰上されたのか、その時代背景について少しずつ触れてきましたが、ここからは先述した「式」の編纂に焦点を絞って説明していきます。まずは『古語拾遺』成立の頃の時代状況についておさらいしておきましょう。

『古語拾遺』が成立したのは平安遷都から十三年後の大同二年（八〇七）で、平安時代初期でした。『古事記』が和銅五年（七一二）、『日本書紀』が養老四年（七二〇）に成立していますので、それから約九十年後にできた書物になります。時の天皇は平安遷都を実施した桓武天皇の次の第五十一代平城天皇です。

そもそも桓武天皇が平安京に都を移したのは、中国の法律や行政の制度である「律令」を取り入れて中央集権的な国家に整備された政治の体制が百年ほどの間に疲弊し、うまく機能しなくなったということが大きな理由でした。桓武天皇は律令制の立て直しを図りましたが、同じく平城天皇も律令の施行細則である「式」を整備しようとしました。『古語拾遺』はまさにその時にあたって、朝廷に提出された書物なのです。跋文には、「造式」

の年に当たって朝廷に献上します、と記されていて、律令を適正に運用するための施行細則である「式」の参考資料として提出されたのではないかとする説が有力です。

しかし、平城天皇は直後の大同四年（八〇九）に退位します。この大同年間という時期は、そういう「律令政治」の曲がり角にあたります。弘仁元年（八一〇）九月には「薬子《くすこ》の変（平城太上天皇の変）」という政治混乱が起こりました。これは、退位した平城上皇が、退位後の政治運営などに不満を持ち、もう一度奈良の都（平城京）に戻り政治のやり直しをしようとしたことに対し、嵯峨天皇が平安京に留まって対立したのです。嵯峨天皇が迅速に兵を出し、平城上皇が出家することによって決着しました。

この乱自体は『古語拾遺』編纂の後ですが、平安時代初頭は、そういう改革期のせめぎ合いの中にあったのです。平安初期の政治改革としては、例えば、蝦夷征討のための「征夷大将軍」が延暦十三年（七九四）に設置され、同十六年には坂上田村麻呂が任命されています。同年には、国司に不正がないかどうかを監督する「勘解由使《かげゆし》」や、大同五年・弘仁元年（八一〇）には「蔵人所《くろうどどころ》」が設置されています。蔵人という役職は天皇の側近にあたります。これらの官職はいずれも令に規定されない「令外官《りょうげのかん》」というものでした。このような官職を新設して律令制を修正していく、そういう流れの中にこの時期はあったのです。

そして、弘仁十一年（八二〇）に最初の式として「弘仁式」が制定されました。その中には、太政官と並立して国家の神祇や神社、祭祀について管轄した役所である神祇官の行政について定めた式である「神祇式」が含まれています。『古語拾遺』が神祇式の作成にどれほどの影響を与えたのかは不明ですが、忌部氏が読む大殿祭・御門祭の祝詞は『古語拾遺』でも「別巻《ことまき》」に記載されていると述べられていて、「弘仁式」の祝詞に実際に反映された可能性が高いとされています。そして、その祝詞は現存する唯一の式である『延喜式』の巻八にさほど改変されずに掲載されたと考えられています。

それでは「造式」にあたって、広成が『古語拾遺』を献上した大きな理由とは何だったのでしょうか。律令制度は中国から移入された制度であり、「公地公民」などの大化改新が示した大改革の方針を具体化させたものです。律令制の導入によって、有力な豪族たちが氏や姓を与えられ、全国に分布する部民を率いて、それぞれの職掌によって朝廷に奉仕する、というそれまでの社会構造が変化していきました。法律に基づいた行政機関と、そこに勤務する官僚によって国家が運営されていくようになります。つまり、古代氏族たちは神代からの名門であるということだけでは、生き残ることが難しい時代になってしまったのです。

一方では、中臣氏から分かれた藤原氏が、次第に権力の中枢を握るようになっていきます。藤原不比等《ふひと》の娘である光明子《こうみょうし》（光明皇后）が、聖武天皇の皇后として皇族以外で初めて選ばれ、藤原氏が朝廷の要職につくようになります。それと対照的に蘇我や大伴、物部氏などの豪族の子孫たちは次第に地位を失っていきます。忌部氏もその中の一つでした。律令制という全く異質な制度が導入され、神代以来の「氏」が衰退していく状況で、広成は古の伝承の大切さを訴え、忌部氏をはじめとする古代氏族の存立意義を主張しようとしたのです。

『古語拾遺』撰進の直後、先にも触れた通りに「薬子の変」によって藤原「式家《しきけ》」が没落し、代わって藤原「北家《ほっけ》」が実権を握ります。北家の子孫はその後「摂関政治」の中心となって平安時代中期の朝廷を掌握することになり、朝廷の要職はほとんど藤原家が独占するという状況が出現していきました。決定的な歴史の分岐点の時代に著されたものが『古語拾遺』だったのです。

■「遺れている事」の〝こころ〟

前記のことは先に記した「氏文」成立の背景でもあります。そして、今まで説明してきたことは、実は『古語拾遺』そのものに存分に表現されていました。跋文にはこうあります。

「前《さき》の件《くだり》の神代の事、説盤古《せつばんこ》に似たり。氷を疑ふ意《こころ》には、信《しん》を取ること寔《まこと》に難《かた》し」

（これまで述べてきた神代の物語は、中国古代の「盤古」の伝説のように、一見、荒唐無稽の物語のように思えます。夏の虫は冬の氷を疑う、という諺があるように、現在の常識では到底信じ難いことでしょう）

つまり、平安時代になると、知識人の中には神代の伝承について「これはちょっと疑わしい」といった懐疑的な考え方が現れてきていたのです。これに対し広成は、自身も知識人だが、神代の出来事はまさに事実だと主張し「虚《うそ》と謂《い》ふべからず」と断言しています。

さらに「方今《いま》、聖運《せいうん》初めて啓《ひら》け」と跋文は続きます。これは平城天皇が即位されて、本当

造式の年

三代格式（弘仁格式、貞観格式、延喜格式）

に素晴らしい治世がまさに行われようとしているという意味です。これは当世の賛美であり、政治的表現でもありますが、さまざまな改革に着手した時代を示したものといえるでしょう。

「千載《せんざい》の闕典《けつてん》を補《おぎな》ひたまふ。若《も》し此の造式の年に当りて、彼の望秩《まつり》の礼《いやまい》を制《さだ》めずは、竊《ひそか》に恐るらくは、後《のち》の今を見むこと、今の古《いにしえ》を見る猶《ごと》くならむ」

（長年の欠陥を是正されようとしています。もし、この「式」を制定しようとする年に当たって、神祇の祭祀の儀礼を制定できなければ、後世の人間が現在を見たならば、現在、古の根源が分からなくなっているのと同じような混乱の状況であると見られてしまうことを恐れます）

ここでのポイントは「造式の年」という言葉です。「格」と「式」の編纂は平安時代を通じて、三度行われました。いわゆる「三代格式」と呼ばれるものです。その最初の事業が「弘仁格式」の編纂でした。「弘仁格式」は、弘仁十一年（八二〇）に嵯峨天皇の勅により撰進され、改定を加えて次の淳和天皇の御代に施行されましたが、先にも触れたように、平城天皇の前の桓武天皇の御代から機運は高まっており、資料の収集が始まっていました。『延暦儀式帳』もその参考資料として提出されたと考えられています。格式の編纂事業は「貞観格式」、「延喜格式」と続きましたが、神祇に関する式（「神祇式」）は「弘仁式」でかなり整備され、その大部分は後世の『延喜式』に継承されていると考えられています。

先の「造式の年」とは、それらの起点となった年を指しています。変革の時に、「式」

が作られようとしている。今、修正をしなければ、古の正しい伝承が伝えられずに失われてしまう。特に祭祀に関わる正しい「神祇式」を制定しなければならない。これが広成の主張だったといえるでしょう。

これは単に「斎部」の利益を図るためとか、中臣氏に対して劣勢の地位を挽回する意図だけで行われたのではありません。確かにそういう指摘もありますが、それだけにとどまるものではありません。ましてや既に八十歳を過ぎた年寄りの懐古趣味のように受け取ってしまっては意味がありません。それは斎部広成という神祇氏族の一人が著した書物であり、そこには老翁の赤裸々な〝こころ〟があります。『古語拾遺』は、その後も「稽古照今」の対象として研究を続けられてきた「神典」なのです。

どのように受けとめられてきたのか？

先に『古語拾遺』を忌部氏の「愁訴状」と捉える説に触れましたが、各時代で『古語拾遺』をどう受容するかについてはさまざまな立場があります。近世には「斎部を疑う」という意味の『疑斎《ぎさい》』という文も現れます。これに対して反論したのが本居宣長でした。ここでは、各時代で『古語拾遺』がどのように扱われてきたかという概要を通じて、『古語拾遺』を学ぶ意義を考えます。

卜部本、伊勢本

■伝本について

まずは『古語拾遺』の伝本の説明から進めます。「記紀」などの古代文献と同様に、大同二年当時の『古語拾遺』の原本は存在しません。最古のものとしては中世の写本が伝来しており、それが現在、我々が使う本文テキストの基本になっています。

大きく分けて「卜部《うらべ》本」と「伊勢本」の二系統があります。この二つの伝本系統には、細かい差異はありますが、一番大きな違いは冒頭の【天と地が初めて出来た時】の箇所です。詳細については第3章で触れます。

卜部本系統の代表的な写本は、嘉禄《かろく》二年（一二二六）二月二十三日に、藤原長倫の筆写原本を卜部兼直《かねなお》が筆写した「嘉禄本」です。神祇管領《かんれい》の「吉田家」に伝来し、現在は天理大学図書館の所蔵で、現存する写本の中で最古のものです。

伊勢本系統の代表的な写本は、元弘四年（一三三四）三月二十六日に、亮順《りょうじゅん》という人物が筆写した「亮順本」があり、他にも「亮順本」とほぼ同時期に筆写された「熙允《きいん》本」、「無弐《むに》本」があります。ともに横浜市金沢区の称名寺《しょうみょうじ》の旧蔵で、近世に加賀前田家の所蔵となり、現在は旧加賀藩主・前田家の尊経閣《そんけいかく》文庫（東京都目黒区）に所蔵されています。

卜部本と伊勢本のどちらが正しいテキストか、という研究上の議論は近世以来続けられています。伊勢本の方が古いという説もありますが、大方は卜部本を古いとしています。それを一応の通説として、本書では卜部本系を採用しました。なお、伊勢本を底本として採用している本には、戦前の岩波文庫版『古語拾遺』（加藤玄智《げんち》校訂）、大倉精神文化研究所編『神典』所収の『古語拾遺』などがあります。これらの本文を読む際には、卜部本系を底本としているテキストとは若干違いがあるため注意が必要です。

■古代において

古代において『古語拾遺』がどのように受容されていたかが分かる例として『先代旧事本紀』での記述があります。『先代旧事本紀』には『古語拾遺』から多くの引用が見られるからです。同書は遅くとも九世紀末期頃の成立ですから、『古語拾遺』の受容の例として最も古いものの一つです。例えば「神武天皇即位」の記述が「記紀」と異なる記事内容となっています。物部氏の祖先である饒速日尊《にぎはやひのみこと》が「十種神宝《とくさのかむだから》」を奉じて天皇に仕えたとする独自の伝承を記した後に、『古語拾遺』の天富命《あめのとみのみこと》が鏡・剣を正殿に奉安した記述を引用しているのです。

他には、朝廷のさまざまな儀式について記された『本朝月令』に、六月・十二月の月次祭の前日に行われる「十日奏御卜事《とおかにそうするみうらのこと》」のところで引用され、神祇官が朝廷の諮問に答えた『神祇官勘文《かんもん》』（天暦三年／九四九）の「鎮魂祭の条」にも引用されています。また、伊勢の神宮と熊野社のご祭神をめぐる論争を記した上申文書である『長寛勘文《ちょうかんかんもん》』（長寛元年／一一六三）にも引用があります。こういった事実から、古代においては、朝廷の神事の由緒を考証する際に史料として『古語拾遺』が引用されていたことが分かります。

度会家行編『類聚神祇本源』
北畠親房編『元元集』

吉田家

日本紀の家

中世において

鎌倉時代後期に成立した図書目録『本朝書籍目録《ほんちょうしょじゃく》』では、『古語拾遺』は「神事」の編目に分類されており、古代に引き続き、歴史書というより神祇や祭祀に関する書物として認識されていたようです。また、現存する最古の写本類が成立するのもこの時代です。先述した嘉禄本、亮順本などが、鎌倉期から南北朝期にかけて筆写されました。

亮順本などの写本が伊勢本系と称されるのは、この系統の写本が度会家行《いえゆき》編の『類聚《るいじゅう》神祇本源《じんぎほんげん》』や北畠親房編の『元元集《げんげんしゅう》』などの神道書に引用されたためで、鎌倉時代末期から南北朝期にかけて、伊勢の神宮の周辺でこの系統の写本が受容されていたことを示しています（『神社のいろは続』100ページ「伊勢神道の成立」、104ページ「建武の中興と南北朝」参照）。『古語拾遺』における神宮の由緒や天照大神のご神徳などの記述が、当時の神宮祠官《しかん》やその影響を受けた人々の関心に従って、引用されていったといえるでしょう。特に「遺れている事の二」の、「天照大神は、惟《こ》れ祖《おや》惟れ宗《きみ》、尊きこと与《ならび》二無し。因《よ》りて、自余《それよりほか》の諸神《もろがみ》は、乃《すなわ》ち子、乃ち臣《おみ》、たれか能《よ》く敢《あ》へて抗《さから》はむ」の一文は、天照大神の尊貴性を示すものとして、「伊勢神道書」を通じて広く知られるようになりました。

卜部本は卜部家、後の「吉田家」に伝来された写本です。卜部家は先に触れた『新撰亀相記』と関連しますが、神祇官の役人として徐々に地位を向上させ、既に平安時代後期から「日本紀の家」と呼ばれ、神祇官の次官である「大副《たいふ》」を世襲して朝廷の神祇関係に強い影響力を持っていきました。吉田家は「記紀」の古写本も所蔵しており、戦国時代に入

山崎闇斎　垂加神道

大伴重堅

って吉田兼倶が「神祇管領長上《ちょうじょう》」を自称するようになり、天皇・将軍をはじめさまざまな人々が吉田神道に権威を認めたのも、『古語拾遺』を含む種々の神道古典の写本を吉田家が有していたことにもよります。

これらのことから、中世においても『古語拾遺』は「神書」として位置付けられていた、と理解できるでしょう。

■近世において

現代の『古語拾遺』の理解に、直接、関わる研究は、近世（江戸時代）にさらに深まっていきます。まず、近世前期の比較的早い時期から『古語拾遺』を尊重した学派が現れます。儒家神道派として分類される山崎闇斎に始まる「垂加神道」の人々です。垂加神道というと、『日本書紀』神代巻のみを重視したと思われがちですが、『日本書紀』を補うテキストとして『古語拾遺』があると考えていたようです（『神社のいろは続』１３５ページ「吉川神道と後期伊勢神道」、１３６ページ「神道説の集大成」参照）。

また、近世に入ると印刷技術が発展して、ようやく木版本として『古語拾遺』が普及するようになります。それ以前は写本しかありませんので、普及度は段違いに飛躍していきました。この先鞭を開いたのも、垂加神道派による出版事業でした。元禄九年（一六九六）、近江国（滋賀県）の四宮社の神職・大伴重堅《しげかた》が『古語拾遺』を刊行しました。この本は「四宮版」と呼ばれ広く普及しましたが、重堅は垂加神道の門流に連なる人物だったのです。

忌部正通『神代巻口訣』

三部の本書

国学の四大人

そうした闇斎系、垂加系の学者が木版本を作り、『古語拾遺』が広く知られるようになっていきます。

山崎闇斎は天皇に継承される神器の考察を進める中で『古語拾遺』に注目していったようですが、そのほかにも垂加神道が『古語拾遺』を重視した理由はいくつかあります。闇斎が重視した伊勢神道書に引用されていること、また、生没年や詳細な伝記は解明されていませんが、中世の南北朝期に忌部正通《まさみち》という人物により書かれた『日本書紀』の注釈書『神代巻口訣《じんだいかんくけつ》』という本に、闇斎がかなり影響を受けていたことも、垂加神道派の中で「忌部」氏および『古語拾遺』に対する関心が高まっていく理由の一つと考えられます。

近世中期の十八世紀に入ると、垂加神道の関心を受け継ぎ、国学者たちが『古語拾遺』の研究を行っていきます。そこには古典観の転換という前提があります。中世以来、吉田神道では「三部の本書」として『古事記』『日本書紀』『先代旧事本紀』を尊びましたが、それを国学者が考証を重ね否定していったのです。『先代旧事本紀』が聖徳太子や蘇我馬子によって編纂されたのではないという偽書説は、国学者で有職故実家の多田義俊《ただよしとし》や伊勢貞丈《さだたけ》によって提唱され、定説になっていったことが知られていますが、それに先立って「国学の四大人《うし》」の鼻祖である荷田春満は『先代旧事本紀』を偽書であると考証の上、指摘しています。その流れで、「記紀」に次ぐ神道の古典としての『古語拾遺』が注目されるようになっていくのです（国学については『神社のいろは続』139ページ「国学の勃興」参照）。

日下部勝皐（奈佐勝皐）

塙保己一『群書類従』

『古語拾遺疑斎弁』

■『疑斎』と本居宣長

『古語拾遺』についてのまとまった評価としては、日下部勝皐《くさかべかつたか》（奈佐《なさ》勝皐）の『疑斎《ぎさい》』が有名です。日下部勝皐は、塙保己一《はなわほきいち》の門人として『群書類従《ぐんしょるいじゅう》』に掲載された書籍の校訂に携わった人物です。

塙保己一は盲目の学者として著名です。晩年の賀茂真淵に入門した国学者の系統に位置付けられ、『群書類従』を編纂しました。『群書類従』は古代から江戸時代初期までに成った史書や文学作品、計一二七三種を収める一大シリーズです。小編ではあるが、散逸してしまえば日本の記録は隠滅してしまうといった古記録類を収集・編纂し、木版本として印刷をしたもので、画期的で偉大な文化事業といえるでしょう。

寛政三年（一七九一）に刊行された『群書類従』第二十五輯《しゅう》の中に日下部勝皐が校訂した『古語拾遺』が収録されています。それに先立つ安永二年（一七七三）、勝皐は「斎部を疑う」という意味の『疑斎』という本を著しました。そこでは、『古語拾遺』は衰退しつつあった斎部氏の「愁訴状」であって、広成が自分の立場を正当化するために事実を曲げて記述しているのだと、批判的に捉え、『日本書紀』と異なる記述をすべて広成の作為であるとして、批判点を十五箇条にわたって挙げています。

それに対して『古語拾遺疑斎弁』を著し反論したのが本居宣長です。宣長はそこで、『古語拾遺』には古伝承とは異なる誤りも多いが、文中には「記紀」に遺れた貴重な記述が伝わっていることもある。正史と記述が異なるからといって、これを誤りだと決めつけては

『古史徴開題記』

ならない。正史に遺れた古伝承は存在し、正史が誤っていて、その他の書に正しい記述が存在している場合もあるのだ、と主張しています。

『古事記伝』があまりにも有名なため、宣長は「古事記絶対主義者」だと思う人も多いのですが、必ずしもそうではありません。宣長は、古典の根幹はあくまで『古事記』だとしていますが、絶対とは言っていません。『古語拾遺』には、むしろ古伝承を補完する記述があり、『古事記』『日本書紀』にもない古伝が残されている可能性がある、と評価をしています。ただし、全面的に『古語拾遺』を肯定したわけではなく、よく読めば『疑斎』の指摘も当たっており、中臣を卑しめて忌部の評価を上げようとする意図も見受けられるが、それは根本的な欠陥ではないというのが『古語拾遺』に対する宣長の全般的な評価でした（本居宣長については『神社のいろは続』141ページ「本居宣長の国学の集大成」参照）。

■「学神」として評価した平田篤胤

この宣長の評価をさらに展開したのが平田篤胤です。篤胤の主張は『古史徴《ちょう》開題記』という著書に詳しく書かれています。『古史徴開題記』は、自らが正しい古伝承として編纂した『古史成文《こしせいぶん》』の出典史料を解題したものです。そこでは、『古語拾遺』についてかなりの分量を割いており、非常に詳細な解説となっています。その冒頭には、「さて古語拾遺は、まこと古語拾遺にして、天祝詞、古事記、日本紀に遺漏たる古語の、これ此書に記し伝られずは、神世の故実の、いかに解釈べきと所思ゆる、やごとなき事どもを拾ひ載

『玉だすき』

池辺真榛

されたる、広成宿禰の功の、高く貴きことは更にも言はず」とあり、遺れ落ちた古伝承を拾遺した広成の功績を高く評価しています。宣長は文献考証が緻密で、篤胤は大雑把だというイメージを持つ人も多いのですが、篤胤は非常に緻密な考証をする学者であり、実際に『古史徴開題記』はしっかりと文献考証がなされた書籍です。

さらに、篤胤は斎部広成を「学神」と定めました。「学神」とは、「古え学び」の神のことで、「記紀」で知恵深い神として活躍する「思兼神《おもいかねのかみ》（思金神）」、既に広く学問の神として信仰されていた「天神様（菅原道真）」と共に、「忌部の神」が挙げられているのです。ちなみに、このことは、具体的な学神の祭祀方法と共に篤胤の著書『玉だすき』に記されています。

なぜ篤胤は、忌部の神を「学神」としたのでしょうか。先に、塙保己一が古記録を収集し何とか後世に伝えようと『群書類従』を編纂したことに触れましたが、篤胤はそれとは別の方法で古伝承を残そうとしました。それは、日本だけではなく、中国やインド、場合によっては『旧約聖書』からも、現在では「神話」とされる古い伝承を収集して、古の伝え、神代の伝承を復元しようとするアプローチです。そういった意識の下、篤胤は、斎部広成を朝廷の要請に応じて古伝承をまとめ、今を正そうとした大義を抱いていた人物であると評価します。同様の問題意識を抱いていた篤胤が『古語拾遺』に感銘を受け、それが篤胤の高い評価につながっていったと考えられます（平田篤胤については『神社のいろは続』143ページ「平田篤胤の展開」、144ページ「復古神道の展開」参照）。

また、幕末期の阿波国（徳島）の国学者で本居宣長の門流に連なる池辺《いけべ》真榛《まはり》は、安政二年（一八五五）に『古語拾遺新註』を著しています。この本は、近世までの研究の集大成ともいうべき書で、国学的な文献考証に基づいた考察がなされています。同書では、『古語拾遺』を以下のように評しています。

然るを此書は巻数もなく、神代の故実《こと》も眼目《まなこ》とあるところはもらされたる事なく、又、其の間々に加入られたる拾遺も、みな神代の実事《まさごと》の動くまじき霊験《あかし》明証にして、漢土の盤古氏がやうに書籍《ふみ》にのみ止りて遺跡《あと》なき贅言《そらごと》の比類《たぐい》ならざる事を徴《あか》されたるものなれば、経書として教むに、捷便《てばや》く暁了《さとり》易ければ、其の講説《ときごと》を開く人、百人が百人大和魂《やまとだましい》に立復るべく、其の書の解《あげつらい》見《み》む人、千万人悉く西戎意《からごころ》わろかりつと思ふ本心《こころ》出くべきなれば、世の中弘く導きをしへむには、此の書にまされるものなし。

つまり、『古語拾遺』は小篇ではあるが、神代の重要な事項は漏らさず記載されており、独自の記述も貴重なものが多い。通読したならば、日本人の本来の心に立ち返ることのできる素晴らしい典籍なのだ、と最大級の評価をしています。残念ながら、昭和期になるまで本書は刊行されなかったため、広く知られることはありませんでした。

■近代以降について

近世後期以来の篤胤の評価を受けて、その門流に連なる平田派国学者たちが、さまざまな『古語拾遺』の訓読本や注釈本を出していきます。そういう流れの中で、幕末から明治、そして近代以降、『古語拾遺』は『古事記』『日本書紀』を補完する神道の古典、「神典」

渡辺重石丸

大教宣布運動

神道事務局生徒寮

皇典講究所

佐伯有義

としての評価が高まりました。

明治初年、政府は中央の高等教育機関として「大学」を設置し、国学はその学問の根幹として位置付けられました。明治三年（一八七〇）、豊前国（大分）中津出身の国学者・渡辺重石丸《いかりまろ》は京都の「仮大学校」で『古語拾遺』を講義します。そして、重石丸は篤胤の養嗣子・銕胤《かねたね》から委嘱を受けて本文テキストを作成し、刊行しました。

国学を根幹とした「大学」構想は早々に挫折しますが、「敬神愛国」などをスローガンとした国民教化政策である「大教宣布《たいきょうせんぶ》運動」において「教導職《きょうどうしょく》」（国民教化を目的とする役職で、神官・僧侶を中心に任命された）の教養書として、『古語拾遺』は引き続き受容されていきます。一方、この時期には後の教派神道の一つ「実行教《じっこうきょう》」の開祖である柴田花守《はなもり》が『古語拾遺』を刊行するなど、出版活動も活発に行われました。また、教導職を養成する施設であった「神道事務局生徒寮」でも『古語拾遺』は教授されました。神官と教導職の分離に伴う明治十五年（一八八二）の「皇典講究所《こうてんこうきゅうじょ》」（現在の國學院大學の設立母体）成立以降においても、同所で「修身」の授業に用いられ、担当した久保季茲《くぼすえしげ》・木野《きの》戸勝隆《とかつたか》という平田国学に連なる学者により講義録やテキスト本文が出版されています。

さらに『古語拾遺』は、神職に任用されるための資格である神職「学階」の試験科目となり、皇典講究所の同窓会「水穂会」から佐伯有義《さえきありよし》による講義録が出版されるなど、神職の修得すべき必須の古典教養として受容されるようになっていったのです（大教宣布運動については『神社のいろは続』１５２ページ「教部省と国民教化策の展開」、教派神道については同１５４ページ「教派神道」、皇典講究所については同１５３ページ「皇典講究

加藤玄智

津田左右吉

上田正昭

所の成立」参照)。

これら近世後期以降の『古語拾遺』の研究・出版は、明治十年台(一八七七〜一八八六年)までは、国学者(特に平田派)の影響下にありました。これは、明治後半期以降に成立する国文学・歴史学などの近代人文学的な研究アプローチとは流れを異にしており、現在、一般の『古語拾遺』研究史からは忘れ去られています。しかし、近代の国学者が『古語拾遺』というテキストに「古典」としての光を当てて普及を促し、皇典講究所設立以降は制度化された神職養成課程に組み込まれたこととも相まって、現在につながる研究・受容の基盤となった動きと評価できるでしょう。なお、東京帝国大学の宗教学講座を担当した宗教学者の加藤玄智《げんち》は『古語拾遺』を英訳して国際的な普及に努めるなど、特色ある活動をしたことも注目されます。

■古代の律令祭祀との繋がりの中で

大正時代以降の流れでいえば、津田左右吉《そうきち》は近代歴史学の視点から、『古語拾遺』に対して『疑斎』の立場、つまり、律令制下の忌部氏は自分の政治的地位が危うかったために、その政治イデオロギー的立場でテキストを作為していると評しました。そういった影響を受けて、戦後には『古語拾遺』を高く評価しない風潮が出てきたりもしますが、必ずしもそれがすべてではありませんでした。歴史学者の上田正昭《まさあき》などは、古代氏族制研究の観点から忌部氏について研究を行い、『疑斎』的な評価に立たず積極的な評価をしています。

近年の研究動向についても少し触れておきましょう。「氏文」に関する研究は、特に国文学の分野で議論が深化しています。「記紀」の受容史という観点から、『古語拾遺』を含めた氏文を再評価しようとする動きです。いわゆる「偽書」や「捏造」といった評価という従来の認識は改められつつあります。なぜ「忌部」がこういうものを作ったのかということを、もう少し時代状況や社会状況に即して理解をしなければならない、という方向性で研究が進められています。

今までも繰り返し述べてきたように、特に、神道の観点から理解しようとする時には、「記紀」をはじめとする神代の伝承と古代の律令祭祀との繋がりの中で、『古語拾遺』の意味を考えていかなければならないでしょう。単に忌部が自分の地位を上げるためにでっち上げたという話ではなくて、平安時代初頭における「律令祭祀」の姿、さらに遡って古代国家の成立過程の中で「忌部」がどのような立場にあったのかという見方をしていく必要があります。

成立の年について

『古語拾遺』の成立年は、大同元年なのか、二年もしくは三年なのか、さまざまな議論がありました。嘉禄元年（一二二五）二月二十三日の奥書を持つ（実際は嘉禄二年）最も古いとされる写本の巻末には、「大同元年二月十三日」と記されていますが、「元年」の傍らに「二」の文字が書き加えられているからです。どちらが正しいのかということになりますが、その前の年号「延暦」から「大同」へ改元されたのが五月十八日であり、「大同元年二月十三日」は存在しません。同じ写本に「従五位下斎部広成」とも記されていることから、広成が従五位下に叙位された年である大同三年と見る説もありますが、その叙された月は十一月ですのでこれも矛盾します。議論としてはほぼ尽くされており、現在としては大同二年（八〇七）に撰進されたというのがほぼ動かない定説となっています。

■本書における本文の区分と狙い

『古語拾遺』の本文は大きく四つに区分できます。まずは、天地開闢から天孫降臨までの「神代」と、神武天皇以降の「人代」で大きく区分され、さらに人代は、神武天皇からの歴代天皇の記述、「遺れたる事」十一条、御歳神の祭祀、の三つに区分されてきました。

本書でも本文を四つに区分していますが、神代と神武天皇の記述を連続した一つの区分としました。確かに『古事記』を見ても神武天皇以前の神代は上巻、人代は中・下巻ですし、『日本書紀』は第一・二巻が神代の上・下巻で、三巻以降が神武天皇に始まる人代という巻次構成になっていて、神代・人代を区分することはいわば常識となっています。あえて本書が神代に神武天皇までを組み込み、一つの区分としたことには意図があります。「記紀」では、天石窟・天孫降臨・神武天皇即位の各エピソードにおいて、登場する神々やその出来事に類似性が見られます。これは、「記紀」の編纂者たちが神代と人代の連続性について十分意識して構成した結果ではないかと考えました。『古語拾遺』も同様の認識に立つと考え、あえて神武天皇即位の記述を神代と連続させて一つの区分としました。

『古語拾遺』は、古代史や古典文学の研究という観点から理解することも可能ですが、本書では神道を理解するという視点に立った編集方針をとっています。そのため、関連する祭祀や神社・祭神に着目して考察を加えました。特に、『日本書紀』に始まる「六国史」や「神祇令」、『延喜式』などに記録されている古代の国家祭祀との関係についても注意を払っています。また、なるべく平安時代初期の当時の人々の認識に寄り添った理解を促すように努めました。つまり、神話や伝承は後世の人間が作り出したフィクションであるといった、現代の合理的な理解ではなく、歴史上の事実なのだと当時の人々が考えていたことを尊重しています。

また、皇室の歴史についても触れました。『古語拾遺』では、天照大神とその系譜に連なる皇室と、忌部氏の関係が「記紀」よりも強調されています。「三種の神器」や「三大神勅」など重要な事項についてはやや詳しく解説を加えました。

第1章で『古語拾遺』の内容を知り、この第2章では、その背景の解説に努めてきました。以後の第3章は、ここで述べてきた観点での「展開編」になります。

第3章「展開編」

『古語拾遺』を理解する

「神代」の認識を理解する

ここからは『古語拾遺』の本文をさらに深く理解していきましょう。解説の前に、第1章で紹介した現代語訳を再度、掲載し、さらに、理解の前提となる「記紀」や『延喜式』などの記述を参照事項として掲載していきます。解説を読みながら、逐次、参照してください。

まずは、天地開闢から神武天皇のご事績までのことを解説していきます。

天地開闢から大己貴神まで

【天《てん》と地が初めて出来た時】

ある説にいうことには、天地《あめつち》が初めて出来た時、伊奘諾《いざなき》・伊奘冉《いざなみ》の二柱の神様が夫婦となられて大八洲国《おおやしまのくに》をはじめ山川草木をお生みになった。次に、日の神、月の神、そして最後に素戔鳴神《すさのおのかみ》をお生みになった。しかし、素戔鳴神はいつも泣き叫んでいて、そのために人々は死んでしまい、山の木々も枯れてしまいました。そのありさまを見て父母の神である伊奘諾・伊奘冉神は「お前はひどいことをした、すぐに根の国に行きなさい」とお命じになった。

また、別の説には、天地が初めて出来た時に、天《あめ》の中に生まれた神のお名前は天御中《あめのみなか》主神《ぬしのかみ》と申し上げます。次に高皇産霊神《たかみむすひのかみ》（古い言葉にタカミムスヒといい、カムルキノミコトと呼ばれるのはこの神です）、次に神産霊神《かみむすひのかみ》（カムルミノミコトと呼ばれ、この神の子である天児屋命《あめのこやねのみこと》は中臣朝臣《なかとみのあそみ》の祖神《おやがみ》です）が生まれました。

そして、高皇産霊神の子である女神のお名前は、栲幡千千姫命《たくはたちぢひめのみこと》（天津彦尊《あまつひこのみこと》の母神）、男神のお名前は天忍日命《あめのおしひのみこと》（大伴宿禰《おおともすくね》の祖神）、天太玉命《あめのふとたまのみこと》（斎部宿禰《いみべの すくね》の祖神）と申します。

太玉命が統率する神々のお名前は天日鷲命《あめのひわしのみこと》（阿波国《あわのくに》の忌部《いみべ》たちの祖神）、手置帆負命《たおきほおいのみこと》（讃岐国《さぬきのくに》の忌部の祖神）、彦狭知命《ひこさしりのみこと》（紀伊国《きのくに》の忌部の祖神）、櫛明玉命《くしあかるたまのみこと》（出雲国の玉作《たまつくり》の祖神）、天目一箇命《あめのまひとつのみこと》（筑紫《つくし》・伊勢の両国の忌部の祖神）と申します。

〈この段を考える上での参照事項〉

『古語拾遺』は、『古事記』『日本書紀』の神代のことも参照しながら書かれています。そこで、段ごとの解説の前に、参照すべき『古事記』や『日本書紀』の記事の要点を箇条書きにしていきます。『日本書紀』の中に「一書《いっしょ》」とあるのは、「本文」とは別に書かれている異伝で、一般に「一書《あるふみ》にいわく」と訓《よ》まれている部分です。場合によっては、その一書が「第三の一書」や「第十の一書」といった具合に複数に及ぶ場合もあります。「一書」は異伝ですから、先に本文を読んでから、頭の整理をするのもいいでしょう。また、『古事記』と『日本書紀』では同じ神様でも、その表記が異なる場合がほとんどです。例えば、素戔嗚神は『古語拾遺』と同じく『日本書紀』でもこの表記ですが、『古事記』では「須佐之男神」となります。なお、『古事記』と『日本書紀』で、記事内容が大きく異なる部分もあります。『古事記』の神代（上巻）などの内容については公式テキスト②『神話のおへそ』を参照ください。

また、『延喜式』巻八にまとめられている「祝詞」も参照すべき事項です。『延喜式』は醍醐天皇の勅命を受けて延喜五年（九〇五）に編纂が始まり、延長五年（九二七）にいったん取りまとめられ、補遺を行いながら康保四年（九六七）に施行された律令の施行細則です。祝詞とは、お祭りの際に斎主《さいしゅ》が神様に対して奏上する独特の文体をそなえた感謝と祈願の言葉です。『延喜式』に所収されている祝詞が、現存する最古のものであると考えられています（公式テキスト⑥『日本の祭り』114ページ「大祓詞」参照）。

『古事記』

・天地がはじめて開けたときに高天原に現れた神である「造化三神《ぞうかさんしん》」
［天之御中主神《あめのみなかぬしのかみ》↓高御産巣日《たかみむすびの》神↓神産巣日《かみむすびの》神］

・その後に二柱の神が生まれ［宇麻志阿斯訶備比古遅《うましあしかびひこじの》神↓天之常立《あめのとこたちの》神］、
さらに七代十二柱の「神世七代《かみよななよ》」の最後に生まれた神が伊邪那岐《いざなきの》神と伊邪那美《いざなみの》神。
［国之常立《くにのとこたちの》神↓豊雲野《とよくものの》神。以上はひとり神、以下は男女の神。
宇比地邇《うひじにの》神と妹《いも》須比智邇《すひじにの》神。角杙《つのぐいの》神と妹《いも》活杙《いくぐいの》神。意富斗能地《おほとのじの》神と妹《いも》大斗乃弁《おおとのべの》神。
於母陀流《おもだるの》神と妹《いも》阿夜訶志古泥《あやかしこねの》神。伊邪那岐神と妹伊邪那美神］

・伊邪那岐命と伊邪那美命の結婚による「国生み」と多くの神を生み出した「神生み」

・火の神・火之迦具土《ひのかぐつちの》神を生んだことによる伊邪那美命の死

・伊邪那美命が亡くなる前、伏せっていた時に出した尿《ゆまり》から弥都波能売《みつはのめの》神や、
食物の神・豊宇気毘売《とようけびめの》神の親にあたる和久産巣日《わくむすひの》神などが出現する

・伊邪那岐命が伊邪那美命を求めて「黄泉《よみ》の国」訪問

・黄泉の国から戻ってきた伊邪那岐命が「筑紫《つくし》の日向《ひむか》の橘の小門《おど》の阿波岐原《あわきはら》」で禊祓《みそぎはらえ》。
その過程で神直毘《かむなおびの》神や大直毘《おおなおびの》神など多くの神が誕生し、最後に「三貴子《きし》」が誕生する。
三貴子とは、左の目を洗った時に成った天照大御神、
右の目を洗った時に成った月読《つくよみの》命、鼻を洗った時に成った建速《たけはや》須佐之男命である

・しかし、須佐之男命は泣いてばかりいて多くの災いが。
「母上の国、根の堅州国に行きたい」という須佐之男命は追放される

『日本書紀』

・［本文］天地がはじめて開けたときに生じた三柱の神、
国常立尊《くにのとこたちのみこと》⬇国狭槌尊《くにのさつちの》⬇豊斟渟尊《とよくむぬの》

［第一の一書］国常立尊（別名・国底立尊《くにそこたちの》）⬇国狭槌尊（国狭立尊《くにのさたちの》）⬇豊国主尊《とよくにぬしの》
（豊組野尊《とよくむのの》、豊香節野尊《とよかぶのの》、浮経野豊買尊《うかぶののとよかうの》、豊国野尊《とよくにのの》、豊齧野尊《とよかぶのの》、
葉木国野尊《はこくにのの》、見野尊《みのの》）

［第二の一書］可美葦牙彦舅尊《うましあしかびひこじの》⬇国常立尊⬇国狭槌尊

［第三の一書］可美葦牙彦舅尊⬇国底立尊《くにのそこたちのみこと》

［第四の一書］国常立尊⬇国狭槌尊（［又曰《またいわ》く］高天原にいらっしゃる神）
天御中主尊⬇高皇産霊尊⬇神皇産霊尊

［第五の一書］国常立尊

［第六の一書］天常立尊《あまのとこたちの》⬇可美葦牙彦舅尊⬇国常立尊

・［本文］次に埿土煑尊《ういじにの》と沙土煑尊《すいじにの》があり、次に大戸之道尊《おおとのじの》と大苫辺尊《おおとまべの》、次に面足尊《おもだるの》と
惶根尊《かしこねの》があり、伊弉諾尊と伊弉冉尊が生まれた。（第二までの一書が付属）
国常立尊から伊弉諾尊・伊弉冉尊に至るまでを神世七代という。（一書が付属）

・［本文］伊弉諾尊と伊弉冉尊による「国生み」（第十までの一書が付属）

・［本文］次に海川山生み、木草の神を生む。
次に「日の神」大日孁貴《おおひるめのむち》（天照大神）、「月の神」、素戔嗚尊を生む。素戔嗚
尊は泣きわめくばかりで災いをなすので「宇宙《あめのした》に君たるべきではない」と根

の国に追放されることになる

[第二の一書] 素戔嗚尊を生んだ後、伊弉冉尊は火の神・軻遇突智《かぐつち》を生んで亡くなる。その間際に埴山姫《はにやまひめ》を生む。軻遇突智は埴山姫をめとって稚産霊《わくむすひ》を生み、この神の頭に蚕と桑が生じ、臍《ほぞ》の中に五穀が生まれた

[第六の一書] 伊弉諾尊と伊弉冉尊が大八洲国と万物を生んだ後に、伊弉冉尊は軻遇突智を生んで亡くなった。伊弉諾尊が伊弉冉尊を求めて黄泉の国を訪問。黄泉の国から戻った伊弉諾尊は筑紫の日向の川の落ち口の橘の檍原《あわきはら》で禊祓。最後に目と鼻から生まれた神が天照大神と月読尊と素戔嗚尊。伊弉諾尊は泣いてばかりいる素戔嗚尊を「好きにしろ」と追放

[第十一の一書] 天照大神は、月夜見尊《つきよみの》が保食神《うけもちの》を殺したことについて怒り、昼と夜とに分かれて交代で住まわれることに。殺された保食神の頭には牛馬が生まれ、額には粟、眉の上には蚕、眼には稗、腹には稲、陰部に麦と大豆・小豆が生じていた。天照大神は、それらを畑の種、水田の種とされ、養蚕も始められた

『延喜式』巻八「祝詞」所収の「六月晦日大祓」（大祓詞）より

「高天原《たかまのはら》に神留坐《かむづまりま》す　皇《すめら》が親神漏岐神漏美命《むつかむろぎかむろみのみこと》以《も》ちて　八百万神等《やおよろずのかみたち》を　神集《かむつど》へに集賜《つどえたま》ひ　神議《かむはか》りに議賜《はかりたま》ひて　我《あ》が皇御孫命《すめみまのみこと》は　豊葦原水穂国《とよあしはらのみずほのくに》を安国《やすくに》と平《たいら》けく知食《しろしめ》せと

事依奉《ことよさしまつ》りき……」

（高天原にいらっしゃる、尊い男女の祖神のご命令に基づいて、数多くの神々を集められて相談なさり、「私の子孫《皇御孫命》は、葦原が豊かに茂り、稲穂が美しく実る国《日本》を平安に治めなさい」と使命を委任された……）

『延喜式』巻八「祝詞」所収の「祈年祭」より

「高天原に神留坐す　皇睦《すめむつ》神漏岐神漏美命以ちて　天社《あまつやしろ》・国社《くにつやしろ》と称辞竟《たたえごとお》へ奉《まつ》る　皇《すめ》神等《がみたち》の前に白《もう》さく　今年二月《きさらぎ》に　御年《みとし》初め賜はむとして　皇御孫《すめみまの》命のうづの幣帛《みてぐら》を　朝日の豊逆《とよさか》登りに　称辞竟へ奉らくと宣《の》る」

（高天原にいらっしゃる、尊い男女の祖神のご命令に基づいて、天つ神のお社《やしろ》・国つ神のお社と讃えお祀り申し上げている神々に申し上げます。今年も二月になって米作りの耕作を始めるにあたり、天皇陛下の貴い幣帛を捧げ、讃えお祀り申し上げると宣り聞かせる。）

『延喜式』巻八「祝詞」所収の「大殿祭《おおとのほかい》」より

「高天原に神留坐す　皇が親神漏岐神漏美命以ちて　皇御孫命を天高御座《あまつたかみくら》に坐《ませ》て　天つ璽《しるし》の剣・鏡を捧持《ささげもち》賜ひて……」

（高天原にいらっしゃる、尊い男女の祖神のご命令に基づいて、天皇陛下に御座に着いていただき、帝位のしるしである剣・鏡を捧げ持って……）

『新撰姓氏録』「左京神別上　天神」より

藤原朝臣。　津速魂命《つはやむすびのみこと》の三世の孫、天児屋根命より出づ（以下略）。
大中臣朝臣。　藤原朝臣と同じき祖。
中臣酒人宿禰。　大中臣朝臣と同じき祖。

『新撰姓氏録』「右京神別上　天神」より

斎部宿禰。　高皇産霊命の子、天太玉命の後《すえ》なり。

『出雲国風土記』「意宇郡《おうのこおり》　忌部神戸」より

「郡家《こおりのみやけ》の正西《まにし》廿《にじゅう》一里二百六十歩なり。国造《くにのみやつこ》、神吉詞望《かむよごとほが》ひに、朝廷《みかど》に参向《まいむか》ふ時、御沐《みそぎ》の忌《いみ》の里《さと》なり。故《かれ》、忌部といふ。即ち、川の辺に湯出づ。出湯《いでゆ》の在《あ》るところ、海陸《うみくが》を兼ねたり。仍《よ》りて、男も女も、老いたるも少《わか》きも、或《ある》は道路《みち》に駱駅《つらな》り、或は海中《うみなか》を洲《はま》に沿ひて、日《ひび》に集《つど》ひて市《いち》を成し、繽紛《みだれまが》ひて燕楽《うたげ》す。一《ひと》たび濯《すす》げば、形容端正《かたちきらきら》しく、再び沐《ゆあみ》すれば、万《よろず》の病悉《やまいことごと》に除《い》ゆ。古より今に至るまで験《しるし》を得ずといふことなし。故、俗人《くにひと》、神の湯といふ」

・出雲国造は、新任の時に、天皇の御代を寿ぐ詞「出雲国造神賀詞《いずものくにのみやつこのかむよごと》」を奏上するために朝廷に参向したが、その時、潔斎をする場所として忌部の神戸が説明されている。「川の辺に湯出づ。出湯の在るところ」とは、「玉造温泉」のことで、「海陸を兼ねたり」とは「海と山との景勝地」といった意味である。「道路《みち》に駱駅《つらな》り」とは「往来が絶えない」、「繽紛《みだれまが》ひて燕楽《うたげ》す」とは「大勢がうちとけて歌舞飲食を楽しむ」。

『延喜式』巻八「出雲国造神賀詞」より

「白玉の大御白髪《おおみしらが》まし、赤玉の御赤《みあか》らびまし、青玉の水江玉《みずのえのたま》の行相《ゆきあい》に、明御神《あきつみかみ》と大八島国知ろしめす……」(白玉のような御白髪のご長寿で、赤玉のようにご健康にましまし、青い玉の水の江のような色の玉が、整って玉の緒を行きあうように、天皇陛下がこの日本を統治される……)。国造が献上する神宝に言寄せて祝いの言葉を述べている。

■要約の仕方に注目したい

本文冒頭の箇所には、天地開闢の状況が記述されていますが、ここでは『日本書紀』『古事記』が述べている骨子だけがとられていて、この後すぐに、素戔嗚神が根の国に退去を命じられるところまでが記されています。〈参照事項〉を見てもらえれば分かるように「記紀」神話にはそこまでのプロセスとしてさまざまなエピソードが記載されていますが、注目すべきはその『古語拾遺』の要約の仕方です。広成の関心はそこにあります。

ほとんどが『日本書紀』の要約になっており、神名の表記なども『日本書紀』表記に準じていますから、広成が基本としたのは間違いなく『日本書紀』だといえます。先に卜部氏の『新撰亀相記』に触れましたが、同書の特異な点として『古事記』を多用しているところを挙げました。当時の基準となっていたものは、やはり『日本書紀』で、国家の正史としての『日本書紀』という位置付けが、編纂後九十年近くたった平安初期当時の人々の一般的な理解であったと思われます。先述した「日本紀講」とも関連して『日本書紀』をどのように理解し、自分たちに結びつけようとしたかが、平安初期の朝廷の人々にとって主要な関心事であったということがここからも窺えます。

文章の冒頭は「ある説にいうことには」と訳しましたが、原文（訓み下し）では「一《ある》いは聞けり」で始まっています。そして、天地が開け、伊奘諾・伊奘冉の神が出現し、日・月の神および素戔嗚神が生まれるまでが記述されます。それから「また、」（原文では「又、」）という次の文章が続きます。「また、」以降では、天地の開闢という点では同じなのですが、最初に天御中主神が現れ、次いで「ムスヒ」の神が出現します。この二つの文章を比較すると以下のように興味深いダイジェストがなされていることが分かるでしょう。

『日本書紀』本文では、最初に出現する神は国常立尊《くにのとこたちのみこと》です。「又、」以降の文章のように、天御中主神、高皇産霊神、神産霊神、という順に出現するのは『古事記』の記述が想起されますが、神名の表記から考えると『古事記』では「ムスヒ」に「産巣日」の字を当てていますので、ここでは『日本書紀』「第四の一書」の記述をとっているようです。「一書」という「異伝」の採用ということになりますが、異伝の採用の仕方にもバリエーションがあり、ここでは『日本書紀』の「第四の一書」を採用し、さらに『古事記』の記述も参考にしていると考えられます。当時の同じ神祇官人である卜部氏が『神撰亀相記』で『古事記』の記述を多く引用していることから考えれば、斎部氏も神祇官人ですので神祇に関連する書物を見る立場にありました。『古事記』も当然、目にしていたはずです。初めて出現する神について、国常立尊をとらずに、「天御中主神、高皇産霊神、神産霊神」としたことは、文章そのものは『日本書紀』の一書から採用し、『古事記』も参考にしたであろうと思われます。

■カムロギ・カムロミ

しかし、それだけでは、その前段の「ある説にいうことには」に始まる冒頭部で、伊奘諾・伊奘冉神が最初に出現した神として記述されていることが十分に理解できません。「記紀」を見れば、イザナキ・イザナミの神はムスヒの神が出現したのちに登場する神ですから、順番が逆なのです。この問題には定説がありません。しかし、高皇産霊神がカムルキノミコト、そして神産霊神がカムルミノミコトのことだという割注《わりちゅう》に注意する必要があります。この割注は、写本などで付け加えられたものではなく、初めから付いていた原注だと考えられています。ここに、まさに「古語」を拾っていくという『古語拾遺』の意図を読み取らなければなりません。

さらにここでは「延喜式祝詞」との関連を見ていく必要があります。〈参照事項〉に挙げているように『延喜式』巻八の「祝詞」には、「カムロギ・カムロミ」の神名が頻繁に出てきますが、他の古典では、『続日本紀』の「宣命《せんみょう》」（日本固有の言葉である大和言葉の形式で天皇の詔《みことのり》を口頭で読み聞かせたもの）など、口頭で伝えられる形式を文字で記録した以外ではあまり用いられないのです。まさに、口頭の形式の記録でもあった『延喜式』の祝詞では、「高天原に神留坐《かむづまりま》す、皇《すめら》が親《むつ》カムロギ・カムロミの命以《みこともち》て」といったフレーズのある祝詞が、「祈年祭」「月次祭」「大祓」などいくつかあります。祝詞の研究では、この「カムロギ・カムロミ」の神名が書かれている祝詞は、律令が制定された頃に成立した比較的古いものではないかと考えられています。

いわゆる始源の神の理解について、当時の祝詞伝承の中には「記紀」の伝承と異なる独自のアプローチがあったといえるのでしょう。「大殿祭《おおとのほかい》」で忌部氏が唱える祝詞の中にも「カムロギ・カムロミ」が見られます。この祝詞に対する忌部氏なりの理解が、この段に反映されているとも考えられます。冒頭の「ある説にいうことには」では、伊奘諾・伊奘冉が最初に出現する神なのですが、その次の「また、」の文章ではムスヒの神に「カムロギ・カムロミ」という注を付け、一つの異伝として前段の伊奘諾・伊奘冉と対応させている形をとっている可能性が、祝詞の語句からのアプローチによって理解できるのではないかと思われます。

『古語拾遺』のみならず、「延喜式祝詞」の解釈にも共通するのですが、「カムロギ・カムロミ」の神をどう理解するかは難しい問題です。「カムロギ・カムロミ」はタカミムスヒとアマテラスであるという説もあります。また「延喜式祝詞」の「出雲国造神賀詞《かむよごと》」では「カブロキ熊野大神《くまののおおかみ》、櫛御気野命《くしみけののみこと》」と、出雲国の熊野社（現・熊野大社）のご祭神である素戔嗚尊の異名として記述され、『日本後紀』では少彦名神《すくなひこなのかみ》が「カムロギ」であると記述されています。『新撰亀相記』では天照大神を「カムロキ」、高御産巣日神を「カムロミ」の神としているように、古代の各文献においても、どの神を指す言葉であるのか一定していません。必ずしも特定の神ではなく、尊い男女対の始祖神としての一般名詞であるというのが標準的な解釈となっています。

世界の始めに男女の対の二神が出現して、この二神が交わることによって、さまざまなものが創出されるという物語は、日本だけではなく世界各地の神話にも見られます。そこから、神話の普遍的・原初的なパターンとしての一つの世界観が示されていると考えることも可能です。これまで説明してきたように、祝詞の中でも「カムロギ・カムロミ」の二柱の神様が、根本的な「天神《あまつかみ》」として、「その命《みこと》を以《も》ちて……」（その命令を委任されて……）というように展開されていくパターンがあります。このことは宗教学や比較神話学などでも発展されているテーマですが、ここでは、日本の開闢伝承の異伝を考えるヒントの一つとして示唆するにとどめておきます。

■ムスヒの神の系譜と中臣氏

次に、ムスヒの神の系譜に注目してみましょう。『古語拾遺』の研究史（114ページ第2章「伝本について」）のところでも少し触れましたが、「卜部本」と「伊勢本」の二つの写本の系統の大きな相違として、このムスヒの神の系譜の違いが挙げられます。

現在、一般的に用いられることの多い卜部本系では、「天御中主神、高皇産霊神、神産霊神」と、『日本書紀』一書・『古事記』と同様の記述で順に列記され、しかも、「記紀」同様、各々の神に明確な関係は見出せません。しかし、伊勢本系で見ると、「天御中主神。其子有三男」（その子は三男有り）」と親子関係が明記されていて、長男が高皇産霊神、次男が津速《つはや》産霊神、三男が神産霊神となっています。ここが伊勢本系、卜部本系写本の大きな違いです。

ムスヒ神から始まる神々の系譜については、伊勢本系と卜部本系とで相違はありますが、『古語拾遺』の主人公ともいうべき忌部氏はどの系譜に繋がるかというと、伊勢本系と卜部本系ともに、高皇産霊神の子・天太玉命となります。これは〈参照事項〉にも載せておきましたが、『新撰姓氏録』の「右京神別上」の部に「斎部宿禰」について同様の記載があるように、勝手に忌部が「自分は高皇産霊神の系譜なのだ」と言っているわけではありません。

それでは、忌部氏のライバルである中臣氏(中臣朝臣)はどうなっているでしょうか。卜部本は、神産霊神の子・天児屋命が中臣朝臣の祖であるということを明記しています。ここでポイントになるのは、それが「皇統」とどのような関係にあるのかということでしょう。忌部氏の祖である天太玉命は、【天孫降臨】の段にも書かれているように、高皇産霊神─栲幡千千姫命─天津彦尊と続く皇室の系譜に連なっています。つまり、高皇産霊神は皇室の外戚神にあたり、天太玉命の源流はそこにあって、子孫である忌部氏はそこに繋がるのだということが明確です。忌部こそがそもそも天皇の外戚なのだという主張をしているようにも受け取れる記述です。一方、伊勢本系写本では、中臣氏の祖神は神産霊神ではなく、津速産霊神であると書かれています。これは『新撰姓氏録』でも同じです。しかし、中臣氏は神産霊神の系譜にあるというのが、卜部本の主張です。

先に第2章の「伝本について」でも触れましたが、卜部本の方が伊勢本より古いとするのが、現在の一応の通説とされています。では、なぜこのようなムスヒの神の系譜の違いが出てきたのでしょうか。これは、もともとの記述に中臣氏が加筆したという説が有力です。そもそも伊勢本という名前は、伊勢神道系の本にたくさん引用されているので、この系統の写本を伊勢本といっています。伊勢の神宮の「周辺」に伝来した写本を、伊勢の神職が見て、伊勢神道に関する書籍に引用したわけです。例えば、中臣氏の一流（氏族の中の一系譜）である大中臣《おおなかとみ》氏は神宮大宮司や祭主、伊勢の行政官も務め、神宮と深い関係にありました。津速産霊神を祖神とすることが『新撰姓氏録』の記述です。それが中臣氏の伝承であると考えられており、それに則って中臣氏がこれを直してしまったのではないかと思われるのです。また、伊勢本では神産霊神はカムロミではありません。

「地方の忌部」

続いて、この段では太玉命が率いる神の記述となっています。天日鷲命、手置帆負命、彦狭知命、櫛明玉命、天目一箇命というふうに、神々の名が列挙されています。これも忌部氏の関心が明確に示されている箇所であり、「記紀」ではそのような神の系譜の展開はされていません。こういった編集がまさに「インベ」の関心の焦点であるわけです。先に古代氏族制度について説明しましたが、8ページの図版は「地方の忌部」の分布図です。それを見ると、大和国を中心として、いわば同心円状に忌部氏の分布する国々が存在していることが分かります。四国の阿波国に讃岐国、それから紀伊国と出雲国、また、伊勢国、筑紫国、関東では総国《ふさのくに》と安房国《あわのくに》。古代の朝廷と地方との関係を考える時に、この位置取りは非常に意味があるものと思われます。

さて、系譜上、「地方の忌部」と「中央の忌部」は異なる出自を持つと認識されていました。つまり同じ「インベ」だからといって、祖先を同じくするとは限らないのです。古代の部民制度で、部民を率いる中央の伴造の「氏」と、地方の部民の「氏」は出自が違う場合があるということです。つまり、阿波国や紀伊国の忌部の祖と、中央の忌部の祖が系譜を同じくするわけではないのです。この「事実」と関連して、中央の忌部の祖である天太玉命が、地方の忌部の祖神を統率する（「率《い》たる」）神となっているのです。「神代のモデル」が「現実」と同じ構造を持っているのだというのが、「インベ」の主張でもあるのです。これがモチーフを変えながら、何度も記述されていきます。神代と人代の構造的な同一性を繰り返し語っているのですが、その出発点として、天太玉命という中央の忌部氏の祖神、そして各々の地方の忌部氏の祖神の関係性が、神代から決まっているのだという認識があるのです。一方、「記紀」では、これらの神様の名前は出てきますが、必ずしも天太玉命が率いる神ではありません。つまり「記紀」と記述が似ているけれども違うという点に注目し、なぜ、わざわざ「率たる」神と記述したのかという、『古語拾遺』の意図を読み取らなければならないでしょう。以下、地方の忌部氏についての概略を記します。

・紀伊国の忌部

『古語拾遺』では【造殿と斎部】の段のところで、手置帆負・彦狭知の神の子孫で、御木《みき》郷に住む忌部は神殿・宮殿の用材を伐り出し、麁香《あらか》郷の忌部はそれらの造営に携わったと記されていました。『延喜式』巻七「践祚大嘗祭」では、大嘗祭の時に大嘗宮の南北の門前に立てる戟《ほこ》は、紀伊国の忌部が「八竿《さお》」を製作して奉ると規定されています。その長さは一丈八尺（約五・四メートル）にも及ぶ大きなものでした。平安時代中期に成立した漢和辞書『和名類聚抄』には、関連する地名として、名草《なくさの》郡に「忌部郷」（現在の和歌山市井辺がその地であるとされる）・「荒賀郷」の名前が見えます。さらに『続日本紀』宝亀十年（七七九）六月十三日条には、大宝年間に名草郡に「忌部文波美《きはみ》」という人物がいたことも記録されています。

・阿波国の忌部

『和名類聚抄』には「阿波国麻植《おえの》郡忌部郷」（現在の徳島県吉野川市山川町忌部）が見え、これが阿波国の忌部氏の本拠地であると推定されています。そして、麻植郡には天日鷲神を祭神とする式内社で名神大社の忌部神社が祀られていました。なお、中世以降、明確な鎮座地が不明となり、複数の神社が論社《ろんしゃ》（同一か後裔と推定される神社）として存在していましたが、明治四年（一八七一）に国幣中社に列格し、何度かの式内社比定の議論を経て、明治二十年には現在の徳島市二軒屋《にけんや》町に遷座しています。

古代の史料にも麻植郡に忌部氏がいたことが数多く示され、『続日本紀』神護景雲二年（七六八）七月十四日条には、麻植郡の忌部連方麻呂《かたまろ》、忌部連須美《すみ》ら十一人に「宿禰」の姓が、忌部越麿《こしまろ》ら十四人には「連」が与えられています。平安初期の仏教説話集『日本霊異記《りょういき》』にも、麻植郡の忌部連板屋《いたや》、忌部直《あたい》多夜須子《たやすこ》という名前が見えます。また、名方《なかたの》郡や板《いた》野《のの》郡などにも忌部氏がいたことが史料から明らかとなっていて、阿波国には広範囲に忌部氏が居住していたことが分かっています。

律令祭祀との関係では、『延喜式』巻七「践祚大嘗祭」によれば阿波国は、大嘗祭の時に「馬一疋《ひき》、大刀《たち》一口《く》、弓一張、箭《や》廿隻《にじゅうせき》、鍬一口、鹿皮《しかのかわ》一張、庸布一段《たん》、木綿《ゆう》・麻各一斤《きん》、堅魚《かつお》・鰒各四斤、海藻《め》・滑《あら》海藻各四斤、酒・米各四斗、塩四升」を麻植《おえ》・那賀《なか》両郡から献上すると規定されていて、それらの多くを阿波国の忌部氏が負担したと考えられています。さらに、阿波国の忌部氏は「麁布《あらめ》一端《たん》、木綿六斤、年魚《あゆ》十五缶《ほとぎ》、蒜英根《ひるのはなね》合漬《あわせつけ》十五缶、乾羊蹄《しくくさ》・蹲鴟《いえのいも》・橘子《たちばな》各十五籠」を、特に大嘗宮の神前に供える「由加物《ゆかもの》」として献上すると定められています。

なお、大嘗祭における麁布の阿波国の献上は中世になっても続けられ、この献上に携わったのが、この地域の名族で忌部氏の流れを汲むとされた三木氏です。献上の儀は南北朝の争乱以降、一時中断しますが、大正四年（一九一五）の大正天皇の大嘗祭の時に三木氏の子孫も関わって復活しました。木屋平村《こやだいらそん》（現・美馬市《みまし》木屋平）で栽培された麻から麁布を織り、平成の大嘗祭でも献上されています。

・讃岐国の忌部

『延喜式』によれば、讃岐国は大嘗祭において桙《ほこ》の製作に用いる木を「一二四四竿」献上しました。また、毎年恒例の祈年祭では、式内社に頒布される槍に用いる木材が讃岐国から献上されました。これらのことは、特に忌部氏の奉仕によるとは記述されていませんが、『古語拾遺』では【祭祀具と斎部】の段のところに、手置帆負命の子孫の忌部が毎年、「八百竿《やおさお》」の桙木を朝廷に献上することが記されていましたので、忌部氏の関与が推測されます。以上の、紀伊、阿波、讃岐国の忌部は、大嘗祭を中心とする律令祭祀に必要な祭具や神饌、神衣などを献上する役割を果たしました。これは、古代のある時期に「中央の忌部」のもとに「地方の忌部」が組織化され、朝廷と地方が祭祀を通じて結びついたという事実を背景として、律令制定時に大嘗祭の祭料を地方の忌部が献上するという規定になったと考えられます。実にさまざまな地方の産物が、祭祀に当たって中央に献納されていました。祭祀を通じて地方と国家が結びつき、非常に密接な関係を持っていることは、政治がまさに祭祀と一体であった時代の状況を示したものといえ、律令制によってそれが規定化されたと見ることができるでしょう。

・出雲国の玉作

出雲国の場合、「中央の忌部」に率いられたのは玉作氏であり、忌部氏ではありません。〈参照事項〉に挙げたように、天平五年（七三三）成立の『出雲国風土記』の意宇郡の項には、「忌部神戸」という記述があり、出雲国の国造が新たに就任する際の儀礼として、朝廷に「神賀詞」を奏上するために向かうにあたって、ここで沐浴《もくよく》をして身を清めたことが記されています。『和名類聚抄』には「意宇郡忌部郷」の地名が見え、ここに「忌部神戸」があったと考えられます。「忌部神戸」は現在の島根県松江市玉湯町《たまゆちょう》に当たると考えられますが、同地の周辺には古代の玉作の遺跡が多数存在し、「出雲玉作跡《たまつくりあと》」は国指定の史跡

天太玉命神社

になっています。

出雲国は『延喜式』巻三「臨時祭」には、「御富岐玉《みふぎたま》」を六十連、毎年十月以前に意宇郡の神戸玉作氏が献上することが規定されています。出雲国造が神賀詞を奏上する際にも、六十八個の玉が朝廷に献上されるように、出雲国と玉は密接な関係があります。斎部氏が関与した大殿祭《おおとのほかい》では、殿の四隅に玉を掛ける儀式がありますが、ここで用いられる玉も、出雲国の玉作が製作したものでした。なお、『続日本紀』には、和銅元年（七〇八）三月十三日に、忌部宿禰子首《こびと》が国司である出雲守に任じられ、霊亀二年（七一六）には「出雲国造神賀詞」奏上の国史上での初出記事が見られます。

忌部氏のことを考える際に留意が必要なこととして、玉という問題があります。9ページの地図を参照してください。「インベ」の本貫に関係するのですが、現在の奈良県橿原《かしはら》市に「忌部町」という町名が残っていて、その北に「曽我町」があります。忌部町の東北の地には天太玉命神社があります。この忌部町のあたりが、おそらく「中央の忌部」の本拠地とされています。東に大和三山と藤原京があり、まさにこの場所は古代大和の中心に近いところです。

そして、曽我という地名のところで「曽我玉作遺跡」という五世紀後半から六世紀前半ぐらいにかけての遺跡が発掘され、玉を作っていた工房と思われる遺構が発見されています。中央の忌部氏の配下としての出雲の玉作と「曽我玉作遺跡」の存在は関連性を持っているようです。ただし、「曽我玉作遺跡」では、六世紀中頃の仏教伝来のあたりから、ぱったりと玉作が停止されるという大きな変化が見られます。欽明天皇の御代です。ちょう

総国、安房国

どこの頃から、中央の忌部氏が玉作ではなく、広い意味での「祭祀氏族」として登用されるようになったのではないか、という説もあります。

・伊勢国の忌部

伊勢の場合は、歴史的に忌部氏がいたという史料は存在しませんが、『皇太神宮儀式帳』に「忌鍛冶内人《いみかじうちんど》」という役職のことが記されています。「忌鍛冶部《いみかじべ》」という氏族の者が任命され、内宮（皇大神宮）の金属具類の調製に携わっていました。鍛冶神である天目一箇命との関係から、忌部氏との関連が示唆されます。また、伊勢の国造《くにのみやつこ》（律令期の国造の前の国造）が天日鷲命の末裔であるという伝承が『先代旧事本紀』の「国造本紀」の中に見られます。いずれも、『古語拾遺』で主張されている忌部氏と神宮との関わりの歴史とも関連したものでしょう。

・その他の地方忌部

筑紫国にも天目一箇命を祖とする忌部氏が存在するとされていますが、史料上からは窺えません。ただし、「遠の朝廷《とおのみかど》」とも呼ばれた律令国家の拠点である大宰府に置かれた主《か》神司《むづかさ》に忌部が任命されていたと【遺れている事の七】の段で言及されていたことと関係があるようです。

他に総国、安房国との関係も指摘されます。現在の千葉県のほとんどの地域と茨城県の一部に当たる「総国」は、もとは総国で一国だったものから、安房国が分かれ、さらに、総国が上下に分かれて上総国と下総国になりますが、ここにも忌部伝承が残っています。単純に「阿波」と「安房」という音の符合から、阿波国の忌部が安房国に移住したという説もあり、この地域の忌部伝承は、従来の定説では、史料的確証は存在しないとされてきましたが、木簡の資料などから、安房国安房郡塩海《しおみ》郷（現・千葉県館山市）に忌部氏がいたということが近年、分かりました。平城宮の遺跡から、その根拠となる木簡が出ているので八世紀後半だろうと考えられますが、出てきた場所が大内裏の神祇官の近くなのです。祭祀に使う神饌や御贄《みにえ》に付けた札の可能性もあり、「安房国忌部」の伝承は一概に荒唐無稽のものとはいえないと思われます。

また、式内名神大社であり、後に安房国一宮として崇敬された安房神社（千葉県館山市）と、忌部氏との関わりが指摘されています。同社の歴代神職の系図である「斎部氏系譜」には、忌部氏の出自が主張されています。『古語拾遺』の【祭祀具と斎部】の段では祭神は太玉命であるとされていました。また、同社の古代の「神戸《かんべ》」（神社に付属し奉仕する人々）に忌部氏がいたとされています。ただし、「高橋氏文」で言及した高橋氏も、同社との関連を主張しています。

【祭祀具と斎部】の段での「総国」に対する伝承についても、幣帛の材料になる麻や穀《かじ》の木の栽培に関わる記事であるため、忌部氏が神祇官において幣帛の調製供進に関与していたことからの類推に過ぎないという説もあります。しかし、現在の茨城県結城市の周辺には、古墳時代の玉作の遺跡が多く分布しており、玉作とも関連が深い忌部氏が存在していた可能性も示唆されています。

越前国

備前国

一方、『古語拾遺』に言及がなくても、実は忌部氏が居住していたという地域があります。越前国には、「伊部」と書いて「インベ」と読むのではないかといわれる地域があります。諸説あるところですが、奈良時代を中心とした史料集である『寧楽遺文《ならいぶん》』には、天平神護二年（七六六）十月二十一日の越前国司「解《げ》」（報告書）が見え、そこには文献上の証拠として越前国足羽《あすわの》郡上家郷（現・福井市主計中町《かずえなかちょう》周辺）に忌部氏が居住していたことが書かれています。また、敦賀郡の式内社に伊部磐座神社と書いて「いんべいわくら」と読む神社が鎮座していて、忌部氏が奉斎した神社である可能性があり、さらに伊部《いべ》郷という地名もあります。

また、備前国にも「伊部《いんべ》」（現・岡山県備前市伊部）の地名があり、備前焼の一つである「伊部焼《いんべやき》」で知られていますが、ここも忌部氏の居住していた可能性があります。今後、そういった地方史料を探していく中で、思わぬ「インベ」が出てくる可能性はあると思われます。

■祭祀と地方と中央と

「地方の忌部」の分布については、朝廷の直轄地や屯倉《みやけ》が置かれていた地域と関係が深いことも指摘されています。日本史学者の井上辰雄は、このことは五世紀後半から六世紀前半頃に「地方忌部」が置かれたことと関連しているのではないかとしています。天皇の御代でいえば雄略天皇の頃にあたります。あの有名な埼玉県の稲荷山古墳から出土した鉄剣は、地方と中央の関係を示す五世紀後半の考古出土品です(『神社のいろは続』20ページ「中国大陸と倭の五王」参照)。先述した氏姓制度の成立期とも重なり、まさに中央の大和朝廷と地方とが密接な関係を持つようになった時期に、特に宮中祭祀の祭具や神饌が、中央の忌部氏など負名氏《なおいのうじ》の伴造を通じて、地方から献上されるようになったのでしょう。後には、律令の規定ができ『延喜式』にはそれが細かく記述されています。しかし、それらは律令の制定の頃に唐突に決められたのではなく、前史として古代氏族制国家が成立する中で「地方忌部」が置かれていき、中央と地方が結ばれていく歴史的な過程があって、それが律令制下で制度化されていったと考えられるでしょう。さらに、伊勢国、安房国、大宰府それぞれには「神郡」(神領の一種)があり、これら神郡が置かれていた地域と『古語拾遺』に記されている「地方の忌部」の居住地との一致も見られます。

こういう構造は、決して忌部氏だけのことではありません。実は、古代の氏族は、中央─地方に分かれつつも、さまざまに全国に展開していたと考えられています。一般の歴史の理解では、古代氏姓制度を単純に政治経済的な支配関係であるという捉え方をしています。当然、そういう側面もありますが、神道の歴史の立場からすれば、そういった祭祀の執行を中心に、地方と中央・朝廷、さらにいえば天皇に関わる形で、中央と地方とが分かちがたく結ばれていたことに注目する必要があると思います。

「インベ」の例を取り上げただけでも、これだけの歴史的、地域的な広がりを見いだせるのですが、実はこれはあくまでも一部であり、古代の氏族というものが数多く全国に分布し、そして、彼らが中央の律令祭祀と密接に関わっていたりするのだということが示唆されるのではないでしょうか。そういった意味では、歴史的な人名や地名は大切な、いわば「文化財」であるといえるでしょう。

【約誓《うけい》と素戔嗚神の「天《あま》つ罪」】

素戔嗚神が日の神である天照大神《あまてらすおおかみ》に、根の国に退くご挨拶をしようと天に昇った時、櫛明玉命がお迎えして大きく立派な曲玉《まがたま》を献上しました。素戔嗚神はさらにこれを天照大神に献上しました。素戔嗚神が邪心の無いことを誓うため、子を生むこととなり、天照大神はその曲玉から天祖《あまつみおや》吾《あ》勝尊《かつのみこと》をお生みなりました。天照大神は吾勝尊を非常に可愛がり、常に腋の下に抱きかかえていらっしゃいました。そのため腋子《わきご》と申しました（今でも幼児を「わかご」というのはそれが訛《なま》って伝わったものです）。

〈この段を考える上での参照事項〉

『古事記』

・須佐之男命が高天原《たかまのはら》に上っていくと山川が地鳴りをあげ地震が
・天照大御神は「わが国を奪おうと思ってのこと」と戦《いくさ》の準備
・潔白を証明するために天安河《あめのやすかわ》をはさんで「宇気比《うけい》」（誓約）を
・天照大御神は須佐之男命の剣から宗像三女神を生む ⬇ 須佐之男命の子とされる
・須佐之男命は天照大御神の勾玉（八尺勾玉《やさかのまがたま》の五百津《いおつ》の美須麻流《みすまる》の珠）から五柱の男神を生む。［正勝《まさかつ》吾《あ》勝勝速日《かつかちはやひ》天忍穂耳《あめのおしほみみの》命、天之菩卑能《あめのほひの》命、天津日子根《あまつひこね》神、活津日子根《いくつひこね》命、

熊野久須毘命《くまのくすびの》」⬇天照大御神の子とされる

『日本書紀』

・［本文］『古事記』とほぼ同様に誓約が。珠の表記は「八坂瓊《やさかに》の五百箇《いおつ》の御統《みすまる》」。五柱の男神もほぼ同様だが、天穂日命《あめのほひの》は出雲臣《いずものおみ》・土師連《はじのむらじ》の祖先、天津彦根命《あまつひこねの》は凡川内直《おおしこうちのあたい》・山代直《やましろのあたい》らの先祖とされ、ほか三柱の神の表記は正哉吾勝勝速《まさかあかつかちはや》日天之忍穂耳尊《ひあめのおしほみみの》、活津日子根命《いくつひこねの》、熊野櫲樟日命《くまのくすびの》である

［第二の一書］素戔嗚尊を羽明玉《はかるたま》という神がお迎えして、瑞八坂瓊曲玉《みつのやさかにのまがたま》を奉る。素戔嗚尊はその曲玉を天照大神に献上して誓約を。天照大神はその曲玉から宗像三女神を生み出され、素戔嗚尊は持っていた剣から五柱の男神を生み出された

［第三の一書］天照大神は誓約をして「悪い心がなければ、お前の生む子は男である。もし、そうなら私の子どもとして高天原を治めさせよう」とおっしやった。日の神が剣から生み出されたのが宗像三女神で、これを「道《みち》主貴《ぬしのむち》」という。素戔嗚尊は瓊《たま》から六柱の男神を生み出された

【素戔嗚神の勝さび】

約誓の後、素戔嗚神は天上で悪い行いを繰り返し、天照大神の面目をつぶしてしまいました。その悪行は、毀畔《あはなち》（古い言葉にアハナチといいます）、埋溝《みぞうみ》（古い言葉にミゾウミ

といいます）、放樋《ひはなち》（古い言葉にヒハナチといいます）、重播《しきまき》（古い言葉にシキマキといいます）、刺串《くしさし》（古い言葉にクシサシといいます）、生剥《いけはぎ》、逆剥《さかはぎ》、屎戸《くそと》と呼ばれるものです（素戔嗚神は、天照大神が稲作をしようとする田んぼに串を刺したり、種を余計に蒔き、畔《あぜ》を壊し、用水路を埋め、樋《とい》を壊してしまいました。収穫を感謝する新嘗祭《にいなめ》の時には、祭りを行う小屋の戸に大便を塗りつけました。天照大神が機織《はたお》りをしていらっしゃるところへ馬の皮を生きたまま剥ぎ、その部屋の中に投げ入れました。これらの悪行は「天《あま》つ罪《つみ》」と呼ばれ、都で行われる大祓の時に、中臣氏の役人が祝詞の中で読み上げています。また、ここから分かるように養蚕と機織りの起源は神代より始まります）。

〈この段を考える上での参照事項〉

『古事記』

・誓約の後、須佐之男命は「わが心は清明だ。だから手弱女《たわやめ》を得ることができたのだ。私の勝ちだ」と言って、勝ちに任せて「天つ罪」といわれる悪行を繰り返す

『日本書紀』

・本文と三つの一書によって、状況に少し違いがあるものの『古事記』と同じような事態がより詳しく描かれている

『延喜式』巻八「六月晦大祓」

後に「大祓詞」や「中臣祓」と呼ばれて展開を見せる『延喜式』所収の「六月晦大祓」には「天つ罪」とともに「国つ罪」が載せられている。農耕や神事の妨害にあたり公共的な不道徳と捉えられる天つ罪に対し、「国つ罪」は個人的な不道徳と捉えられている。具体的には、「生膚断《いきはだたち》」「死膚断《しにはだたち》」（生きている人間の肌や死者の膚を断つこと）、「己《おの》が母犯せる罪」、「己が子犯せる罪」、「母と子と犯せる罪」、「畜《けもの》犯せる罪」、「畜《けもの》仆《たお》し」（家畜を呪い殺す罪）、「蠱物《まじもの》せる罪」（人を呪い災いを被らせる罪）などの他、「昆虫《はうむし》の災」（蛇やむかでなど地上を這う動物によって被害を受けること）、「高津神《たかつかみ》の災」（雷などによる災禍）、「高津鳥の災」（鷲や鷹などによる災禍）、などが挙げられている（「大祓詞」とその全文については公式テキスト⑥『日本の祭り』114ページ「大祓詞」参照）。

■古代人全般の発想法

この二つの段は、天照大神と素戔嗚尊の「誓約」と素戔嗚尊の「勝さび」のところをダイジェストしていますが、「玉」と「大祓」という二つの関心に絞られています。〈参照事項〉に「記紀」での流れを記しておきましたが、「記紀」ではこの場面は、天上に昇ってきたスサノヲノミコトに邪心がないかどうかが焦点になっています。一方、『古語拾遺』では櫛明玉命という神様が、八坂瓊曲玉を素戔嗚神へ献上し、曲玉はさらに天照大神へ献上され、そこから吾勝尊が生まれたのだという流れを中心に記述されています。櫛

美須麻流の玉

瑞八尺瓊の御吹の五百つ御統

明玉命は前段で出てきた「中央の忌部」の祖神である天太玉命が率いる神様でした。

しかし、「記紀」ではこういう筋書きにはなってはいません。「玉」に関しては『古事記』では、「美須麻流《みすまる》の玉」として最初から天照大御神が身につけていますし、『日本書紀』本文でもほぼ同様の記述です。［第二の一書］に似た記述がありますが、これは羽明玉という神様が素戔嗚尊に曲玉を献上しています。この一書の記述に基づき、素戔嗚神に玉を献上した神を太玉命が率いる櫛明玉命とすることにより、皇統につながる吾勝尊という系譜が、忌部が関わった「玉という物実《ものざね》」から生じたと解釈できるように記述されているのです。ちなみに、大殿祭の祝詞で天皇の御殿の四隅に掛けられる玉も「瑞八尺瓊《みずのやさかに》の御吹《みふき》の五百《いお》つ御統《みすまる》」とよばれています。

　また、赤子のことを「わかご」というのは、脇の下に抱いたから腋子だといった語源の説明がされています。現代の国語学的見地からは否定されていますが、「天照大神が脇の下に子を抱えて育てたから」腋子といっています。つまり、神代の出来事に言葉の源があるのだといっているのです。類似の語源説は「記紀」のみならず「風土記」などに多くの例があり、古代の認識としては奇異なものではありません。この点は、荒唐無稽だと頭から否定してしまうのではなく、古代人全般の発想法であると理解すべきでしょう。

　次の段では、素戔嗚神の悪行の記述と関連して、律令制下では六月と十二月の晦日に大内裏の朱雀門前で行われた「大祓」への言及があります。「天津罪」について記されていますが、〈参照事項〉に入れておいたように「国津罪」も含めて「延喜式祝詞」のなかの「大祓」を参照する必要があるでしょう。大祓の祝詞は平安時代後期から近世にかけて、「大

「ト」

祓の祝詞」もしくは「大祓詞」ではなく、もっぱら「中臣祓《なかとみのはらえ》」と称され、国家の儀礼であったという本義が忘れ去られていきます。ここでは「中臣氏の役人が祝詞の中で読み上げています」といっているように、この広成の頃から通称として既に「中臣祓詞」に類する言葉があったかのようです。中臣氏側ではなくて忌部氏側がこう記述していることが興味深い点で、平安初期当時の一般的な通称として「中臣祓詞」という呼称があっただろうということが分かります（『神社のいろは続』79ページ「貴族の生活と陰陽道の展開」参照）。

さらに、「大祓詞」の読み方についても参考になるところがあります。天津罪の一つである「屎戸」の読みについて、本居宣長が『古事記伝』で「クソヘ」と読んで以来、現在はもっぱら「クソヘ」と読まれています。しかし、『『古語拾遺』を読む』などを監修した青木紀元《きげん》は、ここの記述を根拠にして、「クソヘ」ではなくて「クソト」と読むべきではないかと提起し、「ト」は「のりと」の「と」などと同様に呪的・霊的行為に接続する接尾辞ではないかと説明しています。

【天石窟】

ついに天照大神はお怒りになり、天石窟《あめのいわや》にお入りになり、石の扉を閉じて引き籠もってしまいました。すると、国中が真っ暗闇となり、昼夜の区別がつかなくなってしまいます。神々は困り果ててしまい、なすすべもありません。仕方なく、明かりを灯してものを見るしかありません。高皇産霊神は大勢の神々を天八湍河原《あめのやせのかわら》に集め、謝罪の方法を議論

しました。

ここで、思兼《おもいかねの》神が深く思い計って、提案します。「太玉命に配下の神々を統率させ、天照大神に捧げるいろいろな御幣《ごへい》を作らせましょう。石凝姥《いしこりどめの》神（天糠戸命《あめのぬかとのみこと》の子で、鏡《かがみ》作《つくり》氏の祖神）に天香具山《あめのかぐやま》の銅《あかがね》を採らせて、太陽のかたちを模した鏡を作らせましょう。長白羽《ながしらはの》神（伊勢国の麻績《おみ》氏の祖神、今、衣服のことを白羽《しらは》というのはこれが由緒です）に麻を植えさせ、青和幣《あおにきて》（麻の繊維を垂らした御幣、古い言葉にニキテといいます）を作らせましょう。天日鷲《あめのひわしの》神と津咋見《つくいみの》神にはカジの木を植えさせて白《しら》和幣（白い繊維・木綿《ゆう》をつけた御幣です。麻もカジの木もわずか一夜で成長しました）を作らせましょう。天羽《あめのは》槌雄《づちのおの》神（倭文《しとり》氏の先祖です）には、文様を織り出した織物である文布《しつ》を織らせましょう。天棚機姫《あめたなばたつひめの》神に神様がお召しになる服である神衣《かんみそ》を織らせましょう。いわゆる柔らかい絹布である和衣《にきたえ》です（古い言葉にニキタエといいます）。櫛明玉神には、大きな多くの玉を糸に通した首飾りや腕飾りを作らせましょう。手置帆負《たおきほおい》・彦狭知《ひこさしり》の二神に天御量《あまつみはかり》（さまざまな物の大きさを測定できるハカリの名前です）を使って大小の渓谷の木材を伐採させて、立派な御殿、それに笠や矛・盾を作らせましょう。天目一箇《あめのまひとつの》神にはいろいろな刀・斧、鉄の鐸《さなき》（大鈴・古い言葉にサナキといいます）を作らせましょう。これらの物がすっかり整ったならば、天香具山の神聖な榊を根っこから掘《さねこじのねこ》じて（引き抜いて・古い言葉にサネコジノネコジといいます）、上の枝には玉を取り懸《か》け、中ごろの枝には鏡を取り懸け、下の枝には青和幣・白和幣を取り懸けて、それを太玉命に持たせて、その捧げ物を讃美《さんび》させましょう。また、天児屋命も一緒に祈らせましょう。また、天鈿女《あめのうずめの》命（古い言葉にアメノオズメといいます。この神は強情で勇敢なので、この名前が付けられました。今、強い女性をオズシと表現するのは、これに由来します）にマサキの蔓《かずら》を髪飾りにして、ヒカゲの蔓をタスキにして、竹の葉とオケの木の葉を手に採り、鈴（鐸《さなき》）のついた矛を持たせて、石窟の前に桶を伏せて置き、庭火を灯して、天鈿女命を上手に踊らせて、それに合わせて皆で歌い踊りましょう」と言いました。

【日神の出現と素戔嗚神の追放】

この、思兼神の提案に従い、石凝姥神に太陽のすがたを模した鏡を作らせました。最初に作ったものは、少し意図したものとは違いました（これは紀伊《きの》国の日前《ひのくま》神社のご神体です）。次に作ったものは、きれいに出来上がりました（これが、伊勢の神宮のご神体です）。すっかり準備が整って、思兼神の提案通りになりました。そこで太玉命は丁重に祝詞をこう申し上げました。「私の差し上げたこの宝の鏡が、明るく輝き美しいのは、あたかも天照大神、あなた様のようです。さあ、岩戸を開けてお姿をお見せください」。そう申し上げて太玉命と天児屋命二人でお祈りをしました。その時、天照大神は心の中で「最近、私が引き籠もって世界がすべて真っ暗になったはずなのに、大勢の神々はどうしてこのように歌い遊んでいるのだろう」、と思われて、岩戸を少し開けてのぞき見ました。この時、天《あめの》手力雄《たぢからおの》神がその戸を引き開け、新しい御殿へ天照大神をお移し申し上げました。すぐに天児屋命と太玉命は日御綱《ひのみつな》（いまはシリクメナワという。これは日の影・日光の形をしています）を御殿の周りに張りめぐらし、大宮売《おおみやのめの》神を天照大神の近くに仕えさせました（こ

の神は太玉命が不思議な力で生みなさった神です。今の女官が麗しく優しい言葉を用いることで、天皇陛下と臣下の間を和らげて、天皇陛下の御心を悦ばせていることと同じです）。豊磐間戸《とよいわまと》命《の》と櫛磐間戸《くしいわまと》命《の》の二神に御門を守護させました（これらの神もすべて太玉命の子です）。

〈この段を考える上での参照事項〉

『古事記』

・須佐之男命の悪行に対し、天照大御神が天石屋戸《あめのいわやと》に隠れると、高天原も葦原中国も闇となり災いが起こる。八百万の神々が天安《あめのやす》の河原に集い、打開策を相談

・高御産巣日神の子の思金《おもいかね》神《の》の考えた打開策。

常世《とこよ》の長鳴鳥《ながなきどり》を集めて夜明けの鶏鳴《けいめい》を告げさせる。

天《あめ》の金山《かなやま》の鉄《まがね》を採取して、伊斯許理度売《いしこりどめ》命《の》に八尺鏡《やたのかがみ》を作らせる（三種の神器の一つ）。

玉祖《たまのや》命《の》に八尺の勾玉を作らせる（三種の神器の一つ）。

天児屋《あめのこやね》命《の》と布刀玉《ふとだま》命《の》に、天の香具山にいる牡鹿の肩の骨を抜いて占いで神意をはからせる。

天の香具山の真榊を根から掘り出して、上枝に八尺《やさか》の勾玉、中枝に八尺《やたの》鏡、下枝に白和幣《にぎて》・青和幣を取り付けた「太御幣《ふとみてぐら》」を布刀玉命に持たせて、天石屋戸の前に掲げさせる。

天児屋命に祝詞を申し上げさせる。

・天手力男神《あめのたぢからおの》は戸の脇に隠れる
・天宇受売命《あめのうずめの》が天の香具山の日影の鬘を襷《たすき》に、まさきの鬘を髪飾りにし、笹の葉を手に持ち、天石屋戸の前に桶を伏せてその上に乗り、神懸かりして、胸をはだけ腰紐を解いて半裸になり舞い踊る
・神々の笑い声に誘われた天照大御神が戸から覗き見る
・天児屋命と布刀玉命が天照大御神に八尺鏡を差し出す
・不審に思い身を乗り出した天照大御神の手を、天手力男神が引いて外に連れ出す
・布刀玉命は天石屋戸に尻くめ縄（注連縄）を張りめぐらせる
・世界に光が戻る

『日本書紀』

・『古事記』とほぼ同じように打開策を検討。以下、違うところの要点だけを抽出
・［本文］天児屋命と太玉命が天香山《あめのかぐやま》の多くの榊を掘り、同じように勾玉などを取りつけて、共に祈った
　［第一の一書］八十万《やそよろず》の神たちが「天の高市《たけち》」で相談
　石凝姥《いしこりどめ》に、天香山《あめのかぐやま》の金を採って、日矛《ひほこ》を作らせた
　鹿の皮を丸剥ぎにしてフイゴを造らせた。これを用いたのは紀伊国の日前神《ひのくまの》である
［第二の一書］鏡作部《かがみつくり》の先祖の天糠戸者《あまのあらとのかみ》に鏡を作らせた。太玉《ふとたま》に幣《にきて》を作らせた。

玉作部《たますり》の先祖の豊玉《とよたま》に玉を作らせた。山雷者《やまつち》に沢山の玉を飾った榊を用意させ、野槌者《のづち》には沢山の玉を飾った小竹《ささ》を用意させた
石窟に鏡を差し入れた時、戸に触れて小さな傷がついた。この傷は今も残っていて、これが伊勢にお祀りしてある大神である
[第三の一書] 中臣連の先祖の興台産霊《こことむすび》の子・天児屋命にお祈りをさせた
八咫鏡は鏡作りの先祖の天抜戸《あまのぬかと》の子・石凝戸辺《いしこりとべ》が作った。八坂瓊《やさかに》の曲玉は玉作りの先祖の伊弉諾尊の子・天明玉《あまのあかるたま》が作った。下の枝にかけた木綿は粟国《あわの》の忌部の先祖の天日鷲《あまのひわし》が作った。これらを忌部首の祖先の太玉命に持たせ賛美させた
日神は祝詞を聞いて「日頃より、人々のいろいろな言上を聞いているが、こんなにも麗しい言葉はなかった」と、外を窺った

『延喜式』巻八「大殿祭」

・「大殿祭」とは、天皇の居住する宮殿関係の神を祭り、宮殿の平安を願う律令祭祀の一つである。殿の四隅に玉を懸け、御《み》巫《かんなぎ》が米・酒・切《きり》木綿を散らし、忌部氏が微声で祝詞を奏した。大殿祭は、天皇即位に伴う大嘗祭や、毎年の新嘗祭・神今食の前後、宮殿の新築・移居、斎宮や斎院の卜定の後などに行われた。都が藤原京や平城京・平安京などに固定される以前は、天皇の御代ごとに皇居が遷され、斎宮の卜定も行われた。『延喜式』に収められている祝詞は、天皇の即位に際し、新しく造られる宮殿が平安である

ように寿ぐ内容となっている。

　高天原に神留坐《かむづまりま》す　皇《すめら》が親《むつ》神ろき神ろみの命《みこと》以《も》ちて　皇御孫命《すめみまのみこと》を天《あま》つ高御座《たかみくら》に坐《ませ》て　天つ璽《しるし》の剣・鏡を捧持《ささげもち》賜ひて　言寿宣《ことほきの》りたまひしく　皇我《すめわ》がうづの御子皇御孫命この天つ高御座に坐して　天つ日嗣《ひつぎ》を　万千秋《よろずちあき》の長秋に　大八洲豊葦原瑞穂《おおやしまとよあしはらのみずほの》国を　安《やす》国《くに》と　平《たいら》けく知ろしめせと　言寄　奉賜《ことよさしまつりたま》ひて　天つ御量《みはかり》以ちて　事問《こととい》し磐根《いわね》木《こ》の立ち草の片葉《かきは》をも言止《ことやめ》て　天降《あまくだ》り賜ひし食国天下《おすくにあめのした》と　天つ日嗣知ろしめす　皇御孫命の御《み》殿《あらか》を　今奥山の大峡《おおかい》小峡《おかい》に立てる木を　斎部の斎斧《いみおの》をもちて伐採《きりとり》て　本末《もとすえ》をば山神《やまのかみ》に祭《まつり》て中間《なから》を持出来《もちいでき》て　斎鉏《いみすき》を以ちて　斎柱立《いみばしらたて》て　皇御孫の命の　天の御翳《みかげ》日の御翳と造《つくり》仕奉《つかえまつ》れる　瑞《みず》の御殿《みあらか》　汝屋船命《いましやふねのみこと》に　天つ奇護言《くすしいわいごと》を以ちて　言寿鎮白《ことほきしずめもう》さく　これの敷坐《しきま》す大宮地《おおみやどころ》の底つ磐根《いわね》の極み　下つ綱根《つなね》　這ふ虫の　禍《わざわい》なく　高天原は青雲の靄《たなび》く極み　天の血垂飛鳥《ちだりとぶ》の禍なく　掘堅《ほりかため》たる柱・桁《けた》・梁《うつばり》・戸・牖《まど》の錯《きか》ひ　動鳴《うごきなる》事なく引結《ひきゆ》へる葛目《つなめ》の緩《ゆる》び　取葺《とりふ》ける草《かや》の噪《そそ》きなく　御床《みゆか》つひのさやき　夜目《よめ》のいすすき　いづつしき事なく　平《たいら》けく安らけく護奉《まもりまつ》る神の御名を白さく　屋船久久遅命《やふねくくちの》（こは木の霊なり）　屋船豊宇気姫命《やふねとようけひめの》（こは稲の霊なり。俗の詞にうかのみたまといふ。今の世産《うぶ》屋《や》に辟木《さきき》・束稲《つかしね》を戸の辺に置き、また米を屋中に散らすの類なり）御名をば称　奉《たたえまつり》りて皇御孫命の御世を　堅磐常磐《かきわときわ》に護奉り　茂《いか》し御世の足《た》らし御世に　手永《たなが》の御世と福《さき》はへ奉《まつる》によりて　斎玉作等《いみたまつくりら》が　持ち斎《ゆま》はり　持ち浄《きよま》はり造り仕へまつれる　瑞八尺瓊《みずのやさかに》の御吹《みふき》の五百《いお》つ御統《みすまる》の玉に　明和幣《あかるにぎて》（古語ににきてといふ）曜《てる》和幣を付けて　斎部宿禰《いみべのすくね》某《なにがし》が弱肩《よわかた》に　太襁《ふとだすき》取り懸けて　言寿鎮　奉《ことほきしずめまつる》事の漏れ落《おち》む事をば　神直日命《かむなおびの》・大直日命《おおなおびの》

聞《きき》直し見直して　平らけく安らけく知ろしめせと白す

詞別《ことわ》きて白さく　大宮売命《おおみやのめの》と御名を申す事は　皇御孫命の同じ殿《おおとの》のうちに塞《さやり》坐して　参《ま》入《いり》罷《まか》出《づ》る人の選び知らし　神等《かみたち》のいすろこひ荒びますを　言直《ことなお》し和《やわ》し坐して　皇御孫命の　朝《あしたの》の御膳《みけ》・夕べの御膳に供《つか》へ奉る領巾《ひれ》懸《かく》る伴《とも》の緒《お》　襁《たすき》懸くる伴の緒を　手の躓《まが》ひ足の躓ひ為《な》さしめずして　親王《みこたち》・諸王《おおきみたち》・諸臣《まえつきみたち》・百官人等《もものつかさびとたち》を　おのがむきむきあらしめず　邪意《あしきこころ》・穢心《きたなきこころ》なく　宮進め進め　宮勤め勤めして　咎過《とがあやまち》あらむをば　見直し聞直しまして　平らけく安らけく仕へ奉らしめますによりて　大宮売命と　御名を称辞《たたえごと》竟《お》へ奉《まつ》らくと白す

（大意：高天原にいらっしゃる尊い男女の祖神のご命令に基づいて、天皇陛下に御座に着いていただき、帝位のしるしである剣・鏡を捧げ持って、尊い祖神のお祝いの言葉を仰せたまうことには、「私たちの尊い御子は、天皇の位について千年も万年もこの国を安らかな国として治めなさい」とご委任された。天つ神は深い志をもって智謀をめぐらし、それまで騒々しく不平を言っていた岩や切り株、草の一枚の葉も、ものを言うのを止めるに至り、尊い御子が降って来られたこの世界とご子孫が住まわれる御殿を整備するために、奥山の峰々から斎部の浄めた斧で木々を伐りとって、伐った木の上下を山の神に供え、木の中間の部分を清めた鉏で神聖な柱にして御殿を造られた。その瑞々しい生気のある宮殿を、家屋の神である屋船命に神聖な言葉で祝い鎮めていただくべく申し上げます。この宮殿の立つ大地の基盤の底の底まで、柱の下方の横木を結ぶ綱に蛇・むかでのような這う虫の災難がなく、高天原は青雲のたなびくところの遠い果てまで鳥が血を垂らす穢れがないように、また、柱と桁、屋根を支える部材や戸などが動き鳴ることなく、綱がゆるまず屋根の萱草が乱れることなく、床が鳴り響くことのないように、さらには夜に怖いことがないように、平らかに安らかに護っていただく神の名を申し上げます。屋船久久遅命と屋船豊宇気姫命、この二柱の神は木と稲の霊《みたま》でもあり、この御名を称え奉って天皇陛下の御代を堅く永遠に護り、栄えるようにお祝いの言葉を申し上げます。そして、玉作りたちが心身を清めて作った瑞々しい御統の玉に、光り輝く妙を付けて、斎部宿禰が肩に襷をかけて、お祝いの言葉を述べ鎮めまつることを、神直日命と大直日命が見聞きして、もしも落ち度や悪いことがあったなら、それを直して安らかにしてください、と申し上げます。

さらに特別に申し上げます。宮殿の中を司る女神でいらっしゃる大宮売命の御名を申し上げ、宮殿に出入りする人を選別し、荒ぶる神たちを説得して和らげていただくことをお願い申し上げます。また、天皇陛下の朝御膳と夕御膳に仕える人々の間違いがないことを祈り、親王や諸王、官人たちが自分勝手なことをせず、邪心をもつことなく忠勤し、悪いことや過失がもしもあったなら、それを直してくださるように、大宮売命の御名を称え、お願い申し上げます）

■天石窟神話の重要性

【天石窟】の段では、まず、素戔嗚神の悪行を見かねた天照大神が石窟にお隠れになります。これは、ストーリーとしては「記紀」と変わらないところです。しかし、天八湍《あめのやせの》河原《かわら》（天安の河原）で神々が相談をして、思兼神が思案するところまでは同じなのですが、〈参照事項〉に挙げたように、決定したことが異なるという特徴があります。

「記紀」の天石戸の伝承は、神道の祭祀の「起源」伝承としての意義付けがなされています。『古語拾遺』でも同じことがいえますが、特に登場する神器について、後に続く伝承と併せて読んでいただきたいと思います。忌部氏の祖神とその率いる神様がここではどんな活躍をしたか、神器である鏡と玉をどの神様が作ったか、さらには天照大神を石戸からお出しするための祭りをする時、誰が幣帛を調製したか、それに用いる布や紙などの原料となる植物を誰が栽培したかに注目する必要があります。

ここでは、太玉命が石凝姥神に鏡を鋳造させ、長白羽神に麻を植えさせて青和幣を、天日鷲神・津咋見神にカジの木を植えさせて白和幣を作らせています。「麻」や「木綿」と表記されていても現在の「モメン」などではなく、梶の木や楮《こうぞ》の木といったもっと粗い繊維を使って祭祀の幣帛にしています。現在でも大麻を「おおぬさ」といい、その繊維を用いて祭具を作製しているわけです。木綿も麻も一夜にして生い茂ったとあり、まるで『ジャックと豆の木』の話のようですが、一夜にして何かが生成されるという話は、例えば「記紀」で木花之佐久夜毘売《このはなのさくやびめ》（木花開耶姫《このばなさくやひめ》）が一夜にして懐妊したり、天皇即位の際に中臣氏が奏上する「天神之寿詞《あまつかみのよごと》」の中にも、一夜にして竹林が生え茂るとの表現があるように、神聖さや霊妙さを示しています。また、天羽槌雄神に文布を、天棚機姫神に神衣を作らせ、櫛明玉神に、大きな多くの玉を糸に通した首飾りや腕飾り（原文では「八坂瓊五百箇御《やさかにのいおつのみ》統玉《すまるのたま》」）を作らせます。また、手置帆負神と彦狭知神には「瑞殿《みずのみあらか》」と笠・矛・盾を作らせ、天目一箇神には刀・斧・鐸を作らせた、と記述されています。

これらは、現在の神社祭祀にも密接に関わる祭器・祭具の起源伝承でもあります。そして、ここの重要なポイントは、過大にすぎるとも見受けられますが、天照大神を石窟からお出しするための祭祀の準備のすべてに太玉命が率いる神様が携わっているという点です。

さらに見逃せない記述があります。天照大神を出し奉った後に、大神が住まわれる「瑞殿」を作ったという箇所です。再び石窟にお籠もりにならないよう「シリクメナワ」を張るという記述は「記紀」にもありますが、御殿を作ったことは独自のもので、その造営には手置帆負・彦狭知の二神が奉仕したと記されています。原文では「手置帆負・彦狭知の二柱の神をして天御量を以て大峡《おおかい》・小峡《おかい》の材《き》を伐りて、瑞殿を造り」とされているところです。この記述は、〈参照事項〉に載せましたが、『延喜式』巻八所載の「大殿祭」「御門祭」の祝詞と非常に似ています（御門祭の祝詞は217ページに掲載）。むしろ、「延喜式祝詞」の記述を下敷きに作られたと理解したほうがよく、さらにいえば、この部分が大殿祭・御門祭の起源伝承となっているといえるでしょう。大殿祭に忌部氏が主体的に参与することの根拠として、この部分が記述されたと考えてよいでしょう。

■現在の存在の根拠は神代の出来事

次の【日神の出現と素戔嗚神の追放】の冒頭は、前段の繰り返しです。石凝姥命に太陽のすがたを模した鏡（原文では「日像之鏡《ひのみかたの》」）を作らせた、と記されていますが、ここでも主導的な役割を果たしている神様は太玉命であるということに広成の主眼があるといえます。

そして、石窟の前で祈祷するという重要な場面では、「太玉命、広く厚き称詞《たたえごと》を以て啓《も》白《う》さく」と記述されています。『古事記』を読まれた方は疑問に思うところでしょう。『古事記』では石屋戸《いわやと》の前で祝詞を読むのは天児屋命の役割でした。しかし、ここでは太玉命が主体となっていて、そのすぐ後に、「仍《よ》りて、太玉命・天児屋命、共《とも》に其《そ》の祈祷《いのり》を致《いた》す」とあり、「共に」祈祷をしたと書いています。つまり、太玉命により重要な役割を担わせているのです。

また、前段に続いて、天照大神が住まわれる殿について独自の記述が見られます。御殿には大宮売神を天照大神の御前に近侍させて、加えて豊磐間戸命、櫛磐間戸命の二柱の神に御門を守護させたとあります。ここでも大殿祭や御門祭の祝詞と同様の内容が見られるのです。大宮売神のご神徳については、大殿祭祝詞で「詞別《ことわ》きて白さく　大宮売《おおみやのめの》命と御名を申す事は」云々とあって、『古語拾遺』と同じような趣旨が記されています。豊磐間戸命と櫛磐間戸命に関しても、御門祭の祝詞で、そのご神徳が讃えられています。

つまり、先述の繰り返しになりますが、実際の大殿祭・御門祭において、忌部氏が直接関係し、祝詞を奏上することの根拠が、この神代の出来事にあるのだということを示しているといえるでしょう。大殿祭・御門祭の祝詞の成立の起源がいつ頃までに遡れるかは、よく分かっていませんが、奈良時代初期にはほぼ整った原形が出来ているというのが定説です。この祝詞が『延喜式』に収録されたのは、延喜年間（九〇一～九二三年）以降で、『古語拾遺』より後のことですが、『古語拾遺』の書かれた時代に、既に存在する祝詞の内容を根拠づけるということ、それがここで記述された大きな要因といえるでしょう。

まさにこの時、天上は晴れ上がり、神々はお互いの姿を見て、皆、大喜びしました。手を伸ばして歌い踊りながら、「あわれ、あなおもしろ、あなたのし、あなさやけ、おけ（あっぱれ、ああ面白い、ああ楽しい、ああ爽やかだ、おけ）」と歓声をあげました。そして太玉命と天児屋命はともに天照大神に「もうお戻りなさらないでください」と申し上げました。これらを引き起こした罪を素戔嗚神に負わせて、罰として沢山の償いの品々を差し出させ、髪の毛、手足の爪を抜き、罪のお祓いをして追放しました。

〈この段を考える上での参照事項〉

『古事記』

・天照大御神がお出ましになると、自然に明るくなった
・八百万の神々は相談して、速須佐之男命に「千位《ちくら》の置戸《おきど》」（たくさんの台の上に載せた品物の意味で、罪を祓う贖《あがな》いの品々）を科し、さらに、髭を切り手足の爪を抜いて祓とし、高天原から追放した（「神夜良比夜良比岐《かむやらいやらいき》」）

『日本書紀』

・［本文］『古事記』とほぼ同様に「千座置戸」と「逐降《やらいにやら》ひき」（第三までの一書が付属）

【剣と「国作り」】

素戔嗚神は天上から出雲国の斐伊《ひい》川の上流に天降《あまくだ》りました。天十握剣《あめのとつかつるぎ》（その名前は天《あめの》羽々斬《ははきり》といい、今は石上《いそのかみ》神宮に納められています。古い言葉に、大蛇《おろち》をハハといい、大蛇を切るという意味になります）で八岐大蛇《やまたのおろち》を斬りなさった。その大蛇の尾から霊妙な剣があらわれました。その名前は天叢雲《あめのむらくも》（大蛇の上に常に雲が立ち昇っていたためその名がつきました。倭武尊《やまとたけるのみこと》が東征した折り、相模《さがみ》の国で野火の災難に遭遇した時に、この剣で草をなぎ払って難を逃れたことによって草薙《くさなぎの》剣と改名しました）といいます。そこで素戔嗚神は天つ神に献上しました。その後、素戔嗚神は国つ神の娘と結婚して、大己《おおな》貴《むちの》神（古い言葉にオオナムチノカミといいます）がお生まれになりました。最後に、素戔嗚神は地下の根の国へと赴かれました。

大己貴神（別名は大物主《おおものぬしの》神、大国主《おおくにぬしの》神、大国魂《たまの》神です。大和国の城上郡《しきのかみのこおり》に鎮座する大神《おおみわ》神社のご祭神です）と少彦名《すくなびこなの》神（高皇産霊尊の子で、後に常世《とこよ》の国に赴きました）と共に力をあわせ心を一つにして国作りをなさいました。人々や家畜のために病気を治す方法を定め、鳥獣や昆虫による災いを取り除くためのおまじないの方法を定めなさいました。効験は確かで、人々は今に至るまで、その恩恵をこうむっています。

〈この段を考える上での参照事項〉

『古事記』

・出雲国に天降った須佐之男命、八俣大蛇《やまたのおろち》を退治し、櫛名田比売《くしなだひめ》を助ける
・櫛名田比売は足名椎《あしなづちの》神と手名椎《てなづちの》神の娘で、足名椎神は大山津見《おおやまつみの》神の子
・八俣大蛇の尾から出てきた「草那芸《くさなぎの》の大刀《たち》」は須佐之男命が天照大御神に献上
・須佐之男命と櫛名田比売《ひめ》は結婚、五代を経て子孫に大国主《おおくにぬしの》神が誕生
・大国主神には五つの名があり、大穴牟遅《おおなむじの》神、葦原色許男《あしはらしこおの》神、八千矛《やちほこの》神、宇都志国玉《うつしくにだまの》神ともいう
（「稲羽の素兎《しろ》」や須佐之男命がいる根の堅州国での試練、「神語《かむがたり》」の話は省略）
・大国主神は海からやってきた神産巣日神の子・少名毘古那《すくなびこなの》神と共に「国作り」
・少名毘古那神は常世国へと去る
・嘆く大国主神のところに、海原を照らして依り来る神が現れる。「私を祀るならば、協力して国作りをしよう。私を大和の国の東の山の上に祀れ」。大神神社の創祀が語られる
・倭建命《やまとたけるのみこと》の相模国での「草那芸剣《くさなぎのつるぎ》」の話は「景行天皇」の段に出てくる

『日本書紀』

・［本文］出雲国に天降った素戔嗚尊、八岐《やまたの》大蛇を退治し、奇稲田《くしいなだ》姫を助ける。奇稲田姫は脚摩乳《あしなづち》と手摩乳《てなづち》の娘
八岐大蛇の尾を斬る時に出てきた「草薙剣《くさなぎのつるぎ》」は素戔嗚尊が天つ神に献上
（一書に云う）草薙剣のもとの名は「天叢雲剣《あめのむらくものつるぎ》」。大蛇のいる上にいつも雲

があったので、こう名付けられたのか。日本《やまと》武《たけるの》尊に至って、
名を草薙剣と改めた
素戔嗚尊と奇稲田姫は結婚、大己貴《おおあなむちの》神が生まれた
素戔嗚尊は根の国に行った

[第二の一書] 安芸《あきの》国江の川上に天降った素戔嗚尊は八岐大蛇を退治
八岐大蛇の尾の中にあった剣を草薙剣と名付けた。これは熱田の祝部《はふり》
がお祀りしている神である
大蛇を斬った剣を「蛇《おろち》の麁正《あらまさ》」といい、「石上」にある。（麁正は韓か
ら渡来した小刀と考えられ、ここでの石上は大和の石上神宮ではなく、
備前の石上布都之魂神社と考えられている）
真髪触《まかみふる》奇稲田媛を出雲国で育てて結婚し、六代の孫が大己貴命である

[第四の一書] 素戔嗚尊は千座置戸の罪を科せられて追放された
素戔嗚尊は、子の五十《い》猛《たけるの》神を率いて新羅の国に天降られた。「この国
には居たくない」と土で舟を造って出雲国に着いた。そこで素戔嗚尊
は天蠅斫剣《あめのははきりのつるぎ》で人を呑む大蛇を退治。大蛇の尾の中にあった剣を五代の
孫を遣わして天に奉った。それが現在、草薙剣といわれるものである

[第六の一書] 大国主神は、大物主《おおものぬしの》神、国作《くにつくりの》大己貴命、葦原醜《あしはらのしこ》男《お》、八千戈神、大国《おおくに》
玉《たまの》神、顕国玉《うつしくにたまの》神ともいう。その子は皆で百八十一柱いらっしゃる
大己貴命と少彦名命は心を一つにして天下を造られた。人々と家畜の

ために病気治療の方法を定めた。鳥獣や昆虫の災いを除くために、まじないの方法を定めた。このため百姓《おおみたから》は、今に至るまで恩頼《みたまのふゆ》を受けている

昔、大己貴命が少彦名《すくなびこなの》命に語って「われらが造った国は善く出来たと言えるだろうか」と問われると、少彦名命は「よく出来たところもあるが、不出来のところもある」。その後、少彦名命は常世に去られ、大己貴命が「国作り」に励まれた

出雲国に至って、「今、この国を治めるのは私一人。私と共に天下を治めることができるものが誰かいるだろうか」と大己貴神が興言《ことあげ》すると、不思議な光が海を照らして浮かんでくる者があり、「もし私がいなかったら、お前はどうしてこの国を平らげることができたろうか」と言った。大己貴神が「お前は誰か」と尋ねると、「私はおまえの幸魂《さきみたま》・奇魂《くしみたま》だ」と答え、「私は日本国《やまとの》の三諸山《みもろのやま》に住みたいと思う」と言われた。そして、この神が大三輪の神であることが語られ、大三輪の神の子のことや、神武天皇の后のことが語られる

また、初めて大己貴神と少彦名命が会われた時のことが書かれ、少彦名命が高皇産霊尊の子であることが語られる

日本武尊の草薙剣の話は、『日本書紀』では駿河での出来事として「景行天皇四十年条」に書かれている

神器の行方

【日神の出現】後、悪行を尽くした素戔嗚神は天上から追放されるに至ります。そこで、現代語訳では詳細は省いた「あはれ」の語源説が見られます。石窟から天照大神が現れ、天が明るくなったから「天晴れ」だ、人々の顔がお互いはっきり見えるようになったから「面白」だ、などと説明されています。これらも『古語拾遺』の他の語源説と同様のパターンです。ただ、いかにも嬉しそうで、神々の生き生きとした様子が印象深い描写です。

そして、次の【剣と「国作り」】の段で、神器の行方に焦点が絞られていきます。そのため霊剣が突然現れて、他のエピソードは省略され、追放された素戔嗚神が出雲国に天降って、八岐大蛇を退治して霊剣を献上する話が、簡明に記述されています。「記紀」の記述では、後に神楽の題材にもなっているように、有名な八岐大蛇退治の話がバラエティに富んで展開されるのですが、広成はそういったエピソードには興味がありません。ここで重要なのは「神器」なのです。これは『古語拾遺』全体に流れているテーマの一つでもありますが、神器はどのように〝現代〟にまで受け継がれてきたのかといった命題について、注意喚起をしていくという工夫が施されているのです。

大己貴神に関する記述は、少々、唐突な印象を受けます。後に、天孫降臨に当たり天孫に神勅が下されるところに、大己貴神と異名同神である大物主神に対して、「天皇を守護しなさい」との神勅が下されますので、その関係から、前もって大己貴神がここに出てきたのかもしれません。しかも、大己貴神には、非常に多くのエピソードがある中で、なぜ医薬の祖神であるとする伝承が選ばれたのかは不明です。もしかすると、『続日本紀』天平勝宝六年（七五四）七月十三日条に、医薬を司る「典薬頭」として「従五位下忌部宿禰鳥《とり》麻呂《まろ》」の名前が見えることから、忌部氏と医薬が、特段の関係にあったのかもしれません。

天孫降臨

【天孫】

吾勝尊は高皇産霊神の娘、栲幡千千姫命と結婚し、天津彦尊がお生まれになりました。皇孫命《すめみまのみこと》（天照大神と高皇産霊神の二神の孫にあたるため、皇孫といいます）と申し上げます。まさしく、天照大神と高皇産霊神は皇孫を大切にお育てになり、天降《あまくだ》らせて豊葦原《とよあしはら》の中国《なかつくに》の君主になさろうと考えられました。そのために、経津主《ふつぬしの》神（この神は磐筒女《いわつつめの》神の子で、今の下総《しもうさの》国の香取神宮のご祭神です）と武甕槌《たけみかづちの》神（この神は甕速日《みかはやひの》神の子で、今の常陸《ひたちの》国の鹿嶋神宮のご祭神です）を地上に派遣して平定させました。大己貴神と子の事代主《ことしろぬしの》神は共に国を献上しました。経津主神と武甕槌神の二神に向かって大己貴神は、「この矛のおかげで私は国作りの功績をあげることができました。天孫がこの矛を使って国を治めれば必ず平和になるでしょう。今から私はこの国から退去いたします」と申し上げて、ついに退去なさいました。そこで二神は、従わない荒くれの神々を平定して、天上に復命しました。

〈この段を考える上での参照事項〉

『古事記』

・大国主神が治めていた葦原中国は、天照大御神によりその御子が治める国であると宣言される

・高木神《たかぎの》（高御産巣日神）と天照大御神が、葦原中国を平定するため神々を派遣するが、その天菩比神《あめのほひの》と天若日子《あめのわかひこ》は復命せず

・伊都之尾羽張神《いつのおはばりの》の子である建御雷之男神《たけみかずちのおの》が派遣され、天鳥船神《あめのとりふねの》と共に、大国主神に国譲りをせまる

・大国主神は息子たちに判断をゆだねる。八重事代主神《やえことしろぬしの》は国譲りを承諾。建御名方神《たけみなかたの》は国譲りに抵抗し、建御雷之男神との力比べの結果、信濃国へ敗走（諏訪大社の創祀）

・大国主神も国譲りを承諾。自分の住まいを立派に造営するよう条件を出す（出雲大社の造営伝承）

『日本書紀』

［本文］天照大神の子の正哉吾勝勝速日天忍穂耳尊《まさかあかつかちはやひあめのおしほみみの》は、高皇産霊尊の娘の栲幡千千姫と結婚し、天津彦彦火瓊瓊杵尊《あまつひこひこほのににぎの》を生まれた

高皇産霊尊は大事に育てて、この孫を葦原中国の君主としたいと思われた

しかし、葦原中国は草木もいろいろ物を言い、平定されていない。神々と相談して天穂日命《あめのほひの》、天穂日命の子である大背飯三熊之大人《おおそびのみくまのうし》、天稚彦《あめのわかひこ》を順に派遣するが復命せず

経津主神と武甕槌神《たけみかつちの》の二柱の神が派遣され大己貴神に国譲りを迫る。経津主神は磐筒男《いわつつのお》と磐筒女《いわつつのめ》の子で、武甕槌神は甕速日神《みかはやひの》の孫で熯速日神《ひのはやひの》の子

大己貴神は息子に判断をゆだねる。事代主神は国譲りを承諾。大己貴神も「今、私が身を引けば、国内の諸神も戦わないだろう」と国譲りを承諾。国作りに際して用いられた矛を二柱の神に奉り「天孫がこの矛を用いて国に臨まれたら平安になるでしょう。私は幽界に参ります」と言って去っていった（「第二の一書」に出雲大社の詳しい造営伝承）

二神は従わない神や草木・石に至るまで平らげて復命した

【神勅】

そこで天照大神と高皇産霊尊は相談してこうおっしゃいました。「葦原の瑞穂《みずほ》の国は、我々の子孫が君として治める国である。皇孫よ、赴いて国を治めなさい。皇室の繁栄は天《あめ》地《つち》と共に長く続くことでしょう」。そして八咫鏡と草薙剣の二つの神宝を皇孫に授けられて、永遠に天皇を象徴するしるしとなさいました（いわゆる神璽の剣、鏡がそれです）。それと共に矛と玉も従いました。そして、天照大神よりこのようなお言葉が下されました。「わが子孫たちよ、この鏡は私そのものであると思いなさい。あなたと同じ御殿、同じ御

床に安置して神聖な鏡としなさい」。そして、天児屋命、太玉命、天鈿女命を添えて近くに仕えさせました。そこで天照大神は「私は天つ神籬《ひもろき》と天つ磐境《いわさか》を設けて、私の子孫のためにお祭りをしよう。お前たち、天児屋命、太玉命の二神は天つ神籬を持って葦原の中国へ降り、またわが子孫のためにお祭りをしなさい。そして共に御殿にお仕えして、守護しなさい。私が高天原で作った神聖な稲穂をまた、わが子孫に授けなさい。太玉命は配下の神々を率いて、高天原にいた時と同様にその職分で奉仕しなさい」というお言葉を下されました。そこで、太玉命の配下の神々もまた従って天降りました。大物主神には「沢山の神々を率いて、永久に皇孫を守りもうしあげなさい」というお言葉を下されました。大伴氏の祖神である天忍日《あめのおしひの》命に、来目部《くめべ》の祖神である天槵津大来目《あめのくしつおおくめ》を率い、武装して、天降る皇孫の前駆をさせました。

〈この段を考える上での参照事項〉

『古事記』

・平定された葦原中国へ、生まれたばかりの天孫・番能邇邇芸《ほのににぎの》命が天降ることが決まる。番能邇邇芸命は正勝吾勝勝速日天忍穂耳命の子。天忍穂耳命が高木神の娘・萬幡豊《よろずはたとよ》秋津師比売《あきづしひめの》命と結婚して生まれた子が天火明命で、番能邇邇芸命はその次に生まれた御子《みこ》

・猿田毘古神と天宇受売神の交渉（次段で詳述。『古事記』では、ここに書かれている）

・天児屋《あめのこやねの》命と布刀玉《ふとだまの》命、天宇受売命、伊斯許理度売《いしこりどめの》命、玉祖《たまのおやの》命の五柱の神（五伴《いつともの》

緒《お》）を天孫に従わせて降臨させる。天児屋命は中臣連《なかとみのむらじ》の祖であり、布刀玉命は忌部《いんべの》首《おびと》の祖、天宇受売命は猿女君《さるめのきみ》の祖、伊斯許理度売命は作鏡連《かがみつくりの》の祖、玉祖命は玉祖《たまのおやの》連の祖である

・この時、天照大御神を天石屋戸から招きだした八尺《やさかの》の勾玉と鏡、草那芸剣、また、常世思金神《とこよのおもいかねの》、手力男神《たぢからおの》、天石門別神《あめのいわとわけの》を副《そ》えて、天照大御神は「この鏡は、ひたすら私の御魂《みたま》として、私の御前《みまえ》を拝するように大切に斎《いつ》き祀りなさい」（**宝鏡奉斎の神勅**）と仰せになり、「思金神は神の朝廷《みかど》の政事《まつりごと》をしっかり行いなさい」と続けられた

・この二柱の神は伊勢神宮の五十鈴《いすず》の宮（内宮）に祀られている。次に登由宇気神《とゆうけの》は伊勢神宮の外宮《とつみや》の度相《わたらい》（渡会《わたらい》の外宮《げくう》）に鎮座されている神である

・天石戸別神《あめのいわとわけの》は、またの名を櫛石窓神《くしいわまどの》、豊石窓神《とよいわまどの》といい、宮廷の御門を守る神である

・手力男神は佐那那県《さなながた》（伊勢国多気郡《たき》の佐那《さな》神社）に鎮座されている

・天津日子番能邇邇芸命は竺紫《つくし》の日向《ひむか》の高千穂の霊峰に天降りされた

・天降りの時に、弓矢を持ち大刀を下げて先導したのは天忍日命《あめのおしひの》と天津久米命《あまつくめの》で、天忍日命は大伴連の祖で、天津久米命は久米直《くめのあたい》の祖である

・番能邇邇芸命は「この地は韓国《からくに》に向かい、笠沙《かささ》の岬をまっすぐに通って、朝日の輝く国、夕日の照る国である。よい所だ」と言って、地底の磐に宮柱《みやばしら》を太く立てて、高天原に届くほど千木を高くそびえさせて宮殿を造り住まわれた

『日本書紀』

・［本文］高皇産霊尊は、真床追衾《まとこおうふすま》で瓊瓊杵尊《ににぎの》を包んで降ろされ、皇孫は日向の襲《そ》の高千穂の峯に降りられた。そして、良い国を求めて吾田《あた》の長屋《ながや》の笠狭碕《かささのみさき》に着き、人に国があるのかどうかを問われ、そこに止《とど》まられた

［第一の一書］天照大神は瓊瓊杵尊に八坂瓊曲玉と八咫鏡、草薙剣の三種の神器を賜った

そして、中臣氏の遠祖・天児屋命、忌部の遠祖・太玉命、猨女の遠祖・天鈿女命《あめのうずめの》、鏡作りの遠祖・石凝姥命《いしこりどめの》、玉作りの遠祖の玉屋命《たまのやの》の五《いつ》部《とものお》の神たちを配して従わせた

天照大神は皇孫に次のように勅を下された。「葦原の千《ち》五《い》百《ほ》秋《あき》の瑞穂の国は、わが子孫《うみのこ》の王《きみ》たるべき地《くに》である。皇孫のあなたが行って治めなさい。宝祚《あまつひつぎ》の隆《さか》えることは、天壌《あめつち》に窮《きわま》りないであろう」（**天壌無窮の神勅**）

（猨田彦大神と天鈿女命の交渉）

皇孫は天降られた。天鈿女命は皇孫を高千穂の槵触峯《くしふるのたけ》にお届けした

［第二の一書］経津主神は岐神《ふなとの》（猨田彦神）を先導役として方々を平定した。この時に帰順した首長が大物主神と事代主神である。経津主神はこれら八《や》十《そ》万《よろずの》神たちを率いて天に上った

高皇産霊尊は大物主神に詔を下された。「お前がもし国つ神を妻とす

るなら、お前は心を許していないと考える。それで、わが娘を妻とさせたい。そして、八十万の神たちをひきつれて永く皇孫のために守ってほしい」と言って還り降らせた

紀国の忌部の遠祖である手置帆負《たおきほおいの》神を「笠作り」の役目とし、彦狭《ひこさ》知《ちの》神を「盾作り」、天目一箇《あまのまひとつの》神を「金《かな》作り（鍛冶）」、天日鷲《あまのひわしの》神を「木綿《ゆう》作り」、櫛明玉《くしあかるたまの》神を「玉作り」の役目とされた。天孫の代理として、太玉命に大己貴神を祀らせるのはここから始まったのである。また、天児屋命は神事を主《つかさど》る宗源《もと》者である。それで、鹿の肩の骨を焼いて占う「太占《ふとまに》」を役目として仕えさせた

高皇産霊尊が次の詔を下された。「私は天津神籬《あまつひもろぎ》と天津磐境《いわさか》を起こし樹《た》てて、皇孫のために斎《いわ》い奉《まつ》ろう。天児屋命と太玉命は、天津神籬をもって葦原中国に降り、皇孫のために斎い奉れ」（**神籬磐境の神勅**）。そして、二神を天忍穂耳尊に従わせて降らせられた

この時、天照大神は手に宝鏡《たからのかがみ》を持って、天忍穂耳尊に授けて、祝福しておっしゃった。「わが子がこの宝鏡を見るのに、まさに私を見るようにするべきである。共に床を同じくし、殿《おおとの》を共《ひとつ》にして、斎鏡《いわいのかがみ》とせよ」（**宝鏡奉斎の神勅・同床共殿の神勅**）。また、天児屋命と太玉命に、「お前たちは、同《とも》に殿《おおとの》の内に侍《さぶら》いて、よく防護《ほそきまもること》を為《な》せ」（**侍殿防護の神勅**）と勅された。さらに「わが高天原にある

斎庭《ゆにわ》の穂《いなほ》を、わが子に与えなさい」（**斎庭稲穂の神勅**）との言葉を下された

そして、高皇産霊尊の娘の萬幡《よろずはた》姫を、天忍穂耳尊の妃として降らせられた。途中の大空にいらっしゃった時に生まれた子を天津彦火瓊瓊杵尊という。よって、この皇孫を親の代理として、降らせようと思われ、天児屋命・太玉命以下もろもろの神たちをお供として授けられた。天忍穂耳尊は天に帰られた

日向の槵《くし》日の高千穂の峯《たけ》に降られた天津彦火瓊瓊杵尊は、国を求め歩かれ、国主・事勝国勝長狭《ことかつくにかつながさ》を召されて尋ねられた。「ここに国があります。勅のままにどうぞご自由に」との答えがあって、皇孫はここに宮殿を建ててお住まいになった

[第四の一書] 高皇産霊尊が、真床覆衾《まとこおうふすま》を天津彦国光《あまつひこくにてる》彦火瓊瓊杵尊にお着せになって、天磐戸《あまのいわと》を引き開け、天八重雲《あめのやえたなぐも》を押し分けてお降しになった。その時、大伴連の遠祖・天忍日《あまつおしひの》命、来目部《くめべ》の遠祖・天槵津大来目《あめくしつのおおくめ》が弓矢や剣を携えて天孫の前に立ち、日向の襲《そ》の高千穂の槵日《くしひ》の二上《ふたがみの》峯《たけ》の天の浮橋に至り、国を求めて歩き、吾田《あた》の長屋《ながや》の笠狭《かささ》の御碕《みさき》に着かれた。そこに一人の神・事勝国勝長狭《ことかつくにかつながさ》がいて、天孫が「国があるだろうか」と問われた。すると「勅のままに奉りましょう」との答えがあり、天孫はそこに止まられた。その事勝国勝長狭は伊奘諾

尊の子で、またの名を塩土老翁《しおつつのおじ》という

『延喜式』巻八「出雲国造神賀詞」より

……乃《すなわ》ち大穴持命の申し給はく　皇御孫《すめみまの》命の静まり坐《ま》さむ大倭《おおやまとの》国と申して　己命《おのれみこと》の和魂《にぎみたま》を八咫鏡に取り託《つ》けて　倭《やまと》の大物主櫛𤭖玉命《くしみかたまの》と名を称《たた》へて　大御和《おおみわ》の神奈備に坐せ　己命《おのれみこと》の御子《みこ》・阿遅須伎高孫根命《あじすきたかひこねの》の御魂《みたま》を　葛木の鴨の神奈備に坐せ　事代主命の御魂をうなてに坐せ　賀夜奈流美命《かやなるみの》の御魂を飛鳥の神奈備に坐せて　皇孫命の近き守《まもり》神《がみ》と貢《たてまつ》り置きて　八百丹杵築宮《やおにきづきみや》に静まり坐しき　ここに親神《むつかむ》ろき・神ろみの命の宣《の》りたまはく　汝天穂比命《いましあめのほひの》は　天皇《すめら》命の手長《たなが》の大御世を　堅磐《かきわ》に常磐《ときわ》に斎ひ奉《まつ》り　茂《いか》しの御世に幸《さき》はへ奉れ　と仰せ賜《たま》ひし次《つぎて》のまにまに　供斎《いわいごと》仕へ奉りて　朝日の豊栄登《とよさかのぼ》りに　神の礼白《いやじろ》・臣《おみ》の礼白と　御祷《みほき》の神宝献《かむだからたてまつ》らくと奏《もう》す……

（大意：大穴持命が申し上げられますには、皇孫殿下の鎮まられているこの国は大倭国といい、私の和魂を八咫鏡に依り憑かせて、倭の大物主櫛𤭖玉命とその名を唱えて大神の社に鎮めさせ、私の子である阿遅須伎高孫根命の御魂を葛木の鴨の社に鎮座せしめ、事代主命の御魂を雲梯《うなて》の社に坐させ、賀夜奈流美命の御魂を飛鳥の社に鎮座せしめて、皇孫のお近くの守護神と奉り、杵築宮（出雲大社）に鎮座されました。ここに皇祖の神が仰せられますには、天穂比命は天皇様の長久の御世をいつまでも変わることなく守護し、盛大なる御世として繁栄させなさいと仰せ賜りましたお言葉を国造代々伝えて参りました通りに斎事にお仕えし、この朝日の射し昇る良き日に、神から、そして臣からの

御世の寿を祝福する神宝を奉献しますことを奏します）

■「記紀」と『古語拾遺』の「三大神勅」

【天孫】と【神勅】の段では、「神勅」と「三種の神器」の二つに焦点が絞られています。【天孫】のところの、いわゆる「国譲り」については、鹿島・香取（神宮）のご祭神についても言及がありますが簡潔に記されています。この記述からは、「国譲り」で活躍された神々が、どこで祀られているのかに広成の関心があったことが理解されます。

天孫の降臨にあたっては、「神勅」が皇孫に下されます。その代表的な神勅が一般に「三大神勅」といわれています。それは、皇位が永遠に続くことを祝した「天壌無窮の神勅」、天照大神の御霊代《みたましろ》としての鏡を天皇の宮殿内に祀れとする「宝鏡奉斎の神勅（同床共殿の神勅）」、天照大神が育てた稲を地上でも耕作するように授けた「斎庭の稲穂の神勅」を指します。

しかし、「三大神勅」は「記紀」それぞれにそのままの形で記述されてはいません。また、『古事記』と『日本書紀』、『日本書紀』の中でも本文と一書で、神勅をめぐる物語の内容が微妙に異なります。それらを総合して、歴史的な経緯の中で三大神勅といわれるようになったのであり、特に近代の明治時代以降に広く知られるようになります。

では最初に、古典の中で、それがどう記述されているのかを確認していきましょう。まず、『古語拾遺』では、この【神勅】の段で、いわゆる「天壌無窮の神勅」が最初に出ています。「……皇室の繁栄は天地《あめつち》と共に長く続くことでしょう」の部分です。それから、「剣」「鏡」「矛」「玉」が授けられた後、「この鏡は私そのものであると思いなさい。…」の部分の「宝鏡奉斎の神勅」。そして、「神籬」や「磐境」、「御殿」の話が出た後に、「私が高天原で作った神聖な稲穂をまた、わが子孫に授けなさい」の部分の「斎庭の稲穂」の神勅が登場しています。ほぼ『日本書紀』の一書の順番に準ずる形で、「三大神勅」がこの段で揃っています。

ところが〈参照事項〉に挙げておいたように『日本書紀』『古事記』ではそうなっていません。『日本書紀』では本文にその記載はなく、第一と第二の一書にこの三大神勅が記載されています。『古事記』では、明確な形で出てくるのは「宝鏡奉斎の神勅」のみです。つまり『古語拾遺』に、こうした形で「三大神勅」がまとめられていることは、『古語拾遺』が成立した九世紀初頭の人たちの神勅に対する意識を示しているといえそうです。「三大神勅」については、近代になって定着したと捉えて、それほど古い概念ではないとする見解もありますが、必ずしもそれは妥当ではありません。既に平安初期の『古語拾遺』の段階で十分に意識されているのです。國學院大學教授であった森田康之助は『神道辞典』（昭和四十三年／堀書店）の「三大神勅」の項目で、こう述べています。

三大神勅は神代伝承に伝えられている通りに、いわば一回的な事実と解してはならない。こういう神勅を実際に賜わったのだというのは、神代伝承を繰り返し反復して伝える人々の、意識の底に於ける事実であって、伝承する人々がそのように伝えて行くところに、人々の自覚となり、直観と反省に媒介され、信念にまで高められて行ったのである。

このことは、古代から中世、そして近代・現代へと「神勅」が受け継がれていった歴史的な理解を踏まえた説明です。古典の内容の正しい知識を得、古典の受容の歴史も知る。総合的な古典学習の大切さというものが分かる言葉だと思います。

■さまざまな神勅がまとめられている『古語拾遺』

『古語拾遺』は、その他の「神勅」にも言及しており、そこに「忌部」の主張が窺えます。【神勅】の段の最後の方では、大物主神に詔《みことのり》が下され、皇室守護が命じられることが記されています。『日本書紀』の「第二の一書」にある詔と同様の記述です。これは、古代における大和の三輪信仰とも関わってきます。大物主大神は大神《おおみわ》神社のご祭神です。崇神天皇の御世に三輪の神の祟りで疫病が流行し、大物主神から天皇に託宣が下り、それを鎮めるために大田田根子《おおたたねこ》（意富多多泥古）に三輪の神を祀らせました（『神話のおへそ』206ページ「特別編　三輪の大神と伊勢の大神」参照）。古代において朝廷が三輪の神を非常に重視したことと、この神勅は繋がりがあると思われます。

さらに、これも〈参照事項〉に挙げておきましたが、『延喜式』巻八所載の「出雲国造神賀詞」には、飛鳥の地もしくは藤原京の都を取り囲むような形で大和国に鎮座している、三輪の大物主櫛𤭖玉命《くしみかたまの》、高鴨《たかがも》の阿遅須伎《あじすき》高孫根命《たかひこねの》、高市郡《たけちのこおり》の事代主命という出雲の神々が、天皇を守護するという表現が見られます。これと同じ思想が、大物主神に下された詔

（神勅）に見られることも興味深いところで、「出雲国造神賀詞」の内容も踏まえつつ記述がされているのだと考えられます。

また、太玉命に対しての神勅には、かなりの独自性が見られます。『古語拾遺』では、天孫降臨に際し、天児屋命、太玉命、天鈿女命の三柱の神が吾勝命に配され、共に天降りますが、ここで「神籬磐境の神勅」が下されています。この神勅自体は『日本書紀』にも記されており、神道史的には中世以降の吉田神道が、いわゆる「神籬磐境伝」という秘伝を掲げ、吉田家がなぜ、神社界に君臨するのかの根拠とされたことが知られています。吉田家は卜部氏であり、卜部氏はもともと中臣氏に従う氏族だったとされています（『神社のいろは続』46ページ「中臣氏と忌部氏」参照）。つまり、この神勅によって、代々、中臣氏が神祇・祭祀を掌る職掌にあるのだ、ということを、中世以降、吉田家が主張するようになるので、必ずしも忌部氏のみに都合のよい神勅ではありません。吉田神道では天児屋命の役割を強調するのですが、『古語拾遺』の文脈でのこの神勅は、太玉命が重要な役割を果たしています。両神が「天津神籬」を地上の葦原中国《あしはらのなかつくに》に捧持して奉斎することと、天孫の殿内に伺候して、よく防ぎ護れ（侍殿防護の神勅）、という二つが命じられています。これは天皇を祭祀でもって守護することを意味していて、中臣氏、つまり天児屋命だけではなくて、太玉命も同じような重要な役割を担っていったのだ、ということを広成はあえて書いているのです。

さらに特別に太玉命に対し、「諸部《もろとものお》の神を率《い》て、其の職に供《つか》へ奉《まつ》ること、天上《あめ》の儀《のり》の如くせよ」（配下の神々を率いて、高天原にいた時と同様にその職分で奉仕しなさい）と、

「記紀」には見えない独自の神勅が下されています。これは、「地方の忌部」の祖になったさまざまな神様を率いて、天上と同じように皇孫に奉仕しなさいという内容です。究極的にいえば広成が『古語拾遺』で、古伝の遺漏を言い立てる根拠というのは、やはりここに求められるでしょう。つまり、「天上の儀と同じように地上の儀がある、いや、むしろそうあらねばならない」といった認識です。それこそが、この神勅の記述において『日本書紀』をほぼ踏襲しつつも、『古語拾遺』が独自性を打ち出しているところです。

■「玉は自《おのずから》に従う」

一方、この【神勅】の段では、「神器」の問題も出てきます。神器というと、「三種の神器（みくさのかんだから）」を連想されるでしょう。実際に『古事記』『日本書紀』にも内容に若干の違いはあるものの、「鏡」「剣」「玉」であると書かれています。しかし『古語拾遺』では、神宝は「剣」と「鏡」の二種なのです。「凡《およ》そ践祚の日には、中臣は天神之《あまつかみの》賀詞《よごと》を奏《たてまつ》り、忌部は神璽の鏡、剣を上《たてまつ》る」という「神祇令」の規定と、『古語拾遺』の伝承が表裏一体の関係にあって、「矛・玉は自《おのずから》に従ふ」という従属的な意味を帯びているのでしょう。

意外なことに、玉に関しては『古語拾遺』の中での位置付けは不明瞭です。これについても諸説ありますが、先に「出雲国の玉作」のところで触れたように、五世紀後半から六世紀前半くらいにかけて、「中央の忌部」の本貫地の「曽我玉作遺跡」の工房で、忌部氏は玉を作っていると推測されています。つまり、おそらく「中央の忌部」が玉を作っているのです。もし、そうであるならば、『古語拾遺』ではもう少し玉というものの重要性を強調してもいいはずなのです。さらにいえば、忌部氏にとって都合の良い創作をするのであれば、その事を強調してもいいはずですが、実際はそうはなっていません。そういう点を考えると、広成が「忌部」に残っている伝承にあまり手を加えずに記述している可能性も指摘されます。

なお、神器を鏡剣の二種とする文献は『古語拾遺』だけでありません。『新撰亀相記』でも、天孫降臨の際に授けられたのは鏡と剣であると記しています。しかし、忌部氏と同じく神祇官人であった卜部氏が「神祇令」の践祚の規定に倣ったか、もしくは『古語拾遺』の影響の可能性もありますが、詳細は不明です。また、物部氏の伝承が記された『先代旧事本紀』では、神宝は「十種」であるという全く別の内容が伝えられています。

天孫降臨

皇孫が天降ろうとした時、前駆の神が戻ってきて「一人の神が天降る道の途中にいます。鼻の長さは七咫《あた》、身長は七尺《さか》もあり、口と尻が光り輝いていて、眼は八咫鏡のように光っています」と報告しました。そこで供の神を派遣してその神の名前を問わせたのですが、眼光が鋭く、どの神々も面と向かって話すことができません。そこで、天鈿女命が命令され、赴きました。天鈿女命は乳房を露わにして帯の紐を臍《ほぞ》の下まで押し下げて、正面に向きあい、ニッコリと笑いました。

その時に、道に立ちふさがっているこの神が「お前は何のためにそんな格好をしているのか」と尋ねると、天鈿女命は逆に「天孫が行幸《ぎょうこう》される道をふさいでいる者は誰だ」と問いかけました。その神は「天孫が天降ろうとなさっていると聞いた。だから、お迎えするために待っていたのだ。私の名前は猨田彦大神《さるたひこのおおかみ》である」と言いました。そこで天鈿女命は再び「あなたが先導しますか、そうでなければ私が先に行きますよ」と言いました。猨田彦大神は「私が先に行きましょう」と答えました。天鈿女命はまた「あなたはどこに行きますか、また、天孫はどこに行けばよいのでしょうか」と尋ねました。猨田彦は「天孫は日向《ひむか》の高千穂の槵触《くしふる》の峯《たけ》に天降るのがよろしいでしょう。私は伊勢の狭長田《さなだ》の五十鈴川の上流に赴きます」と言い、「私の名前や住む所を天孫に知らしめたのはあなたです。ですから、伊勢まで、私と一緒に来てください」と天鈿女命に言いました。天鈿女命は天に戻って報告し、天孫は猨田彦の教えの通り天降りました。天鈿女命は猨田彦の求めに応じて伊勢へ共に天降り、見送りました（天鈿女命は猿女君《さるめのきみ》の祖神である。その名を現した神の名前を付けて氏の名前としました。今、この氏の男女を猿女君というのはこの由来からです）。これらのように諸々の神はご命令を承り、天孫にお仕え申し上げ、歴代、継承して今でもその職分に奉仕しています。

彦火《ひこほの》尊は、海の神の娘、豊玉姫《とよたまひめの》命と結婚して、彦瀲《ひこなぎさの》尊がお生まれになりました。お生まれになる時、浜辺に小屋を建てられたり、掃守連《かにもりのむらじ》の祖神天忍人《あめのおしひとの》命がお仕えしてお側におり、箒《ほおき》でやってくるカニを追い払いました。それ以来、敷物を敷く仕事を職分とするようになり、「カニモリ」と呼ばれるようになりました（今、「借守《かりもり》」と呼ぶのは訛って伝えられたものです）。

〈この段を考える上での参照事項〉

『古事記』

（猿田毘古神と天宇受売神の交渉。本来は前段の途中に書かれている）

・日子番能邇邇芸命が天降りしようとする時に、天の八衢《あめのやちまた》に、上は高天原を照らし、下は葦原中国を照らしている神がいた

・天照大御神と高木神の仰せにより、「向き合った神に対し、気後れせず圧倒できる神」ということで天宇受売神が問いただすことに。猿田毘古神は、国つ神であることと自らの名を告げ、天孫降臨に際し先導の役目を果たそうと思ってお迎えにあがっていると答えた

（天孫が天降られ、宮殿に住まわれるようになった後、再び、猿田毘古神と天宇受売命のことが記されている）

・邇邇芸命が天宇受売命に「先導の役目を果たした猿田毘古大神は、その正体を明らかにしたあなたがお送りしなさい。そして、この神の名を自分の名として、これから仕えるように」と命じられ、猿女君の名前の由来が語られる。その後、猿田毘古神と貝に関するエピソードや、天宇受売命と海鼠《なまこ》に関する話が書かれている

（以後、「日向三代」の話）

・番能邇邇芸命は山の神である大山津見神《おおやまつみのかみ》の美しい娘・木花之佐久夜毘売《このはなのさくやびめ》と結婚。醜い

姉・石長比売《いわながひめ》を返す

・大山津見神は「石長比売は永遠の寿命を、木花之佐久夜毘売は栄華を誓約《うけい》して差し上げた。石長比売を返したので、天つ神の御子の寿命ははかないものになるだろう」と嘆く。以後、天皇の寿命に限りがあることに

・一夜で懐妊したことで番能邇邇芸命に疑われた木花之佐久夜毘売は、出入り口を塞いだ御殿に火をつけて無事に出産、身の潔白を証明する。火が燃え盛っている時に生まれた子が火照命《ほでりの》で、この火照命は隼人阿多君《はやとあたのきみ》の祖先で海佐知毘古《うみさちびこ》（海幸彦《うみさちひこ》）ともいった。次に生まれた子が火須勢理命《ほすせりの》。そして、次に生まれた子が火遠理命《ほおりの》で、またの名を天津日高日子穂穂手見命《あまつひこひこほほでみの》といい山佐知毘古《やまさちびこ》（山幸彦）ともいった

・兄の海幸彦は海の魚をとって暮らし、弟の山幸彦は獣をとって暮らしていたが、山幸彦の再三の依頼により、ある日、道具を交換して仕事をすることに。山幸彦は借りた釣針を海で失くし、兄の海幸彦に激怒される。何度も謝罪するが許してはくれず、山幸彦は途方に暮れる

・塩椎神《しおつちの》に導かれ、山幸彦は綿津見神《わたつみの》の宮殿へ。綿津見神の娘・豊玉毘売命《とよたまびめの》と結婚し、失くした釣針も見つかって、綿津見神から授けられた「潮盈珠《しおみつたま》」と「潮乾珠《しおふるたま》」により兄を服従させる

・懐妊していた豊玉毘売命は火遠理命（山幸彦）のところにやってきた。そして、海辺の渚《なぎさ》に、鵜《う》の羽を葺《ふ》き草にして産屋《うぶや》を造ったが、その屋根を葺き終わらないうちに陣痛が激しくなって産屋に入られた。しかし、出産の際に「見ないで」という約束を

夫が破ったために、生まれた天津日高日子波限建鵜葺草葺不合命《あまつひこひこなぎさたけうがやふきあえずの》を置いて海へ帰り、子供の世話係として妹の玉依毘売《たまよりびめ》を寄こす。豊玉毘売命の本来の姿は鰐だった

・成長した鵜葺草葺不合命は叔母の玉依毘売と結婚。五瀬命《いつせの》と稲氷命《いなひの》、御毛沼命《みけぬの》、若御《わかみ》毛沼命《けぬの》が誕生する。そのうち、若御毛沼命のまたの名を豊御毛沼命《とよみけぬの》、または、神倭《かむやまと》伊波礼毘古命《いわれびこの》といい、後の神武天皇である。また、稲氷命は母の国である海原に入られ、御毛沼命は常世の国に渡られた

『日本書紀』

・[本文] 瓊瓊杵尊《ににぎの》は、天神《あまつかみ》と大山祇神《おおやまつみの》との間に生まれた娘・鹿葦津姫《かしつ》と会われた。またの名を神吾田津姫《かむあたつ》、木花開耶姫《このはなさくや》ともいう。一夜で懐妊したことを疑われた鹿葦津姫は、出入り口を塞いだ御殿に火をつけて出産し身の潔白を証明する。燃え上がった煙から生まれ出た子を火闌降命《ほのすそりの》と名付け、熱を避けておられる時に生まれた子を彦火火出見尊《ひこほほでみの》と名付け、次に生まれ出た子を火明《ほのあかりの》命と名付けた。火闌降命は隼人の始祖で、火明命は尾張連の始祖である。久しくして瓊瓊杵尊は崩御《ほうぎょ》された

[第一の一書] 天孫が降ろうとされた時に、先払いの神が帰ってきて言った。「一人の神が天の八衢《やちまた》におり、その鼻の長さが七咫《あた》、背の高さが七尺あまりあります。また、口の端が明るく光り、目が八咫鏡《やたのかがみ》のようで照り輝いていることは赤酸漿《ほおずき》に似ています」。そこで、お供の神を遣わし

て問わせられた。ときに八十万の神たちがいて、皆眼光が鋭く尋ねられなかった。そこで天鈿女に勅して「お前は眼力が勝れている。行って尋ねなさい」と言われた。そこで天鈿女は、胸を露わにして腰紐を臍の下まで押し下げ、笑って向かい立った。この時、衢の神が問いて言うのに「なぜ、そんなことをされるのか」。天鈿女が答えて言うのに「天照大神の御子がおいでになる道に、このように居るのは誰か、あえて問う」と。そこで衢の神は「天照大神の御子が、今、降っていらっしゃると聞いていています。それでお迎えしてお待ちしているのです。私の名は猨田彦大神です」と答えた。そこで天鈿女がまた尋ねて「お前が私より先に行くか、私がお前より先に行くか」、すると、「私が先に立って道を開いて行きましょう」と答えた。天鈿女はまた問うた。「お前はどこへ到ろうとするのか。皇孫はどこへ到られるのだろうか」と。すると答えて言うのに「天神《あまつかみ》の御子は、筑紫の日向の高千穂の槵触峯《くしふるのたけ》に至られるでしょう。私は、伊勢の狭名《さな》田《だ》の五十鈴の川上に至るでしょう」と。そして、「私の住む所を顕《あら》わにしたのはあなただから、あなたは私を送って行ってください」と言いました

天鈿女は天に帰って報告し、皇孫は天降られ、筑紫の日向の高千穂の槵触峯にお届けし、猨田彦神は伊勢に着き、天鈿女は最後まで送

って行った。皇孫は天鈿女に対し「お前が顕《あら》わにした神の名を、お前の姓氏《うじ》にしよう」と勅され、猨女君の名を賜った。それゆえ、猨女君らの男女は皆、君と呼ばれている

[第二の一書] 神吾田鹿葦津姫（木花開耶姫）、大山祇神、磐長姫、火酢芹《ほのすせりの》命、火《ほの》明《あかりの》命、彦火火出見《ひこほほでみの》尊に関し、『古事記』と似たような話が書かれている

（天孫のご誕生から彦火火出見尊のご誕生までの「一書」は「第八」までが付属）

・[本文] 兄の火闌降《ほのすそりの》命と弟の彦火火出見尊の海幸・山幸の物語は、塩土老翁《しおつつのおじ》、海神《わたつみ》、海宮《わたつみのみや》、豊玉姫、潮満《しおみちの》玉・塩涸《しおひの》玉、玉依《たまより》姫などと関連し、彦波瀲武鸕鷀草葺不合尊《ひこなぎさたけうがやふきあえずのみこと》のご誕生までが『古事記』と類似して書かれている

（第四までの一書が付属）

彦波瀲武鸕鷀草葺不合尊は姨《おば》の玉依姫を妃とし、彦五瀬《いつせの》命が生まれた。次に稲飯《いなびの》命、次に三毛入野《みけいりのの》命、次に神日本磐余彦《かむやまといわれびこの》命の四人の男神が生まれた

（第四までの一書が付属）

■ 詔《みことのり》と「命以《みこともち》て」

天孫の降臨に関する記述自体は「記紀」とそれほど変わりはありません。細かいところ

は特にここでは触れませんが、「記紀」と同様に神宮奉斎などとも関わって重要なところです。しっかりと頭に入れてもらえればと思います。また、猿女君の祖としての天鈿女命について書かれていますが、猿女君については【遺れている事の三】（263ページ）で詳しく触れます。

ここでは、「是《これ》を以《もっ》て、群神《かみがみ》勅《みことのり》を承《うけたま》はり、天孫に陪従《つか》へまつり、世を歴《へ》て、相承《あいう》け、各《おのもおのも》其の職《つかさ》に供《つか》へまつりき」（これらのように諸々の神はご命令を承り、天孫にお仕え申し上げ、歴代、継承して今でもその職分に奉仕しています）という記述に注目したいと思います。つまり、各氏族の約束というのはまさに天孫降臨の中で天神《あまつかみ》の命・「詔《みことのり》」を受けて、この神勅のまにまに奉仕し今に至っている、ということです。その前提として、「記紀」の記述には太玉命の職掌が明記されている箇所が確かにあります（例えば、【神勅】の段のところに参照事項として載せた『日本書紀』の第二の一書）。

これは他の氏族にも共通した認識でしょう。先述したようにその認識を背景として、奈良時代末期から平安時代初期にかけて「氏文」が作られていますし、公的に氏族の系譜をまとめたものとして『新撰姓氏録』が編纂されました。そうした中で各々の氏族は自己のアイデンティティを再確認していったのだと思われます。「天神《あまつかみ》の詔」を受け、その命令のままに職業にいそしむ。それは、古代における思想であり信仰です。先にも触れたように、「延喜式祝詞」などに「命以《みこともち》て」という言葉が頻出しますが、これは、天つ神のご命令通りという意味です。『古語拾遺』の認識は祝詞の世界観とも通底しています。神社で奏上される現在の祝詞においても、その基本的な意味あいに違いはありません。

天孫降臨から神武天皇の記述にいたる間の、いわゆる「日向三代」の伝承に関しても、山幸彦《やまさちひこ》の海宮《わたつのみや》訪問などの記述はなく簡単に記されていますが、『古語拾遺』独自のエピソードとして、宮中の掃除や祭場の装飾、祭具の敷設などを掌《つかさど》った「掃部《かもん》」という職掌および氏の起源としての「カニモリ」伝承が記述されています。

海辺に産屋を造って、皇子がお生まれになったという伝承は「記紀」と共通していますが、その時に、産屋に寄ってくるカニを箒で掃いたから、掃部を「カニモリ」と呼ぶのだとしています。この一見すると単なる語呂合わせのように思える語源説ですが、この「カニモリ」伝承も掃部氏の一つの氏族伝承であり、『古語拾遺』が他氏の伝承をも拾ったことが窺い知られる記述です。神祇氏族である忌部氏は、律令祭祀において祭りの準備を掌った掃部に対しても関心を持っており、そのためこの記述が加えられのかもしれません。

なお、民俗学者の中山太郎は、南島の伝承を例に挙げ、この伝承は決して突飛な語呂合わせなのではなく、カニの脱皮を生命の更新と信じ、新生児の健康を祝福した習俗が反映したものではないかと論じています。興味深い指摘です。

神武天皇の東征と祭祀

【神武天皇の東征と橿原の宮】

神武天皇が東征する時に大伴氏の先祖、日臣命《ひのおみの》が将軍となって敵を殲滅して天皇をお助けした殊勲は他に並ぶものはありません。物部氏の先祖、饒速日命《にぎはやひの》は、敵を倒し、人々

を率いて天皇の軍隊に帰順しました。著しい忠誠ぶりにより特別に褒賞されました。大和《やまと》氏の先祖、椎根津彦《しいねつひこ》が天皇の軍隊の船を誘導した功績は、あたかも香具山のように燦然と輝いています。賀茂県主《かもあがたぬし》の先祖、八咫烏《やたがらす》は天皇の御輿《みこし》を誘導して、吉兆を菟田《うだ》の道にあらわしました。不穏な気配は消え失せて、災いは起こりませんでした。都を橿原《かしはら》の地に建設し、宮殿をお建てになりました。

〈この段を考える上での参照事項〉

『古事記』

・神倭伊波礼毘古《かむやまといわれびこの》命（神武天皇）と兄の五瀬《いつせの》命、東征の旅に出る

・吉備国を出る時に海路をよく知っている槁根津日子《さおねつひこ》を仕えさせる（倭国造《やまとくにのみやつこ》の祖）

・難波の海を出て、登美能那賀須泥毘古《とみのながすねびこ》の攻撃を受け、五瀬命が負傷。日《ひの》神の御子であるのに日に向かって戦ったのが敗因と悟り、熊野に迂回。五瀬命はその途中で亡くなる

・神倭伊波礼毘古命の一行、熊野の荒ぶる神に出会い失神。天照大御神と高木神が葦原中国を平定した時の太刀を天から降し、道案内に八咫烏《やたがらす》を遣わす

・大伴連の祖・道臣《みちのおみの》命と久米直の祖・大久米《おおくめの》命が、宇陀《うだ》で兄宇迦斯《えうかし》を討つ

・神倭伊波礼毘古命の一行、登美毘古《とみびこ》を討つ。邇芸速日《にぎはやひの》命が仕える。邇芸速日命が登美毘古の妹の登美夜毘売《とみやびめ》を娶って生まれたのが宇摩志麻遅《うましまじの》命（物部連と穂積臣《ほづみのおみ》たちの祖先）

・神倭伊波礼毘古命が大和を平定。畝火《うねび》の白檮原宮《かしはらのみや》で即位し、初代神武天皇となる

『日本書紀』（本文のみで一書はなし）

・神日本磐余彦天皇《かむやまといわれびこのすめらみこと》（神武天皇）と諸皇子は東征の旅に出る

・豊予海峡で珍彦《うずひこ》に出会い、水先案内とされ椎根津彦《しいねつひこ》の名を賜った（倭 直《やまとのあたい》の祖）

・宇佐で国造の祖先である菟狭津《うさつ》姫に、中臣氏の祖先である天種子《あめのたねの》命を娶《め》あわせた

・膽駒《いこま》山で長髄彦《ながすねひこ》の襲撃を受け、五瀬命が負傷。日《ひの》神の御子であるのに日に向かって戦ったのが敗因と悟り、熊野に迂回。五瀬命はその途中で亡くなる

・海を渡る時に暴風にあい、天皇の兄である稲飯《いないの》命が海に入り鋤持《さいもちの》神となり、三毛入《みけいり》野《の》命も波頭を踏んで常世国に行かれた

・皇軍ははかどらず、天照大神と武甕雷神が国を平定した時の「韴霊《ふつのみたま》」の剣を天から降し、八咫烏を遣わす

・大伴氏の先祖の日臣命が大来目を率いて烏を追いかけた。天皇は「道臣《みちのおみ》」の名を日臣命に授けた

・道臣命が菟田《うだ》の県の人々のかしらである兄猾《えうかし》を討った。丹生《にう》の川上での天皇の神祭りのことが詳しく描かれる。八十梟帥《やそたける》とその残党を討ち、兄磯城《えしき》を斬った

・天磐船《あめのいわふね》で天降った櫛玉饒速日命と三炊屋媛《みかしきやひめ》の結婚と、その子である可美真手《うましまでの》命のことを長髄彦が語る。天神と人の違いを理解しない長髄彦を饒速日命は殺害して天皇のもとに帰順。饒速日命は物部氏の先祖である。以下、さまざまに反抗するものを滅ぼし、畝傍山の東南の地・橿原《かしはら》に都を造り、橿原宮で即位された

『新撰姓氏録』「山城国神別」より

鴨縣主《かものあがたぬし》。賀茂縣主と同じき祖《おや》、神日本磐余彦天皇《かむやまといわれびこのすめらみこと》（諡《おくりな》神武）中洲《なかつくに》に向《い》でまさむと欲《おぼ》しし時、山中《やまなか》嶮絶《さが》しくて、跋渉失路《まよいたまいき》。是に、神魂《かむむすびの》命の孫、鴨建津身《かものたけつのみの》命、大《おお》なる烏と化如《な》りて、翔飛《とびかけ》り導き奉りて、遂に中洲に達《いた》りたまひき。時に、天皇、其の有功《いさお》を喜《め》でたまひて、特に厚く褒賞《ほ》めたまひき。八咫烏の號《な》、此れより始れり。

【造殿と斎部】

そして、天富命《あめのとみの》（太玉命の孫である）に命じて、手置帆負《たおきほおい》・彦狭知《ひこさしり》の二神の子孫を率いて神聖な斧・鉏《すき》で山から木材を伐《き》り出させ、天皇の宮殿を作らせました。祝詞で「底《そこ》つ磐根《いわね》に宮柱《みやはしら》ふとしり立て、高天原に千木高《ちぎたか》しり」というように、天皇の立派な御殿をお作り申し上げました。その由来から、二神の子孫は紀伊国名草郡《なぐさのこおり》の御木《みき》・麁香《あらか》の地に住んでいます（古い言葉に、宮殿をアラカといいます）。木材を伐り出す斎部が住んでいる所は御木といい、宮殿を作る斎部の住んでいる所は麁香というのがその証拠です。

〈この段を考える上での参照事項〉

・「神聖な斧・鉏で山から木材を伐り出させ」の訓み下しは「斎斧・斎鉏を以て始めて山の材を採りて」

⬇**『延喜式』巻八「祝詞」「大殿祭」より**

（前略）斎部の斎斧《いみおの》をもちて伐採《きりとり》て　本末《もとすえ》をば山神《やまのかみ》に祭《まつ》て　中間《なから》を持出来《もちいでき》て

斎鉏《いみすき》をもちて　斎柱《いみばしら》立《た》て（後略）

・「祝詞で『底つ磐根に宮柱ふとしり立て　高天原に千木高しり』というように」

⬇『延喜式』巻八「祝詞」「祈年祭」「月次祭」より

（前略）皇神《すめがみ》の敷き坐す下都《したつ》磐根に宮柱太知り立て　高天原に千木高知りて　皇御孫命の瑞《みず》の御《み》舎《あらか》を仕へ奉りて（後略）

【祭祀具と斎部】

また、天富命に斎部の配下の諸氏を率いて、さまざまな神宝《かむだから》、鏡・玉・矛・盾・木綿《ゆう》・麻などを作らせました。櫛明玉《くしあかるたまの》命の子孫は、御祈玉《みほきたま》（古い言葉にミホキタマといいます。それは「祈祷」という意味です）を作りました。その子孫は、今、出雲国に住んでいます。毎年、貢ぎ物と一緒にその玉を献上しています。天《あめの》日《ひ》鷲《わしの》命の子孫は木綿と布（古い言葉にアラタエといいます）を作りました。また、天富命に命じて、日鷲命の子孫に肥沃な土地を探させ、阿波国に派遣してカジノキ・麻を植えさせました。その子孫は今もその国に住み、大嘗祭の時、木綿・麻布の他さまざまの物を献上します。そのことから、居住している郡《こおり》は「麻殖《おえ》」と呼ばれています。天富命はさらに肥沃な土地を求め、東国の関東の地に阿波国の斎部の一部を移住させ、麻・カジノキを植えました。それらがよく育ち、ふさふさと生え茂りました（古い言葉で麻を総《ふさ》といい、国の名を総国《ふさのくに》と名付けました。今は上総・下総の二国に分かれています）。カジノキの名前から結城という郡の名前を付け

ました。阿波の忌部が居住したところを、安房郡《あわのこおり》と名付けました（今は安房国《あわのくに》になっています）。天富命はそこに太玉命の神社を建てました。今の安房神社です。そのため、その神戸《かんべ》には斎部氏がいます。また、手置帆負命の子孫は矛・竿《さお》を作り、今は讃岐国に居住しています。毎年の調・庸のほかに、数多くの竿を献上しています。これらの事実がすべて古の事跡を証明しているのです。

■繰り返される構造

ここからは、大きい括りとして「神武天皇の東征と祭祀」の部分です。まず、【神武天皇の東征と橿原の宮】の段ですが、参照事項からも分かるように、ここの記述も相当ダイジェストされています。例えば、熊野や吉野における東征の苦難というエピソードは省略され、東征があっという間に終わってしまいます。

そしてここから、今までの記述に「通底するモチーフ」が一層強く現れてきます。つまり、「①天石窟」に関与した神々が「②天孫の降臨」でも同じような役割分担で現れ、その構造は今回の「③神武天皇の東征と祭祀」でも繰り返し浮き彫りになるのです。

少しだけ変化も見られ、東征では新たに功臣が現れます。具体的には大和氏、物部氏、賀茂県主たちの祖神の登場です。しかし、基本的には天上と同じような構造がこの地上でも再現され、天富命は系譜としては天太玉命の子孫であり、神武天皇と天富命との関係はちょうど吾勝尊と太玉命、遡れば天照大神と太玉命と同じ、という構造が現れてくるのです。

おさらいしながら整理すると、吾勝尊は天照大神が生み出され、吾勝尊の御子が天津彦尊でした。神武天皇は天津彦尊の末裔です。一方、太玉命は高皇産霊神の子で、天孫・天津彦尊は、やはり高皇産霊神の子である栲幡千千姫命を母として誕生されました。従って、神武天皇と天富命との関係は、遡れば天照大神と太玉命と同じという構造になるのです。

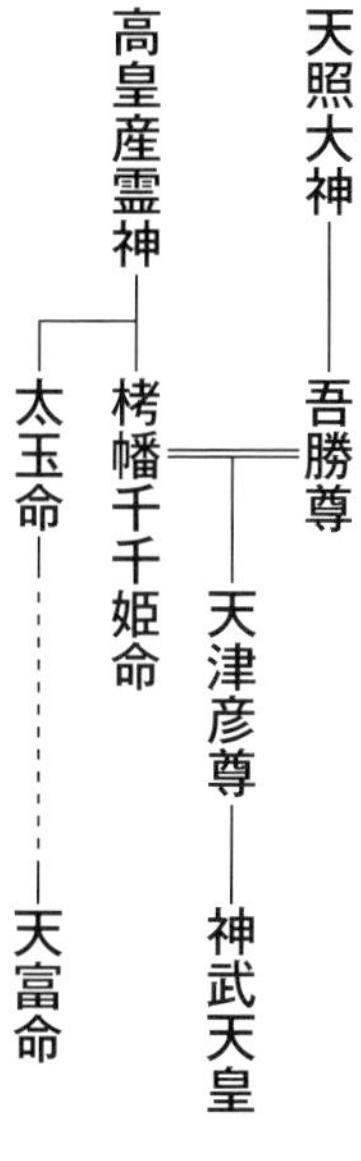

そして、【造殿と斎部】や【祭祀具と斎部】の段のところでは、「中央の忌部」の祖である天富命が、手置帆負神と彦狭知神、櫛明玉命や天日鷲命の子孫を率いて奉仕します。ですから「①天石窟」で見た構造が、ここでも繰り返されているわけです。
一方、中臣氏に関しては、後の225ページになりますが【国家の祭祀と氏族】の段のところで、天児屋命の子孫である天種子命《あめのたねこのみこと》が出てきます。そして、ここでも天種子命は「祓」をするという限定的な役割にとどまっています。【天石窟】の段のところでは、忌部

氏が祝詞を唱えるのに対し、中臣氏は忌部氏と共に祈祷をすることになっていました。素直に『古語拾遺』を読むと、忌部氏の地位が中臣氏よりも祭祀の場において優越した立場にあったのだ、と思えてしまいます。また、猿女君も後で出てきますが、天石窟と同様に、さまざまな氏が仕える場が「記紀」などとは別に独自に設定された点が注目に値します。

■「惟神《かんながら》」と「神習《かんなら》う」

それでは具体的に造殿や祭祀で、天富命がどのような役割を果たしたかを見ていきましょう。なお、参照事項には、ここでも『古語拾遺』の記述と『延喜式』の関連が分かるように、該当部分を挙げておきました。

まず天富命は、手置帆負・彦狭知の二柱の神の子孫を率い、斎斧・斎鉏で初めて山の材を伐り、天皇の正殿を造営したことが記述されます。既に、「地方の忌部」のところで、「紀伊国の忌部」には触れましたが、ここでは名草郡の御木《みき》・麁香《あらか》の二郷の忌部の祖が神武天皇の正殿の造営に従事したことが記され、用材を採るから「御木」、正殿を「アラカ」というから「麁香」というといった地名起源説もやはり出てきます。【天石窟】の段では、天照大神の宮殿を建てたという「記紀」にはない逸話がありました。ここでの記述は、後代においても天皇の宮殿や神殿の造営を担当したという忌部氏の職掌の由来というものを示したいという意図が読み取れるところです。次の段の記述でも、櫛明玉の子孫が「御祈玉」を、天日鷲命の子孫が木綿・麻・織布を、手置帆負命の子孫が矛・竿を作り、祭祀の準備をしています。

繰り返しになりますが、神武天皇の即位に当たって、宮殿を造営し、それに伴う祭儀の準備をするここの部分の記述は、天石窟とほぼ同一の形態で、現実に行われていることは、まさに神代に行われていることをそのまま行っているのだということなのです。「神の意志のままに」といったことを表すとされる「惟神《かんながら》」や、「神の行為に習うこと」といったことを表すとされる「神習《かんなら》う」といった、神道を学ぶ上で重要な概念が、もう少し具体的に大嘗祭や大殿祭のような祭祀の場に現れているといってもいいかもしれません。歴史が降れば降るほど抽象化されていくこれらの概念ですが、この頃においては、もっと直接的な感覚であったとも考えられます。

ここで、第1章でも少し触れましたが『古語拾遺』における天皇の呼称について記しておきます。ここの記述の大項目である「神武天皇の東征と祭祀」の次は、「崇神天皇の御代から『介推の恨み』まで」となり、そこでは各天皇の御代のことが記されていましたが、そこの原文では「崇神天皇」や「推古天皇」といった文字はなく「磯城《しき》の瑞垣《みずがき》の朝《みかど》」などと示されていて、ここでの「神武天皇」だけが特例です。つまり、他の天皇には漢風諡号《かんふうし》号《ごう》は使われていないのです。このような歴代天皇の漢風諡号は、奈良時代末期の学者・淡海三船《おうみのみふね》によって撰進されたと考えられています（コラム①参照）。広成にその知識があったとするならば、漢風諡号を用いることは不思議ではありませんが、神武天皇のみに用いているということは、何か特別な意図があったのだろうと読み取れます。ただし、その意図については よく分かっていません。

コラム①　漢風諡号について

歴代天皇の称号について、『古語拾遺』には神武天皇にのみ漢風の諡号が記述されています。その理由はよく分かりませんが、神武天皇だけは特別なのだという意識が働いたのかもしれません。もともと古代の天皇は、生前の御名がそのまま呼称に用いられたり（応神天皇は誉田別尊《ほむだわけのみこと》、仁徳天皇は大鷦鷯尊《おおさざきのみこと》のように）、または、宮殿の名前を呼称とする場合がありました。持統天皇以降は国風の諡号がおくられますが、平安初期に途絶えます。中国の皇帝に倣って生前の威徳を古典籍の章句で表現する、いわゆる漢風諡号は奈良時代末期の学者、淡海三船によって、神武天皇以降の諡号が撰進されたと考えられています。『古語拾遺』は、漢風諡号を用いた早い例の一つであるといえるでしょう。諡号は仁和三年（八八七）崩御の光孝天皇以降一時中断し、天皇の御在所や陵墓の地名などにちなんだ追号《ついごう》がおくられ、また院号が付されていきます。江戸時代後期の天保十二年（一八四一）、前年に崩御した上皇に「光格」の漢風諡号をおくることで復活し、仁孝・孝明天皇と続き、明治天皇以降、元号をそのまま追号《ついごう》とすることが定まり、昭和天皇に至っています。

【神籬《ひもろき》を建て神々を祀る】

さて、天照大神・高皇産霊神の二神のご命令に従って、神籬が建てられました。高皇産霊《たかみむすひ》・神産霊・魂留《たまつめ》産霊・生《いく》産霊・足《たる》産霊・大宮売神《おおみやのめの》・事代主神《ことしろぬしの》・御膳神《みけつ》（神祇官の八神《はっしん》殿《でん》に祀られている神です）、櫛磐間戸神《くしいわまとの》・豊磐間戸神《とよいわまとの》（内裏の御門《みかど》に祀られている神）、生《いく》嶋《しま》（国土の神）、坐摩《いかすり》（宮殿の敷地の神）がお祀りされました。

〈この段を考える上での参照事項〉

『延喜式』巻九「神名　上」より

宮中神　卅《さんじゅう》　六座

神祇官の西院に坐《ま》す御巫《みかんなぎ》等の祭る神　廿《にじゅう》三座（並大《みなだい》。月次・新嘗。）

御巫の祭る神　八座（並大。月次・新嘗。中宮・東宮の御巫も亦同じ。）

神産日神《かみむすびの》　高御産日神《たかみむすびの》

玉積産日神《たまる(つめ)むすびの》　生産日神《いくむすびの》

足産日神《たるむすびの》　大宮売神《おおみやのめの》

御食津神《みけつ》　事代主神《ことしろぬしの》

座摩巫の祭る神　五座（並大。月次・新嘗。）

生井神《いくいの》　福井神社《さくいのかみのやしろ》

綱長井神《つながいの》　波比祇神《はひきの》

阿須波神《あすはの》

御門巫の祭る神　八座（並大。月次・新嘗。）
櫛石窓神《くしいわまどの》（四面門に各一座。）　豊石窓神《とよいわまどの》（四面門に各一座。）

生嶋巫の祭る神　二座（並大。月次・新嘗。）
生嶋神《いくしまの》　足嶋神《たるしまの》

『延喜式』巻八「祝詞」「祈年祭」「月次祭」より

（前略）大御巫《おおみかんなぎ》の辞竟《ことお》へ奉《まつ》る皇神等《すめがみたち》の前に白《もう》さく　神魂《かむむすび》・高御《たかみ》魂・生《いく》魂・足《たる》魂・玉留《たまつめ》魂・大宮乃売《おおみやのめ》・大御膳都《おおみけつ》神・辞代主《ことしろぬし》と御名《みな》は白して　辞竟《ことお》へ奉らくは　皇御孫命の御世を手《た》長《なが》の御世と　堅磐《かきわ》に常磐《ときわ》に斎ひ奉り　茂《いかし》御世に幸《さきわ》へ奉るが故に　皇吾睦神漏伎《すめらわがむつかむろき》命・神《かむ》漏弥《ろみの》命と　皇御孫命の宇豆《うず》の幣帛を　称辞竟《たたえごとお》へ奉らくと宣る

（注／神魂～玉留魂：すべてムスビ〈産霊〉の神。　大宮乃売：皇居の平安を守る女神。大御膳都神：天皇の食事を司る神。　辞代主：神のお告げを司る神。　辞竟へ（称辞竟《たたえごと》へ）：お祭り申し上げる。　手長の御世：長い御世。　堅磐に常磐に：岩石のように堅く永久に。　茂《いかし》：盛んに。　宇豆の：貴いたてまつりもの）

座摩の御巫の称辞竟へ奉る皇神等の前に白さく　生井《いくい》・栄井《さく》・津長井《つなが》・阿須波《あすは》・婆比支《はひき》と御名は白して　辞竟へ奉らくは　皇神《すめがみ》の敷き坐す下都《したつ》磐根に宮柱太知り立て　高天原に千木高知りて　皇御孫命の瑞《みず》の御舎《みあらか》を仕へ奉りて　天御蔭《あめのみかげ》・日御蔭と隠り坐して　四方《よも》の国を安国と平けく知食《しろしめ》すが故に　皇御孫命の宇豆の幣帛を　称辞竟へ奉らくと

宣る
（注／生井～津長井：井の神。　阿須波・婆比支：敷地の神。　天御蔭・日御蔭：天や太陽から隠れるところ→天御蔭・日御蔭と隠り坐して：宮殿内に住むこと）
御門《みかど》の御巫の称辞竟へ奉る皇神等の前に白さく　櫛磐間門《くしいわまとの》命・豊磐間門《とよいわまとの》命と御名は白して　辞竟へ奉らくは　四方の御門に　湯都磐村《ゆついわむら》の如く塞《さや》り坐して　朝《あした》には御門を開き奉り　夕《ゆうべ》には御門を閉《た》て奉りて　疎《うと》ぶる物の下より往かば下を守り、上より往かば上を守り　夜《よ》の守《まもり》・日の守りに守り奉るが故に　皇御孫命の宇豆の幣帛を　称辞竟へ奉らくと宣る
（注／櫛磐間門命・豊磐間門命：皇居の門の神。　湯都磐村の如く塞り坐して：立ち塞いでおいでになって。　疎ぶる物：うとましいもの、悪しき神などの意）
生嶋の御巫の辞竟へ奉る皇神等の前に白さく　生国《いくくに》・足《たる》国と御名は白して辞竟へ奉らくは　皇神の敷き坐す嶋の八十《やそ》嶋は　谷蟆《たにぐく》の狭度《さわた》る極み　塩沫《しおなわ》の留《とどま》る限り　狭《さ》き国は広く　峻《さが》しき国は平けく　嶋の八十嶋堕《お》つる事無く　皇神等の依《よ》さし奉るが故に　皇御孫命の宇豆の幣帛を　称辞竟へ奉らくと宣る（後略）
（注／生国・足国：生気のある国土と充実せる国土。　嶋の八十嶋：多数の島々。　谷蟆の狭度る極み：ヒキガエルの渡って行くはて。　陸地の果て。　塩沫の留る限り：海上の果て。　狭き国は広く　峻《さが》しき国は平けく：狭い国は広く　けわしい国はたいらかに。　堕つる事無く：残るところなく。　依さし奉る：お寄せ申し上げる）
⬇ この「生嶋神」「足嶋神」を、古代から中世にかけて大嘗祭の翌年に行われた「八《や》

十島祭《そしままつり》」の主祭神とする説もある。八十島祭は摂津国難波に使いを遣わし、島国日本の安泰を祈った一代一度の祭儀である

■八神殿の起源伝承

さて、神武天皇が即位して宮殿を造営し、祭祀の準備も済みました。いよいよ「神籬」を建て神々を祀るという段階に至ります。しかし、この【神籬を建て神々を祀る】の段に関しては、これがどういう意図をもって書かれているのか分かりにくいと思われる方も多いかもしれません。そこで、文章を分解して考えていくと、まず「二神のご命令に従って、神籬が建てられた」とあります。これは、前段で見た「神籬磐境の神勅」に従って、皇孫（神武天皇）のために神籬が建てられたことをいっています。そして「神祇官の八神殿に祀られている神」と「内裏の御門《みかど》に祀られている神」、「生嶋《いくしま》（国土の神）」、「坐摩《いかすり》（宮殿の敷地の神）」がお祀りされた、とあります。つまりこの段の記述は、この時に神籬を建ててお祀りしたことが、宮中の神祇官に奉斎されていた「八神」・「御門」・「生嶋」・「坐摩」のお祭りの起源であるとの主張なのです。

参照事項に挙げておいた『延喜式』巻九「神名　上」により、これらの神々は、童女の巫女である「御巫《みかんなぎ》」によって奉仕され、神祇官内にそれぞれの祠《し》（神殿）が奉斎されていたことが分かります。また、『延喜式』巻八に所載の「祈年祭」および「月次祭」の祝詞の中で、これらの神々に対する祈願が示されています。従って、律令制が成立した時に

は、これらの宮中の神々への奉斎が成立していたと考えられますが、それ以前に存在していたかはよく分かっていません。そんな状況の中でこの記述は、天上と同様に、皇孫を守護する神籬である八神殿などが、神武天皇の頃からあるのだという起源伝承になっています。

　このことは神道史の研究において大きな意味を持っています。先述したように、律令国家の祭祀である祈年祭と月次祭において、そこで奏上される祝詞では、神祇官にある神々が言挙《ことあ》げされています。そして、その神々に対する祭祀は「神籬磐境の神勅」の神籬に由来とするという記述なのです。

「ヒモロギ」は正しくは「ヒモロキ」と発音するとされていて、その語源理解とも関係しています。通説では「ヒモロキ・イワサカ」を一括して説明し、多くが神籬は樹木、磐境・磐座は石であり、社殿建築の成立以前の神の依代であるとして説明されてきました。本居宣長も「柴室木《ふしむろき》」の略であると言っているように、「ヒモロキ」の「キ」は樹木の「木」の意味だと理解されることが多かったのです。しかし、戦後の研究において、万葉仮名で分類すると、ヒモロキの「キ」には樹木のキとは別の「キ」の字が用いられていることが指摘され、それぞれの「キ」は別な音で発音されていたとの見解が示されています。これは「上代特殊仮名遣い」研究からの指摘であり、無視できない見解です（上代特殊仮名遣いについては公式テキスト⑧『万葉集と神様』98ページ「近代の『万葉集』再評価と学術研究」参照）。

　従来、神籬については諸説があって、「神叢」や「神祠」であるといった解釈も見られます。神の鎮まる森と理解して「モロ」は森であるといった説もあり、「ヒモロキ」という全体の意味としては、祭祀に関係する樹木が含まれているとすることは、あながち間違いではないでしょう。しかし、先に挙げた「上代特殊仮名遣い」研究の成果を踏まえると「ヒモロキ」の「キ」を木とすると誤りである可能性が高くなります。

少なくとも『古語拾遺』において「神籬」は、依代の樹木ではなく神を祀る祠とする理解がなされているようです。さらに、神籬奉斎の目的は、神勅による天皇守護のためであり、祈年祭と月次祭の祝詞の中で神々が讃えられるのも天皇守護を目的としています。その共通性にも着目して、八神殿などの神祠は神籬がその起源であると説明しているのだと思われます。

さて、この八神殿は長い歴史の中で、その姿と形を変えつつも、現在の宮中三殿に繫がっています。その歴史的展開の概略についてはコラム②と、『神社のいろは続』の124ページ「大嘗祭と朝儀再興」、147ページ「明治維新と皇室祭祀」を参照ください。

コラム②

八神殿の歴史

神祇官の西院《さいいん》に奉斎されていた八神殿は、『延喜式』では「御巫」と呼ばれる童女が奉仕し、その御巫が成人すると交代し、交代の度に八神殿も作り替えるよう規定されていました。

中世になると応仁の乱（一四六七～一四七七年）により御所も焼亡し、神祇官の神殿や官舎も焼け落ちました。その後の戦乱により、八神殿は再興されることなく戦国時代を経過します。慶長十四年（一六〇九）、神宮式年遷宮の奉幣使発遣が吉田神社内の「斎場所《さいじょうしょ》」を「神祇官代」として斎行されます。斎場所には八神殿が置かれ、以来、神宮をはじめとする神社への奉幣使の発遣はここが用いられるようになりました。これは、八神殿があるところが神祇官なのだという認識に基づいています。近世も中期に入ると、歴代神祇伯を世襲していた白川家も、宝暦元年（一七五一）に邸内に八神殿を奉斎します。ここに二つの八神殿が並立することとなりました。

明治維新後、神祇官が正式に再興され、明治二年（一八六九）には神祇官内に神殿が作られ、八神の鎮祭の儀が執り行われました。しかし、神祇官はすぐに廃止されてしまい、神殿は宮中に遷御されます。その後、八神に天神地祇を合わせ祀って、宮中三殿の一つである「神殿」が成立したのです。

【大殿祭・御門祭と大嘗祭】

日臣命は来目部《くめべ》を率いて、宮殿の門を警護し開閉を掌《つかさど》りました。饒速日命は内物部《うちのもののべ》を率いて矛と盾を作りました。これらが、すっかり整ったところで、天富命は斎部たちを率いて、天璽《あまつしるし》の鏡・剣を捧げ持って、天皇の宮殿に安置申し上げました。また、宮殿の中に玉を懸け、神様へのお供え物をならべて、宮殿の祭りの祝詞を奏上しました（この祝詞は別巻に記載されています）。ついで、宮殿の門の祭りを行いました（この祝詞も別巻に記載されています）。その後に物部は矛と盾を立て、大伴・来目は門を開き、各地から朝貢する人々が参上し、天皇の位が貴いことを知らしめたのでした。

〈この段を考える上での参照事項〉

・「矛と盾を作りました（矛・盾を造り備ふ）」「神様へのお供え物をならべて（其の幣《みて》物《ぐら》を陳《つら》ねて）」「物部は矛と盾を立て（物部乃ち矛・盾を立つ）」「大伴・来目は門を開き（大伴・来目 仗《つわもの》を建て、門を開きて）」と**『延喜式』巻七「践祚大嘗祭」との関連**

⬇**「神楯・戟」条**「凡《およ》そ大嘗宮の南北の門に建つる所の神楯《みたて》四枚《ひら》、（中略）戟《ほこ》八竿《さお》（中略）（楯は丹波国の楯縫氏《たてぬいうじ》造り、戟は紀伊国の忌部氏造り、祭畢《おわ》りて便《すなわ》ち衛門府《えもんふ》に収めよ。）（後略）」

⬇「**卯日の班幣の儀**」**条**「（前略）卯日《うのひ》の平明《へいめい》に、神祇官、幣帛を諸神に班《わか》て。（祈年《としごい》に幣《みてぐら》を案上《あんじょう》に奠《たてまつ》る者を謂《い》ふ。）座別《ざごと》に絁《あしぎぬ》五尺《しゃく》、五色薄絁《いつついろのうすぎぬ》各《おのおの》一尺、倭文《しどり》一尺、木綿二両、麻五両、四座置《よくらおき》一束《いっそく》、八座置一束、楯一枚《ひら》、槍一竿、裏葉薦《つつむはごも》六尺、庸《ちからしろの》布《ぬの》一丈四尺。（後略）」

⬇「**卯日の班幣の儀**」**条**「（前略）石上《いそのかみ》・榎井《えのい》の二氏各二人、皆朝服して内物部《うちつもののべ》卌《よんじゅう》人を率ゐ、（中略）大嘗宮の南北の門に神の楯戟を立てよ。（後略）」。石上・榎井氏は物部と同族

⬇「**卯日の班幣の儀**」**条**「（前略）伴《とも》・佐伯《さえき》各二人、分れて南門の左右の外掖《そとわき》の胡床《あぐら》に就け。時を待ちて開門。（後略）」

・「玉を懸け（瓊玉《たま》を懸け）」と『**延喜式**』**巻一**「**四時祭**」「**大殿祭**」**との関連**

⬇「忌部、玉を取りて殿の四角に懸けよ」

『**延喜式**』**巻八**「**祝詞**」「**御門祭**」

櫛磐牖《くしいわまと》・豊磐牖命《とよいわまとの》と御名《みな》を申す事は　四方《よも》内外《うちと》の御門《みかど》に　湯津磐村の如く塞《さや》り坐《ま》し
て　四方《よも》四角《よすみ》より疎《うと》び荒《あら》び来む　天のまがつひと云ふ神の言はむ悪事《まがこと》に　相《あい》まじこり

相口会《あいくちあ》へ賜ふ事無く　上より往かば上を護り　下より往かば下を護り　待ち防ぎ掃《はら》ひ却《や》り　言ひ排《そ》け坐して　朝《あした》には門《みかど》を開き　夕《ゆうべ》には門を閉《た》てて　参入《まい》り罷《まか》出《づ》る人の名を問ひ知《しら》しめし　咎過《とがあやまち》在《あ》らむをば　神直備《かむなおび》・大直備《おおなおび》に見直し聞き直し坐して　平けく安らけく仕へ奉らしめ賜ふが故に　豊磐牖命・櫛磐牖命と　御名を称辞竟へ奉らくと白す

（注／櫛磐牖・豊磐牖命は「祈年祭」祝詞の櫛磐間門《くしいわまとの》命・豊磐間門《とよいわまとの》命に同じで、御門の御巫の祭る神。　四方四角：東西南北の四方とその中間で八方。　天のまがつひと云ふ神の言はむ悪事：災禍の神という神が言う悪い言葉。　相まじこり　相口会へ賜ふ事なく：共鳴し言葉相手になることなく。　神直備・大直備に：神秘で偉大な事を正す力の働きによって。）

⬇ 御門祭は大殿祭に付属した

■大嘗祭における忌部氏の役割

天皇即位後の「大嘗祭」の段です。ここでのキーワードは「宮殿の祭り」「門の祭り」とある部分で、忌部氏が祝詞を奏上した「大殿祭」と「御門祭」です。この二つの祭りに焦点をあてて『古語拾遺』におけるここでの記述の意味を考えていきます。

まずは、「大嘗祭」の歴史と内容に簡単に触れておきましょう。「神祇令」の条文の上では、「大嘗祭」と「新嘗祭」に名称上の区分はなく、文字面では「大嘗」としか書かれていません。実際の内容としては、一代一度の践祚大嘗と毎年の大嘗があるわけですが、もともと両者は未分化なものだったと考えられています。両者が区分されたのは、史料の上では『日本書紀』の持統天皇四年（六九〇）の大嘗祭からですが、「神祇令」にはそれは反映されていません。『延喜式』では践祚大嘗祭と恒例の新嘗祭は明確に分けられています。大嘗祭は最も重要な「大祀《たいし》」と位置付けられ、天皇が崩御した時には諒闇《りょうあん》（喪）一年を経た年に、八月以前に「譲位」があった場合はその年の、いずれも十一月の下卯日《しものうのひ》を祭日とします。祭祀の概要は、まず、都を基準に東を「悠紀《ゆき》国」、西を「主基《すき》国」として卜定《ぼくじょう》で各一国を決め、その国の斎田で作った米で神饌や神酒を作ります。祭祀は臨時に大内裏に設けられた大嘗宮《だいじょうきゅう》で行われ、天皇が出御して神に神饌を供えます。大嘗宮は悠紀殿、主基殿に分かれ、天皇はそれぞれの殿で同じ儀式を行います（さらに知りたい人は公式テキスト⑦『神社のいろは要語集 祭祀編』260ページ「大嘗祭」参照）。

次に、今まで触れてきた以外の忌部氏に関する大嘗祭における『延喜式』での規定を、箇条書きに挙げてみます。

・大嘗祭の七日前に大嘗宮の造営が始まり、神祇官の中臣、忌部の官人が地鎮祭を行う。
・大嘗宮を五日以内に作り終わり、中臣、忌部が殿および門の祭りを行う。
・卯日当日、悠紀殿・主基殿の神座の前に阿波国の忌部が調進した麁布を、神祇官の忌部が供える。
・大嘗宮に天皇が入御《じゅぎょ》する時には、中臣、忌部、御巫、猿女は大臣もしくは大・中納言に率いられ、前行《ぜんこう》して参列し大嘗宮の門外に控える。

・天皇による大嘗宮の祭儀終了後、中臣と忌部は大嘗宮の鎮祭を行い、その後に大嘗宮が破却される。

・辰日《たつの》に行われる内裏の豊楽院《ぶらくいん》の儀では、神祇官の中臣が「天神之寿詞《あまつかみのよごと》」を奏上した後、忌部が「神璽之鏡剣《しんじのきょうけん》」を奉る。

・午日《うまの》、神祇官の忌部は柏の葉を杯として酒を賜り、おおよその儀式は終わる。

このように見ていくと、「忌部」が独自に関与するものは少なく、大嘗宮に関わる儀式などを「中臣」と共に行っている場面が多いように見受けられます。

■「即位」「造宮」「大嘗祭」の一体性

それではここから「大殿祭」と「御門祭」を視野に入れて、『古語拾遺』における大嘗祭の記述の意味を考えていきましょう。

毎年の恒例祭祀では「月次祭」の夜に「神今食《じんこんじき》」という祭祀があります。この「神今食」と「新嘗祭」「大嘗祭」の儀礼には、天皇が自ら神饌を宵《よい》と暁《あかつき》（深夜と早朝）に二度供える「天皇親祭」という共通性があるのです。このことに関して、前出の青木紀元は「忌部氏の祝詞」（『神道史研究』第一号収録・昭和二十八年／一九五三年）で以下のように述べています。

神今食・新嘗祭・大嘗祭の三祭は、同一の性格を持つ祭儀であつて、農耕生活を送つた部落集団の代表者が、農耕の神を祭つたわが国古代の神祇祭祀の本来の姿を、最もよく保存した朝廷の公式祭祀であるといふことが出来る。

そして、それらの祭祀の次の日に執行された「大殿祭」「御門祭」についても、続けて以下のような見解を述べています。

かかる祭儀と時を同じくして、天皇の居住される常の御殿の霊やその御門の霊を祭る大殿祭・御門祭が行はれたといふ点に注意すべきものが存する。即ち、前者を公的な表の祭祀とするならば、後者はその反対の性格を持つ私的な裏の祭祀と言ひ得るのであつて、年中恒例の公的祭祀の日に、裏の祭祀も同時に執り行はれる（後略）。

ここでは「大嘗祭」と「大殿祭」「御門祭」の関係が、「表」と「裏」、すなわち、天皇の下に一連する「公的」「私的」な祭祀という位置付けで捉えられています。確かに、大嘗祭も含めた天皇親祭に付随して必ず執行されるのが大殿祭・御門祭であって、これらは連続した一体の祭儀と捉えなくてはならないでしょう。

このように、大嘗祭と連続した祭儀として大殿祭・御門祭を捉え直してみると、「天石窟」「天孫降臨」と続いてきた流れの中に、「神武天皇即位にあたっての宮殿造営」という記述が『古語拾遺』に挿入された意図をより明確に理解することができるでしょう。広成は「天皇即位」と「宮殿造営」と「大嘗祭」との連続性・一体性を強調しているのです。

一方、平安初期の律令祭祀の実態としては、大殿祭・御門祭がやや軽く取り扱われており、即位式と大嘗祭も別々の儀式になっていることから、広成の認識には齟齬があるという指摘も近年なされています。確かに『延喜式』の規定を見ればその通りですし、そういう意味においても青木紀元の「私的」「裏の祭祀」という位置付けは適切なものと考えられます。

しかし、「藤原京」や「平城京」など古代中国の都城制の様式が日本に導入される以前は、新たな天皇が即位するごとに新しい宮殿が建てられており、そもそも即位と宮殿の新造は一連の流れとして連続した儀礼であったと推定されています。加えて、大嘗祭もこれに連なる儀式であったとするのが『古語拾遺』の認識なのです。当然、それは大嘗祭をはじめとした律令祭祀の意義ということとも繋がっています。青木紀元の指摘の通り、律令制下の大殿祭・御門祭は、月次祭および新嘗祭の翌日に行われ、神今食の後、特に天皇の出御もない祭儀で、重要度は低いとも考えられます。そういった考えに対して、あくまでこれらは「一体」の祭祀であって、天皇が直接関与する最も重要な祭祀である大嘗祭および新嘗祭の全体に、「忌部」が神代の伝承に基づき主体的に関わっているのだと主張しているのが、この『古語拾遺』の記述であると見ることができます。

■「祭式言語」の永遠

先の【造殿と斎部】【祭祀具と斎部】の段では、紀伊国と阿波国、讃岐国の「地方の忌部」からの献上品についてが記されていました。先述したように、それらは忌部氏独自の氏族伝承ではなく『延喜式』の規定にも見られ、また、「弘仁式」制定以前の大嘗祭でも既にその事実があったことが分かっています。その点では、先の大嘗祭・大殿祭・御門祭との関連性とは、少し趣を異にしています。それでは、それはいつから始まったと、当時の人たちは考えていたのでしょうか。「天石窟」「天孫降臨」そして「神武天皇即位」という三段階の関係性に注目してみると、ここでも同一の構造が繰り返し説明されています。しかしそれは『古語拾遺』だけでなく、「記紀」自体にも似たような構造性があります。一つのモチーフが繰り返されて物語が展開していくという構成は、広成独自の編纂方法であると理解するのは適当ではありません。そのことは、広成だけでなく奈良時代末期から平安時代初期の人々が『古事記』『日本書紀』を読む時に、むしろ、そういう前提での読み方をしたと考えるべきではないでしょうか。

『古語拾遺』全体の表現様式について吉田修は、「古語拾遺の論」（『古代文学』二一収録・昭和五十七年／一九八二）で次のように述べています。

古代について述べながらそれがやがて現在と同一化していくという表現様式は、沖縄のクエーナなどにも見られる祭式言語の一つの特徴である。そして、その古代と現代との繋りを保持しつつ古代を客体化していくことによって、祭式の循環的歴史観の変容がなされていく。古語拾遺に関して言えば、大殿祭の祭式空間を、天岩戸、神武天皇、そして平安朝という風に、歴史的時間軸へ置換したと言うことができる。天岩戸、天孫降臨、神武天皇即位は孰れも大嘗祭の歴史化であるという西郷信綱氏の提言は、記紀に限らず古語拾遺にも適応し得る。と言うよりむしろ記紀以上にその点が明確である（傍点筆者）。

「沖縄のクェーナ」とは願いを神に訴える神歌です。このような「祭式言語」としての『古語拾遺』の捉え直しは、神道の立場から同書を読むにあたって、実に重要な提言です。この『神話のおへそ　『古語拾遺』編』で、「神武天皇の東征と祭祀」を神代の部分と連続させて一つの区分としたのも、「古代について述べながらそれがやがて現在と同一化していく」表現様式に着目し、それを明確にしようという趣旨からでした。

もちろん何度となく触れてきた「延喜式祝詞」も同様の構造を持っています。祝詞の冒頭は、「高天原に神留《かむづまり》坐《ま》す…」という神代・古代の始源の出来事から語り始められるのですが、それがいつのまにか現在の自分たちの事柄へと繋がっていくという表現形式になっています。祝詞を読んでいく過程において、知らず知らずに「古が即《すなわ》ち今」という語りの構造が認識されていくのです。「大祓詞」はその代表的な例です。『古語拾遺』は、そういった循環する時間を、祝詞の形式ではなく散文の形式で表現しているともいえるでしょう。

【斎蔵】

この時、天皇と天の神様との間柄は親しいものでした。天皇の居住する宮殿の同じ部屋に、天照大神の分身の鏡が安置されていました。神宝と皇室の財産の区別はありませんでした。宮殿の中に蔵を建て、それを斎蔵《いみくら》と名付けて、斎部氏をその管理の役職に就かせました。

〈この段を考える上での参照事項〉

『日本書紀』垂仁天皇三十九年条

五十瓊敷《いにしきの》命、茅渟《ちぬ》の菟砥川上宮《うとのかわかみのみや》に居《ま》しまして、剣一千口を作る。因《よ》りて其の剣を名《なづ》けて川上部《かわかみのとも》と謂ふ。亦《また》の名は裸伴《あかはだがとも》と曰《い》ふ。石上神宮に蔵《おさ》む。

『日本書紀』垂仁天皇八十七年条

五十瓊敷命、妹大中姫《いろもおおなかつひめ》に謂《かた》りて曰《い》はく、「我は老いたり。神宝を掌《つかさど》ること能《あた》はず。今より以後は、必ず汝主《いましつかさど》れ」といふ。大中姫命辞《いな》びて曰さく、「我は手弱女人《たおやめ》なり。何ぞ能《よ》く天神庫《あめのほくら》に登らむ」とまうす。五十瓊敷命の曰はく、「神庫高しと雖《いえど》も、我能く神庫の為《ため》に梯《はし》を造《た》てむ。豈庫《あにほくら》に登るに煩《わずら》はむや」といふ。

『日本書紀』天武天皇三年条

忍壁皇子《おさかべのみこ》を石上神宮に遣《まだ》して、膏油《こうゆ》を以て神宝《かむだから》を瑩《みが》かしむ。即日《そのひ》に、勅《みことのり》して曰はく、「元来諸家《はじめよりもろもろのいえの》の、神府《ほくら》に貯《つ》める宝物、今皆其の子孫《うみのこ》に還《かえ》せ」とのたまふ。

【国家の祭祀と氏族】

また、天富命にその統率する諸氏を率いて、祭祀の幣帛を作らせました。天種子命《あめのたねこの》（天児屋命の子孫）に天つ罪・国つ罪の祓を命じました。いわゆる天つ罪については素戔嗚神の段で説明しました。国つ罪は国中の人々が犯した罪です。そのことは中臣氏が唱える大祓詞に書かれています。そして、祭場を鳥見山《とみやま》の中に作り、天富命は幣帛を神前に並べ置き祝詞を奏上して、天の神を祀り、国つ神を祀ることで、神々のご恩を感謝申し上げまし

た。このことから、中臣・斎部の二氏は共に祭祀の職分を掌《つかさど》るようになりました。猨女《さるめの》君氏《きみうじ》は神楽を奉仕し、その他の氏もそれぞれの職分を掌りました。

■「蔵」への思い

この次の段の〝歴史時代〟に入る前に、エピソードが二つ加えられています。一つは「蔵」です。蔵については、この後にも何度か出てきますので、明確な意図があって記述されたと考えられます。

蔵が採り上げられる理由として、考えられる一つが国家における〝税金〟ということでしょう。現在は、国庫といっても収支の数字があるだけですが、当時は貨幣がなく現物が蔵に出し入れされており、文字通りの国庫です。そこを管理している者が誰なのかが関心の焦点となっています。その中で、古代の国家形成とも関連がありますが、「蔵」「庫」に関して未分化の状態であったものが、次第に分化していく歴史展開が記述されていきます。

ここでは、宮殿の中に「斎蔵」を建てて、斎部氏がその管理の役に任命されたと記されていますが、後述される「斎蔵」・「内蔵」・「大蔵」のいわゆる「三蔵」は、神に捧げるモノと公のモノとの区分が無かった頃の「蔵」から、「祭祀用の蔵」と「朝廷の内廷の蔵」、「国家全体の蔵」への分化を示しています。「蔵」と神社との関係にも注目が必要です。石上神宮（現奈良県天理市鎮座）には、かつては本殿の建物はありませんでした（『神社のいろは続』１６７ページ「石上神宮について教えてください」参照）。地中の石室にご神体の神剣や、神倉《ほくら》に武具類が納められていて、そのことは、参照事項にも挙げておいたように「記紀」にも記されています。神宮や出雲大社をはじめ、「記紀」などには、ご神宝を納める蔵について、多くの記述もあります。祭祀の幣帛を掌った「忌部」としては、ご神宝や祭具などを納める蔵にも関心があったのでしょう。

また、弥生時代から古墳時代にかけて、巨大な「蔵」とも考えられる巨大建造物がありました。それが祭祀の場ではないかとする議論が祭祀考古学において展開されていて、「蔵」が分化して社殿建築が成立したとする説もあります。広成が「蔵」にこだわっているのには、そうした「蔵」と神社のご社殿との関わりがあるのかもしれません。

そして、神武天皇の御代の最後の記述として、忌部・中臣・猨女氏が祭祀を掌ることになった由緒が記されています。三氏の役割については「遺れている事十一か条」で繰り返されていきます。

「人代」での関心を理解する

　ここからは「人代」の記述に入りますが、広成が持っていたと思われる問題意識を考慮して、三つに区分して説明をしていきます。

　その第一は「神器の来歴」です。崇神・垂仁天皇の御代の記述が中心です。神代にも神器の継承には注意が払われていましたが、人代では、神宮の鏡と熱田神宮の剣に焦点があてられています。第二は「渡来氏族」と「蔵」で、神功皇后以降の御代の記述が中心です。第三は、「中臣氏の専横」で、推古天皇以降の御代の記述です。忌部氏を含めた他の氏族の動向にも焦点があてられています。

崇神天皇の御代から「介推の恨み」まで

【崇神天皇の御代に】

磯城《しき》の瑞垣宮《みずがきのみや》に都した崇神《すじん》天皇の御代、次第に神様の霊威を恐れ畏《かしこ》むようになり、ご神体を同じ宮殿の内に留めておくのは畏《おそ》れ多い、と感じられるようになりました。そこで、斎部氏に命じて石凝姥神・天目一箇神の子孫たちに新たに鏡、剣を作らせ、天皇をお守りするしるしとしました。これらは、今、天皇がご即位される時に、斎部氏が奉る神璽の鏡・剣です。そして、大和《やまとの》国の笠縫邑《かさぬいのむら》に磯城の（神聖な）神籬を建て、天照大神のご分身の鏡と、草薙剣をお遷し申し上げ、皇女・豊鍬入姫《とよすきいりびめの》命にお祀りさせました。お遷し申し上げた日の夕刻、天皇にお仕えする人々が皆集まり、一夜中、宴会を開きました。その時歌った歌は、「宮人《みやひと》の　おほよすがらに　いさとほし　ゆきの宜《よろ》しも　おほよすがらに（今、民間で歌われている「宮人の　おほよそ衣《ころも》　膝通《ひざとお》し　裄《ゆき》の宜しも　おほよそ衣」という歌はこれが訛ったものです）」。また、数多くの神々を祀り、天社《あまつやしろ》・国社《くにつやしろ》、神地《かむどころ》・神戸《かんべ》を定めました。初めて男性には狩猟の収穫を、女性には手仕事の工作品を献上させました。今、神様のお祭りに熊・鹿の皮、角、布などを用いるのはこれが起源です。

〈この段を考える上での参照事項〉

『日本書紀』崇神天皇六年条

・崇神天皇の御代、天孫降臨以来、皇居内に祀られていた天照大神が、皇女の豊鍬入姫

命に託され皇居を出て、倭の笠縫邑に祀られる

『**古事記**』

・「妹豊鉏入比売命《とよすきいりひめのみこと》は、伊勢大神の宮を拝《いつ》き祭りたまひき」

・「天社・国社、神地・神戸」については『日本書紀』に、また、「狩猟の収穫」や「手仕事の工作品」に関連する調の税については「記紀」ともに記事がある

【垂仁天皇の御代に】

巻向《まきむく》の玉城《たまきの》宮に都した垂仁《すいにん》天皇の御代になり、皇女、倭姫《やまとひめの》命にお命じになって、天照大神をお祭りなさいました。大神の教えに従って、お社を伊勢国の五十《い》鈴《すず》川の川上に建てました。倭姫命のお住まいになる斎宮《いつきのみや》もお建てになりました。この地は、天照大神が高天原で予め密かにお約束をされて、まず、道の神である猨田彦大神をお降《くだ》しなさったという、深い理由があったのです。この天皇の御代に初めて、弓・矢・刀《たち》を奉って神様をお祭りしました。さらに、神地・神戸を定めました。また、新羅《しらぎ》国の王子、海檜槍《あまのひほこ》が来朝して、今の但馬国出石郡《たじまのくにいずしのこおり》に住み、後に大きなお社にお祀りされました。

〈この段を考える上での参照事項〉

『日本書紀』垂仁天皇二十五年条

・垂仁天皇の御代、天照大神にお仕えする役目が、皇女の倭姫命にバトンタッチされ、天照大神がお鎮まりになるべき地を求めて各地を巡幸する。伊勢国でご神託を受け、天照大神をお祀りする宮を創建し、五十鈴川の川上に斎宮を建てる

『古事記』

・「倭《やまと》比《ひ》売《めの》命は、伊勢大神宮を拝き祭りたまひき」

・「弓・矢・刀」のことは『日本書紀』垂仁天皇二十七年の記事にある

・「海檜槍」は「天日槍《あめのひほこ》」として『日本書紀』垂仁天皇三年、『古事記』では「天之日矛」として応神天皇の段に記事がある

【景行天皇の御代に】

纒向《まきむく》の日代宮《ひしろの》に都した景行《けいこう》天皇の御代、天皇は日本武命《やまとたけるのみこと》にお命じになり、東国の夷《えみし》を討伐させせました。その途中、日本武命は伊勢神宮に参拝し、倭姫命にお別れの挨拶を申しあげた時、倭姫命は草薙剣《くさなぎのつるぎ》を日本武命にお授けになり、こうおっしゃいました。「慎みてな怠りそ（慎んで、軽率な行動をとらないように）」と。そして、日本武命は、東国の敵賊を討ち果たし戻る途中の尾張国で、宮簀媛《みやずひめ》と結婚して久しくその地に留まりました。草薙剣を媛の許に置いたまま、武器を持たずに胆吹《いぶき》山に登り、山の神の毒気に当たって薨去なさいました。その草薙剣は、今、尾張国の熱田社《あつたのやしろ》にあります。しかしまだ国家の公

の祭祀の栄典にはあずかってはいません。

〈この段を考える上での参照事項〉

『日本書紀』

・征西から戻ってきた日本武尊《やまとたけるのみこと》は、将軍として東方の平定に赴く。その途中、伊勢の神宮を参拝した日本武尊は、倭姫《やまとひめの》命から草薙剣を授かり「慎みてな怠りそ」との言葉をもらった

・駿河国で敵から野で火をかけられる。火打石で迎え火をつくり逃れ、賊を焼き滅ぼした。一説によると天叢雲剣が自ら抜け出して皇子の傍の草をなぎ払った。そこでその剣の名を草薙という

・馳水《はしるみず》の海で海が荒れ、皇子に従ってきた弟橘媛《おとたちばなひめ》が入水、海が静まる。

・蝦夷平定の後、甲斐から北方を巡って碓日《うすひの》嶺に登り「吾嬬《あづま》はや（わが妻は、ああ）」と嘆かれた

・信濃を経て尾張に帰られ、尾張氏の女《むすめ》・宮簀媛《みやすひめ》を娶って長く留まった。膽吹《いぶき》山に荒ぶる神があることを聞いて、剣を外して討ち取りに行った。山の神に攪乱されて衰弱、能褒野《のぼの》で薨去される

・日本武尊の草薙剣は、尾張国の熱田社にある

『古事記』

・西征から戻ってきた倭建《やまとたけるの》命に、景行天皇は東方の平定を命令。伊勢の神宮に参拝した倭建命は、倭比売命から草那芸剣《くさなぎのたち》と嚢《ふくろ》を授かる
・尾張国に入った倭建命は、国造《くにのみやつこ》の娘・美夜受比売《みやずひめ》と結婚を約束する
・相模国で敵から野で火をかけられる。草那芸剣で草を刈り払い、嚢の中の火打石と火打金で向かい火を起こして焼き払い、敵を滅ぼす
・走水の海で海が荒れる。倭建命の后の弟橘比売《おとたちばなひめの》命が入水、海が静まる。足柄峠の坂本で「あづまはや（我が妻よ！）」と亡き妻を思う
・尾張国に戻り、美夜受比売のもとに草那芸剣を残して伊吹山の神を討ち取りに行く。伊吹山の神に誤った言挙げをしたために衰弱、能煩野《のぼの》で薨去される

■神璽渡御の歴史

天皇の践祚（即位）に際して、新たに位につく天皇が神代以来の由緒を持つ「剣」と「璽（玉）」を相承する儀式のことを「神璽渡御」といいます。後には天皇が行幸する時にも動座するようになります（コラム③参照）。この「神璽渡御」は、現在においても「剣璽等承継の儀」として継承されていますが、「神祇令」の規定にあるように、当初は、皇位の継承に際しては「鏡」と「剣」を継承するものでした。

その歴史を遡ってみると、史料の上では『日本書紀』の継体《けいたい》天皇元年（五〇七）の即位

記事が初出で、北陸の越前国から継体天皇をお迎えする時に、大伴金村《かなむら》大連が「剣・鏡の璽符」を奉ったことが記されています。次に、安閑《あんかん》天皇二年十二月には、群臣が新たに即位する宣化《せんか》天皇に剣と鏡を奉るという記述があります。また、時代はやや降って、持統天皇四年（六九〇）正月、忌部宿禰色夫知《しこぶち》が持統天皇に剣と鏡を奉って、この時、初めて国史に忌部氏が鏡剣を献上したという記事が見えます。これは忌部が天皇の践祚および大嘗祭において鏡、剣の二種を奉るとする「神祇令」における規定と一致します。しかし、それ以前の歴代天皇の践祚では、忌部氏の鏡剣捧呈の記述はありません。無いからといって「常例」については特記しない場合もかなり多く、既に忌部氏によって献上されていたと推定する説もあります。

『日本後紀』大同元年（八〇六）の平城天皇の即位にあたっては、鏡ではなく璽（すなわち八尺瓊勾玉）並びに剣が入った櫃を奉ったとの記事が見えています。「鏡」は宮中の別殿に奉安して動座せず、「剣」と「璽」を継承するように変化していきました。まさに『古語拾遺』撰進の前年にこのような変化が起こっているのです。

動座することのなくなった鏡を宮中において奉斎する殿舎は、後世、「内侍所《ないしどころ》」もしくは「賢所《かしこどころ》」と呼ばれ、女官によって奉斎されるようになります。その詳細については帝国学士院によって編纂され戦前に出た『帝室制度史』全六巻のうちの第五巻「神器」に、詳しく書かれています。

「記紀」の補足と解釈

さて、今度は「神器の来歴」について振り返ってみましょう。この来歴と「神璽渡御」の歴史を比較することによって、この崇神天皇から景行天皇までの段において『古語拾遺』が強調したかったことが浮き彫りになってくるでしょう。

「記紀」においても同様ですが、初代神武天皇の後、第九代開化《かいか》天皇までの記述は系譜が中心で、具体的な記述が始まるのは第十代崇神天皇以降になります。神勅に従った「同床共殿」の状態から、神鏡が崇神天皇の御代に笠縫邑に「磯堅城《しかたき》の神籬」を建てて遷座し、垂仁天皇の御代に神宮が創建されたという『日本書紀』の伝承は『古語拾遺』でも踏襲されています。

神器の来歴を考える際のもう一つの大事な問題として、草薙剣とそれが鎮座する熱田神宮のことがあります。「記紀」では、景行天皇の御代の倭建命（日本武尊）の物語に、その由緒が詳細に記述されています。鏡は垂仁天皇の御代に倭姫命が伊勢に奉斎したということが明確に記述されていますが、その時、剣はどうなってしまったのでしょうか。『日本書紀』には明示的に書かれていません。倭姫命が東征の途中に参宮した日本武尊に「慎みて怠ることなかれ」と教え諭して、剣を授けるというところで突然出てきます。『古事記』も同様で、状況から考えて景行天皇以前に神宮に剣があったということになります。そして、『古語拾遺』では崇神天皇の御代に笠縫邑遷座の際、斎部氏に命じて石凝姥神と天目一箇神の子孫の二氏に指示して、鏡を鋳、剣を造らせ、天皇の護りの「護身御璽」としたと記述されています。

これによって、写しの鏡と剣はこの段階で作られ、これが践祚の日に献った神璽の鏡・剣であり、天照大神そのものであるもともとの八咫鏡と、草薙剣は共に笠縫邑の磯堅城の神籬に遷座され、後に伊勢の神宮へ遷し奉った、という理解になります。「記紀」では、状況証拠から類推せざるを得なかったことを、『古語拾遺』では、その空白が埋められているわけです。この記述が広成の創作かどうかは分かりませんが、神器の受け継がれ方が分かりやすくなっていることは事実です。

また、先述したように『古語拾遺』において神器の「天璽《あまつしるし》」は剣と鏡であり、それが天孫に授けられ、玉と矛は「自から」従っているのだと記述されています。神武天皇の即位にあたっても天璽二種が、【大殿祭・御門祭と大嘗祭】の段で天皇の宮殿内に奉安されたとされています。これも「記紀」には記述がないところを補足しています。しかも、原文では「正殿《みあらか》に安《お》き奉り」とあり、天皇がいらっしゃるご正殿に剣と鏡が奉安されたことが明記されています。

「記紀」を補足する神器に関するこれらの記事は、他の氏族においても同様なのかもしれませんが、『古事記』『日本書紀』をどう読み継ぎ、どう解釈していくのかの模索の表れともいえるかもしれません。忌部氏にとっての神器とは、氏の名誉存亡に関わる重大事であり、そこから、丁寧に「記紀」を補足するような記述がなされているのではないかとも思われます。

コラム③ 三種の神器と剣璽御動座

神器は何度か御所での火災にあっています。天徳四年（九六〇）の火災の時には鏡が自然に飛び出し、難を逃れたという奇瑞が伝えられています。元暦二年（一一八五）の壇ノ浦の戦いの時、玉・剣は安徳天皇と共に海中に沈んでしまいました。玉はやがて海上に浮かび上がり、事なきを得ますが、剣はそのまま海中に没してしまい、その後、承元《じょうげん》四年（一二一〇）に伊勢の神宮から奉納された剣が宮中に納められました。ちなみに、『平家物語』では草薙剣が安徳天皇と共に沈んだと記述されていますが、これは宮中に草薙剣がそのまま ずっと奉安されていたのだという誤解に基づくものです。

次に、神器の行方が注目されたのは南北朝時代になります。後醍醐天皇以来長い間、南朝に神器が奉安され、元中《げんちゅう》九年／明徳《めいとく》三年（一三九二）、神器が京都に還御することによって、ようやく南北朝が統一されたのです。戦国時代に入ると、神宮式年遷宮や神宮例幣をはじめとする朝廷による国家祭祀が中断した時でも、鏡を奉斎する宮中の「内侍所（賢所）」では祈祷や神楽が催されるなど、前時代と変わらずに尊崇され続けます。

近世に入り、水戸藩の徳川光圀は『大日本史』を編纂するにあたり、南朝を正統として記述する方針を定めましたが、その最大の根拠は、神器がどちらの方にあったのかということでした。

なお、剣璽（剣・玉）は、常に天皇の居所に奉安され、行幸の際にも共にありました。それは、剣璽の「ご動座」と呼ばれています。近世の天皇は御所の火災などの緊急時を除いて、御所を離れることはなかったので、それほど頻繁にご動座があったわけではありませんが、明治以降、天皇は全国各地を行幸し、その際には常にご動座があったのです。行幸の際のお召し列車や行在所《あんざいしょ》にも特別に剣璽を奉安する場所が用意されていたほどです。

終戦後、昭和二十一年の千葉県への行幸の際のご動座以来、その伝統が中断する時期がありました。しかし、神社界を中心としたご動座の復興の働きかけもあって、昭和四十八年の第六十回神宮式年遷宮終了後の翌年、昭和四十九年十一月の昭和天皇の神宮ご親拝にあたり、ご動座の儀の伝統が再興されました。現在では、重要な行幸にあたって実施され、近年では第六十二回神宮式年遷宮後の平成二十六年三月の神宮ご親拝でご動座がありました。

【神功皇后の御代に】

磐余《いわれ》の稚桜《わかざくらの》宮に都した神功《じんぐう》皇后の御代に、住吉の大神が姿を現されました。新羅を討伐して、三韓が初めて貢ぎ物を持ってやってきました。百済の国王は誠実な心を示して、終始裏切ることはありませんでした。

〈この段を考える上での参照事項〉

・神功皇后の三韓征討のことは『日本書紀』仲哀天皇と神功皇后の条、『古事記』仲哀天皇の条に書かれている

【応神天皇の御代に】

軽嶋《かるしま》の豊明《とよあきらの》宮に都した応神天皇の御代、百済の国王は博士の王仁《わに》を遣わしました。河《かわ》内文首《ちのふみのおびと》の先祖にあたります。秦公《はだのきみ》の先祖である弓月《ゆづき》は、当地の百二十県の人々を率いて帰化しました。漢直《あやのあたい》の先祖の阿知使主《あちのおみ》も十七県の人々と共にやってきました。秦・漢・百済からやって来た人々は各々一万人ほどでした。彼らの功績は賞賛すべきものでした。それぞれの氏族には彼らの祀る神社もありますが、国家から幣帛が下されてはいません。

〈この段を考える上での参照事項〉

・『日本書紀』応神天皇十四年、十五年、十六年、二十年条に上記の内容が書かれている。

・『古事記』応神天皇条にも概略があり、『古事記』では「王仁」は「和邇吉師《わにきし》」として登場する

【履中天皇の御代に】

後の磐余の稚桜宮に都した履中《りちゅう》天皇の御代、三韓が貢ぎ物を持ってくることは絶えることがありませんでした。斎蔵《いみくら》の隣に内蔵《うちのくら》を増築して国家の財物を区分して収めました。そこで阿知使主と百済の博士の王仁に出納の役を命じました。初めて蔵の管理に従事する役の蔵部《くらひとべ》を設置しました。

〈この段を考える上での参照事項〉

・『古事記』履中天皇条最後のところに「天皇、是《ここ》に阿知直《あちのあたい》を始めて蔵官《くらのつかさ》に任《ま》け、また、粮地《たどころ》を給ひき」（「粮地《たどころ》を給ひき」は、私有地を与えた）とある

【雄略天皇の御代に】

長谷《はつせ》の朝倉宮に都した雄略《ゆうりやく》天皇の御代に、秦氏《はだうじ》は分散してしまって、他の氏族に服属していました。秦酒公《はだのさけのきみ》は宮廷に奉仕して寵愛されました。天皇は命令して分散していた秦氏を集めて、酒公をその長としました。そこで、多くの勝部《すぐりべ》を統率して養蚕と機織りに従事させて調の貢ぎ物を献上させ、宮中の庭に積み上げました。貢ぎ物はますますうず高く積まれたので、「うずまさ」という氏の名が与えられました（貢ぎ物の絹・綿は肌触

りが柔らかだったため、秦を「はだ」と訓《よ》むようになりました。秦氏の献上した絹で、神様に奉る剣の柄《つか》を巻きました。現在でも、「秦のハタマキ」と呼ばれているものの起源です）。この後、諸国からの調の貢ぎ物は年々数を追って増えていきました。さらに大蔵を増設して蘇我麻智《そがのまちの》宿禰に三蔵《みつのくら》（斎蔵・内蔵・大蔵）を管理させて、秦氏に出納の役をさせ、東《やまと》西文氏《かわちのふみうじ》に帳簿の記載を命じました。そこで漢氏《あやうじ》に姓を与え、内蔵・大蔵としました。これが、現在でも秦・漢氏が内蔵・大蔵の主鎰《かぎつかさ》・蔵部《くらひとべ》に任じられている出来です。

〈この段を考える上での参照事項〉

・『日本書紀』雄略天皇十五年条にこの段の前半部分の内容が書かれている。『新撰姓氏録』「山城国諸蕃　秦忌寸」にも似た内容が。「蘇我麻智」は「蘇賀満智」として『日本書紀』履中天皇二年条に登場する。また『新撰姓氏録』「右京諸蕃」に「内蔵宿禰」があるが、「大蔵」の姓は見えない

■広成と渡来人

次に、渡来氏族の動向についての『古語拾遺』の記述を説明していきます。

このの ち『古語拾遺』は、神功皇后から応神天皇へと時代順に記されていくのですが、ここでも、広成の関心のない「記紀」の記述は大幅に省略されています。例えば神功皇后の時に「住吉の大神」が出現したという記述はありますが、神功皇后と応神天皇に関連の

深い八幡神には言及がありません。広成の生きた時代は、まさに突如として東大寺の大仏に絡んで八幡神が平城京に入京し、道鏡事件の時などに際しても次々と霊験を示しています。応神天皇を八幡神と同一とする理解も奈良時代末にはもう存在したという説もあり、広成も八幡神について十分な知識を持っていたはずですが、それに関する記述は『古語拾遺』には一切ありません。なお、先に触れた同じく神功皇后にゆかりの深い住吉社祠官の津守氏の手による『住吉大社神代記』には「八幡」という記述が見られます。各々の氏によって関心の持ち方が異なっていたということがいえるでしょう。

また、新羅、高句麗、百済などの朝鮮半島諸国の争乱と出兵については『日本書紀』に詳細な記事がありますが、そのような外交事項も記述されることはありません。

それにもかかわらず、広成は渡来人の動向に関心があったようです。『日本書紀』でも神功皇后以降、朝鮮半島との交流の記事が増えますが、『古語拾遺』には渡来人の来航記事が頻繁に現れます。応神天皇の御代には、河内文首の祖先である百済の博士の王仁、秦公の祖先の弓月君、漢直の祖先・阿知使主などいろいろな渡来人がやってきたと記され、神功皇后以降の記事ではむしろ渡来人が主題となってしまっている印象を受けます。

ここでの広成の問題提起が興味深く、国家に功績のある渡来人が自分たちの先祖をお祀りしている神社があるにもかかわらず、国家の祭祀、つまり神祇官の祭祀には全く預かっていないと指摘しています。渡来人に関連すると考えられる神社として、東漢氏の本拠地である大和国高市郡檜前に鎮座し、阿知使主を祭神とするとされる於美阿志《おみあし》神社（奈良県明日香村）や、王仁を祭神とするという説のある和泉国大鳥郡の高石《たかいし》神社（大阪府高石市）

などがありますが、いずれも式内社であるので、国家の祭祀に預かっていないという広成の指摘が妥当であるかはよく分かりません。

また、渡来人に対する広成の認識ですが、忌部氏が神代以来の伝統を持つ神祇氏族だからといって異国の出身である渡来人を嫌っているかというと、そのような形跡は見られません。好意的な記事が多いことは注目に値するべき事項でしょう。

■秦氏と神社

応神天皇の次の御代・仁徳天皇の事績については、「記紀」にはその仁政など多くの記述が見られますが、ここにも広成は関心がないのか全く記述されず、次の履中天皇の御代のことが記述されていきます。ここでは、神武天皇以来、宮中にあった「斎蔵」の傍らに「内蔵」が建てられ、朝廷における蔵の機能が、祭祀に関わるものとそれ以外のものに分化されていくことに関心があったようです。そして、この「内蔵」の出納の担当について、応神天皇の御代に来朝した王仁と阿知使主であると記されています。彼らが担当した理由には文字の問題があると推測されます。国家が発展していく過程で、税収と支出を正確に記録していく必要が生まれてきます。そこで文字、つまり漢字を駆使できる渡来人が関わってくるものと理解できます。また、蔵の出納に従事する品部として「蔵部」を定めたとあります。

これらの記述は『日本書紀』の履中天皇六年正月条に、初めて「蔵職《くらのつかさ》」および「蔵《くら》部《ひとべ》」を定めたと見えることをもとにしていると考えられ、『古事記』の履中天皇の御代の記事には、阿知直を初めて「蔵官《くらのつかさ》」にしたとされています。また『新撰姓氏録』には「摂津国諸蕃」の「蔵人《くらひと》」氏は「阿智王《あちおう》」、すなわち阿知使主の末裔であると記されており、「蔵」をめぐる伝承は『古語拾遺』のみの記述ではありません。しかし、広成がわざわざこのことを記述した意図の一つは、これらの渡来人に関する記述を、朝廷で活躍する有力な氏族の由緒伝承の一つであると考えたことにあるのでしょう。

度々触れているように、『古語拾遺』の記述は広成の関心に沿って綴られており、履中天皇の次は、反正天皇、允恭天皇、安康天皇のことには触れずに雄略天皇の御代へと記述が移ります。「記紀」では、雄略天皇の御代には説話的なエピソードが豊富であるにもかかわらず、それらは採用されずに、渡来人と蔵に焦点が当てられています。ここでは秦酒公の活躍と、離散していた秦氏の統括を酒公に命じたことが記されています。さらに、肌に柔らかい織物を作ったから秦を「はだ」と呼び、そしてそれをうず高く積んだことから「うずまさ」の姓を賜ったのだという名称起源伝承も記されています。

これらの秦氏に関わる伝承については、『日本書紀』雄略天皇十五年条に同様の記述があります。各地に分散していた秦氏を秦酒公に付属させ、秦氏の作った絹の織物がうず高く献上された功績により「うずまさ」の姓を賜ったとあり、『新撰姓氏録』の「左京諸蕃」の「太秦公宿禰《うずまさのきみのすくね》」の項にも、仁徳天皇の御代に「肌膚《はだ》に温煖《あたたか》なり」から秦を「はだ」といい、雄略天皇の御代に「うずまさ」の姓を賜ったことが記述されていて、当時、広く知られた伝承であったと思われます。現在の京都市右京区太秦が秦氏の本拠地で、そこには聖徳太子の側近として活躍したことでも有名な秦河勝《はたのかわかつ》が創建したと伝えられる氏寺・太秦寺などがあります。また、現在の松尾大社（京都市西京区）や伏見稲荷大社（京都市伏見区）も秦氏にゆかりの深い古社で、式内社として国家の崇敬を受けていました。しかし先述の通り、渡来人の祖先を祀った神社は国家的祭祀に預かっていないと広成が主張していることとの関係はどうなのでしょうか。稲荷も松尾も古くから秦氏の神職が世襲していますが、稲荷は宇迦之御霊大神《うかのみたまのおおかみ》、松尾は大山咋神《おおやまくいのかみ》を祭神としており、両社共に秦氏の祖先の神ではないことが関係しているのかもしれません。また、松尾社の祭神についての異伝が記されている「秦氏本系帳」においても、秦氏の祖先神とはされていません。

「三蔵」

同じく雄略天皇の御代の記述には「大蔵」が建てられ、従来の「斎蔵」「内蔵」と合わせた「三蔵」が成立したとあります。この「三蔵」伝承は『古語拾遺』の独自の記述です。『古語拾遺』では秦氏は三蔵の出納を掌ったとされていますが、異伝として『新撰姓氏録』の山城国諸蕃の「秦忌寸《はたのいみき》」の項には、雄略天皇の御代に秦氏に命じて「八丈の大蔵」といいますから、高さ二十四メートルにも及ぶ巨大な蔵を作らせ、その中に貢ぎ物を納めさせ、その時、初めて大蔵の官員を定めて、秦酒公を長官としたということが記されています。また、『日本書紀』清寧《せいねい》天皇即位前紀の記述では、雄略天皇の崩御後、星川皇子が天皇の位に就きたければ「大蔵官《おおくらのつかさ》」を占拠しなさいと唆《そそのか》され、反乱を起こして大蔵を占拠します。反乱は結局失敗しますが、いかに大蔵が国家にとって重要な施設であったことを示しています。なお、奈良県桜井市の脇本《わきもと》遺跡からは五世紀末の大型建築の遺構が出土しており、ここは雄略天皇の「泊瀬朝倉宮」ではないかと推定されています。同じく『日本書紀』の欽明天皇の時代には、山城国紀郡深草里《きのこおりふかくさのさと》（ちなみに、ここは伏見稲荷大社の鎮座地）に住む秦大津父《はたのおおつち》が、天皇の夢によって見いだされ「大蔵省《おおくらのつかさ》」に任命され、欽明天皇元年（五四〇）八月には「大蔵掾《おおくらのふびと》」の大津父を「秦伴造《はだのとものみやつこ》」に任じたとしているように、秦氏と「大蔵」は密接な関係がありました。

忌部氏は神代以来の神具・祭器の調製を掌る役職であると主張していますから、それらを納める「斎蔵」を強調することは理解できます。その一方では皇室・国家の蔵である「内蔵」「大蔵」についても言及して、それらを管理奉仕する氏族として、秦酒公を祖にする秦氏や、王仁を祖とする東西の文氏についても特別に記述し、さらには「三蔵」全体の管理を統括する者として蘇我麻智宿禰が任命されたと記しています。ここで初めて蘇我氏が登場します。『日本書紀』の履中天皇二年の条にも蘇賀満智宿禰が国政に参与したという記事があり、これが国史上の蘇我氏の初見史料でもあります。

律令制による「租・庸・調」以前の国家の貢納制度として「蔵」制度があり、中国・朝鮮からの船載品や諸国からの献納品を納めるとともに、それらを「蔵」に所属する工房で加工して、朝廷で用いたり、地方の有力な豪族などに下賜していく体制が六世紀中頃には成立したという説があります。しかし、「斎蔵」は「記紀」に記述が見られず、確実に存在したかは不明です。そこから、広成の主張の中心は斎蔵の管理を斎部氏が掌っていたことに主眼があったとみられます。渡来人たちは漢字の識字能力や、機織りなど高度な技術を持っていたため、「蔵」の管理に任命されていったと考えられます。また、律令制下においても、祭祀料や神饌、幣帛は「大蔵省」や「中務省《なかつかさ》」に所属した「内蔵寮《くらりょう》」などの役所から出されるものも多く、祭祀と「蔵」は密接な関係を持っていました。さらに、これら「蔵」の役所は物の出納にとどまりません。例えば、大蔵省の下には「織部司《おりべのつかさ》」、「縫部《ぬいべの》司」などが所属しており、「内蔵寮」にも渡来人系の工人が所属していることなど、朝廷で用いる布や織物を製作する工人（多くは負名氏《なおいのうじ》や渡来人）を管轄していたため、幣帛や祭具の製作にも関連は深いものがありました。三蔵に対する忌部氏の関心の理由はそのあたりにあったとも考えられます。

■蘇我氏と忌部氏

やや時代は下りますが、六世紀半ばから七世紀初めにかけ、崇仏派の蘇我氏がいて、一方の反対勢力としては中臣・物部連合が対立していた、と一般的には理解されています。忌部氏はどちらの立場だったのでしょうか。神代以来の祭祀に携わる氏族ですから、「外国の神を祀る」とされた崇仏派の蘇我氏を嫌っていたのでしょうか。実は、そうではなく、蘇我氏と忌部氏は親密であったと考えられます。当時の氏族間の関係はかなり複雑なようで、崇仏派・排仏派といった単純な図式化では理解できません。

ちなみに『古語拾遺』には、『古事記』同様、欽明天皇の仏教公伝記事をはじめとした仏教関係記事は一切ありません。さらには、仏教受容に関連する蘇我氏と物部・中臣氏の対立とその騒乱についても、自分たちには関係がないとばかりに、一切の記述がありません。

「出雲国の玉作」のところで触れましたが、現在の奈良県橿原市に忌部町という地名があり、式内名神大社の太玉命神社がありますが、そのすぐ北に隣接して曽我町があり、近傍には蘇我氏の氏神社と考えられる式内大社の宗我坐《そがにます》宗我都比古《そがつひこ》神社が鎮座していて、ここは蘇我氏の本拠地であると推定されています（9ページ地図参照）。これらの地名は、忌部氏と蘇我氏がかつてそこに住んでいたことを示しています。両氏はいわばお隣さん同士という関係にあり、姻戚関係も含めて深い関係があったのではないかと考えられています。実際の両氏の関係を考えれば、崇仏派・神祇派というような単純な区分では理解できないようです。大化改新での蘇我蝦夷《えみし》・入鹿《いるか》親子の滅亡と以降の中臣氏の躍進という出来事は、蘇我氏と友好的な関係にあった忌部氏の没落にも影響を及ぼしたのではないかという説もあります。

なお、蘇我氏が「蔵」に関連していたという根拠としては、舒明天皇の頃の蘇我倉麻呂《くらまろ》や、大化改新前後に活躍した蘇我倉山田石川麻呂《くらやまだのいしかわまろ》など、「倉」の字を持つ者が多いことが指摘されています。

【推古天皇の御代に】

小治田宮《おはりだの》に都した推古天皇の御代、太玉命の子孫は連綿と細々ながら絶えることなく続

いていました。天皇は廃絶していた諸事を再興し、斎部氏も辛うじてその役職の任についていました。

【孝徳天皇の御代に】

難波《なにわ》の長柄豊前《ながらのとよさきの》宮に都した孝徳《こうとく》天皇の御代、白鳳《はくほう》四年に小花下《しょうけのげ》諱部首作斯《いみべのおびとさかし》を祠官頭《かむづかさのかみ》に任命して、皇族や宮中の儀礼・婚姻・卜占のことを掌らせました。夏・冬の二季の天皇御卜《みうら》の儀式はこの時に始まりました。作斯の後胤《こういん》はその職を継がず、衰退して現代に至っています。

〈この段を考える上での参照事項〉

・『延喜式』巻一「四時祭　上」に「御体《おおみま》（ぎょたい）を卜《うら》ふ」とある。神祇官の中臣・忌部両氏が卜部などを統率して、六月と十二月に玉体《ぎょくたい》を亀卜した。一日から斎戒して九日間連続して占い奏上した

【天武天皇の御代に】

浄御《きよみ》原《はらの》宮に都した天武天皇の御代、全国の人々の姓《かばね》を改めて、八等に区分しました。しかし、壬申の乱の功績だけを基準にして、天孫降臨以来の功績には基づきませんでした。姓の第二等を朝臣《あそみ》といい、中臣氏《なかとみうじ》に授けて、太刀《たち》をそのしるしとしました。第三等を宿禰《すくね》といい、斎部氏に授けて、小刀《かたな》をそのしるしにしました。第四等を忌寸《いみき》といい、秦《はだ》・漢《あや》の

二氏、また百済の文氏《ふみうじ》の姓としました（おそらく、斎部と共に斎蔵に関わったために姓が与えられたのでしょう。現在、東西の文氏が、大祓《おおはらえ》に太刀を献上するのは、おそらく斎《いみ》蔵《くら》に関わっていたことに由来します）。

〈この段を考える上での参照事項〉

・「八色の姓」関連は『日本書紀』天武天皇十三年・十四年条に記事がある。

【大宝年間に関して】

大宝年間、初めて律令の条文が定められましたが、全国の神祇の帳簿は、はっきりと定まったものはなく、祭祀の儀礼についてもその施行細則は定まっていませんでした。

【天平年間に関して】

天平年間に神祇の帳簿が策定されました。しかし、中臣が権力を笠に着て、意のままに取捨してしまいました。中臣に縁のある神社は、小社でも帳簿に記載され、縁のない神社は大社であっても無視されました。申請や実施についても中臣の勝手次第でした。諸社の神税もすべて中臣一門に入ってしまいました。

【介推《かいすい》の恨み】

天孫降臨から神武天皇の東征に至るまで、天子につき従って功績をあげてきた神々の名

前は国史に記されています。ある神々は天照大神と高皇産霊神のご命令を受けて皇室を守護し、ある神々は天照大神の偉業を受け継ぐ天皇のご威光に出会い、皇位の継承のしるしである神器の製作に携わり、天皇の大業を補佐してきました。そのため、功績を記録し報いるためには、等しく国家的な祭祀の恩典に預かるべきです。しかし、これら功績のあった神々の社において、祭祀の班幣《はんぺい》を受けられないところもあり、全く嘆かわしい限りです。

■現在と過去の分水嶺

【推古天皇の御代に】以降の段は、すべてが次の「遺れている事十一か条」に関連しています。ここでの記述に関しては、二十一世紀に生きる我々が持っている古代史観との違いに留意しつつ見ていく必要があります。

まず広成は、混沌とした〝現代〟に生きる自分に直結する〝直近の過去〟として、推古天皇の御代を捉えていると考えられます。というのも【推古天皇の御代に】の段は、「小治田の朝《みかど》に至りて、太玉が胤《すえ》、絶えざること帯の如し」（推古天皇の御代に至るまで太玉命の子孫は連綿と続いた）というフレーズから始まります。つまり、推古天皇の御代に至るまで、連綿と自分たちは太玉命の胤として続いたのだと総括して、孝徳朝以降へ続くという構成になっているのです。これは、まさに『古事記』が推古天皇の御代までの記事で終わり、『日本書紀』では推古朝において聖徳太子と蘇我馬子により「天皇記・国記」が編纂されたという記事を念頭においての記述とも考えられ、広成には推古朝までが「歴史」

であり、孝徳朝以降は「現代」なのだという時代認識があったのかもしれません。

次の【孝徳天皇の御代に】の段では、大化改新が行われた直後の御代である孝徳朝の「白鳳」四年に諱部首作斯《いみべのおびとさかし》という人物が「祠官頭《かむづかさのかみ》」に任命されたと記述されています。「白鳳」は「白雉《はくち》」の別称であり、白雉四年（六五三）のこととするのが定説です。氏の表記も他とは違って「諱部」とされ、その役職は宮中の皇族の儀礼や婚姻、占いなどを掌ったと記述され、律令祭祀や全国の神社・神職を掌る後の神祇官の職掌とは若干異なっています。

この「祠官頭」については諸説があります。律令祭祀を管掌したのは太政官と並立された神祇官で、長官は「神祇伯」です。『日本書紀』の皇極《こうぎょく》天皇三年（六四四）に中臣鎌子《かまこ》（鎌足）連《むらじ》が神祇伯に任命されたという記事が見られますが、その当時「神祇伯」という名称が存在したかについては疑問視されていて、孝徳朝の頃に神祇官に先行する何らかの官職が出来、「神祇伯」の前身として「祠官頭」があったという説があります。一方、神祇官に先行する官職として「前奏事官《まえつきみ》」があって中臣氏が就いており、宮中の婚礼など別の儀礼には「祠官頭」である忌部氏が携わったのではないかといった説も出されています。

このように「祠官頭」が神祇官に繋がるのか、そうでないかには正反対の二説がありますが、広成としては「祠官頭」が神祇官の前身という認識で記していると考えられます。また、『古語拾遺』で「インベ」が「諱部」という表記が記されているのはここだけですが、何らかの典拠があっての意図的なことだろうと思われます。忌部氏にとっては、この「祠官頭」は後の「神祇伯」に相当するという認識があり、作斯以降、誰もその職を継ぐことがなかったことが、現代の忌部氏の衰退に繋がっていると記述され、さらにこれが、中臣氏の専横を批判する「遺れている事」の記述に反映されていきます。

古代の神社史と神道史

この段以降、ここでもいくつか飛び飛びに、天武朝、大宝年間（七〇一～七〇四年）、天平年間（七二九～七四九年）と記述されていきますが、ちょうどこの頃は律令制が成立・展開していった時代です。天武天皇の時には、先述したように旧来の姓を整理統合して序列化した「八色の姓」が成立します。しかし、広成の認識では、この姓の序列化は「壬申の乱」の功績に依拠したもので、神代からの伝統には従っていないという不満が表明されています。実際に「中臣」は第二等の「朝臣」、「忌部」は第三等の「宿禰」とされたので、中臣氏が忌部氏より上に位置されています。これも先に述べた通り、古代氏族制度というものが変質しながら律令体制に組み込まれていく前段階を示しています。

【大宝年間に関して】の段で「律令の条文」と訳したところは、原文に「記文《しるしぶみ》」とあるところです。この「記文」については、大宝元年に制定された「大宝律令」のことを指すという説もありますが、そうではなく、神祇官の職務内容が詳細に書かれたもので、後の「神祇式」の原型のようなものとする説も有力です。詳細は明らかではありませんが、広成はここでもその不十分な内容に不満を述べています。

【天平年間に関して】の段では、未整備であった神祇の帳簿が「神帳《かみのふむだ》」として整備されたとあります。実際にそれが整備されていたとすると、「弘仁式」に始まる「神祇式」の中の「神名帳」の原型とも考えられるものです。『延喜式』巻九・十の「神名」（延喜式神名帳）には、計三一三二座の神祇が祈年祭の班幣に預かっていますが、その数がどう変遷したのかはよく分かっていません。『出雲国風土記』には、神祇官が管轄していた神社と、そうではない神社が明記されています。その神祇官管轄社の数と「延喜式神名帳」記載の出雲国の官社数を比較すると、両者の間でほとんど変化が見られず、わずか数社しか増えていません。『出雲国風土記』が成立したのが天平五年（七三三）ですから、天平期において神祇官が管轄していた神社が、『延喜式』の平安時代中期でもほとんど違いがないということになります。この出雲の例を他の国に単純に当てはめることはできませんが、『出雲国風土記』が成立した天平年間以前に「神祇令」は施行されているので、祈年祭の班幣も行われており、当然、神社のリストがないと班幣のしようがありません。従って、この『古語拾遺』の記述の通り、神祇官の祭祀に預かる神社の名簿が整備され、後にはさほど大きな改変なく「弘仁式」に盛りこまれ、『延喜式』に継承されたと考えられます。しかし広成は、これらはすべて中臣氏の主導下で作成されたのだと主張しています。つまり、中臣氏と関連の深い神社が優遇され、そうでない神社は冷遇されたとしています。

ここでの記述は、国家的な神祇制度というものが、律令制の整備と同時並行的に進展していく過程が窺われ、広成の主張通りにすべてが中臣氏主導で進められたとはいいきれませんが、古代の神社史・神道史を考える上で非常に参考となる記述です。

広成の主張を理解する

　ここからは「遺れている事十一か条」に入ります。ここでの内容は、大きく三つに整理することができます。第一が「神器、神宮への尊崇」で、第二が「中臣氏の台頭に対する忌部氏の立場」、そして第三が「神祇氏族への配慮」です。この部分は、今まで広成が意を尽くして述べてきたことの総括です。同時にそれは、大同二年という平安初期における忌部氏をめぐる祭祀全般の実情です。

遺れている事十一か条

【遺れている事の二】

特に、草薙剣は、まさしく天皇の位の象徴であります。日本武尊が東国を平定して凱旋した時に、熱田社《あつたのやしろ》に留め置かれました。外国の盗賊が、剣を盗んで国外に逃亡しようとしましたが、国境を越えることができませんでした。神宝の霊威はこの事実を見ても明らかです。

ですから、神祇官から幣帛を奉る時、同様に崇敬の意を表するべきです。しかし、長い間そのことはなく、祭祀をおろそかにしているのです。これが遺《も》れている事の一です。

〈この段を考える上での参照事項〉

・『延喜式』巻九「神名」「尾張国　愛智郡《あいちのこおり》」条には「熱田神社［名神　大］」とある。

従って、祈年祭には班幣を受けていたが、月次・新嘗祭などには受けていなかった

神器への尊崇

「遺れている事十一か条」の内容は、「神器、神宮への尊崇」と「中臣氏の台頭に対する忌部氏の立場」、「神祇氏族への配慮」の三つに大きく分けることができます。その中で、第一に広成が主張したいのが「神器、神宮への尊崇」です。それは、文章の書き方からも

分かります。原文のこの段は、前段最後の「猶介推《なおかいすい》の恨《うらみ》を懐《いだ》けり」（全く嘆かわしい限りです）というフレーズを受け継ぐ形で、「況《いわ》むや」（ましてや）という言葉で始まるからです。つまり、介推の恨みと同様な恨みを抱かせるようなものなのに、ましてや天璽の一つである草薙剣のこととなると……、というわけです。

この【遺れている事の一】の段で広成は、まず草薙剣が著しい霊験を示したことを挙げています。これは『日本書紀』の天智天皇七年（六六八）条の、新羅の僧・道行《どうぎょう》が草薙剣を盗み出し新羅に逃亡しようとしたが風雨にさえぎられて失敗した、という記事に対応するものです。その後、草薙剣は宮中に留め置かれますが、天武天皇の朱鳥元年（六八六）六月十日、天武天皇の病は草薙剣の祟りによるとの占いにより、熱田社（現・熱田神宮）へと戻されています。

広成は、そのような神代以来の由緒がある霊験の高い剣を奉斎しているにもかかわらず、熱田社に対する国家の取り扱いが低いと指摘しています。現在の認識では、熱田神宮は歴史的にも社格が高く、特別な崇敬を受けてきた神社であるという印象があるかもしれません。しかし、実際は当初からそうだったわけではありません。史料から見ていくと、『日本紀略』に見える『日本後紀』逸文の弘仁十三年（八二二）六月二十一日条に、熱田神に「従四位下」の神位を奉る記事が見え、これが熱田の神位に関する記事の初出です。従って広成が生きていた時代に、もし神位があったとしても正五位上より下位ということになり、高いとはいえません。

さらに「延喜式神名帳」を見ると、熱田神社は「名神　大」という位置付けになっています。式内社の中でも、著名な神社は「名神」とされ臨時の奉幣に預かります。また、幣帛の多寡で大と小に区分されます。これだけ見ると社格が高かったようにも思われますが、実態は異なります。官社は基本的に祈年祭において、すべての社に幣帛が頒布されましたが、六月・十二月の月次祭、十一月の新嘗祭については、その中でも限られた神社にしか班幣されませんでした。熱田は「名神　大」に序されているものの、その中に入ってはいませんでした。少なくとも広成が生きていた時代において、熱田社は特別に厚遇されていた状況にはありませんでした。

しかし時を経るにつれ、熱田の地位は上昇していきます。原文での引用になりますが、例えば『文徳天皇実録』巻二の嘉祥三年（八五〇）十月七日条の神階記事には、「進山城国稲荷神階授従四位上。授摂津国広田神従五位下。進大和国大和大国魂神階授従二位。石上神。及大神大物主神。葛木一言主神等並正三位。夜岐布山口神従五位下。河内国恩智大御食津彦命神。恩智大御食津姫命神等並正三位。丹比神従五位上。伊勢国阿耶賀神従五位上。尾張国熱田神正三位。越前国気比神正二位。筑前国宗像神従五位上。竈門神正五位上。筑後国高良玉垂命神従四位上。肥後国健磐竜命神正三位。伊豆国三嶋神従五位上。」とあります。「熱田」に限らず、現在、著名な神社の神位があまり高くないということに気が付くでしょう。

例えば、「稲荷」（現・伏見稲荷大社）は従四位上です。現在、お稲荷さんの社には「正一位稲荷大明神」の幟が掲げられているので、稲荷といえばすぐに「正一位」と思ってしまいますが、最初から「正一位」であったわけではありません。平安時代後期に稲荷社は

「二十二社」の一つとして朝廷から篤い崇敬を受けますが、当初は必ずしも位は高くありませんでした。一方、大和国の古社の神位は比較的高く、「大和大国魂」、これは現・大《おお》和《やまと》神社（奈良県天理市鎮座）で従二位です。「石上神」、「大神」、「葛木一言主神」は正三位で、「熱田神」もその嘉祥三年の段階では正三位になり、神位の上では同格になっています。ただし、大和国以外でもそれより高い神社があり、越前国の「気比神」（現・氣比神宮／福井県敦賀市鎮座）が正二位です（二十二社については『神社のいろは続』81ページ「二十二社奉幣の成立」、大和神社については『神話のおへそ』206ページ「特別編　三輪の大神と伊勢の大神」、271ページ「戦艦大和にもそのご分霊が祀られた大和神社」、葛城一言主神社については『神話のおへそ』258ページ「葛城山一帯に残る古の面影」参照）。

そして、『日本紀略』の応和《おうわ》三年（九六三）三月二十二日の段階で、既に「正一位熱田大明神」と記されていますから、それ以前から正一位に昇叙されていたと思われます。『古語拾遺』編纂から約百五十年の間に神位が上昇し正一位となったのです。平安中期以降は神位・神階はいわばインフレ状態になり、全体的に上昇するという傾向もありますが、極位の正一位になったのは『延喜式』編纂後のことです。

熱田社の神位が上昇していく過程には、広成と同じような意識を持つ人がいたということを示しており、その後も、武家の尊崇を受けたりするなど、歴史の推移の中でその環境を変えていきつつも崇敬されたことに注目する必要があります（コラム④参照）。

コラム④
中世以降の熱田神宮

武士の時代になると熱田社は、武神としての剣の霊験が崇敬され武家との関係が深くなっていきます。源義朝の妻は熱田神宮の大宮司家の一流である千秋氏《せんじゅうじ》で、頼朝を産みます。頼朝は鎌倉に幕府を開いた以降も熱田社への崇敬は篤く、以降の武家政権もこれに倣って崇敬しました。戦国時代、織田信長が桶狭間の合戦の際に参拝し戦勝を祈願したことは広く知られ、千秋氏も織田家配下の武士として活躍しました。江戸時代においても、歴代尾張藩主が崇敬し、幕府も国家安泰・武運長久の祈祷を度々、行っています。

近代に入ると大きな変革が興ります。明治元年（一八六八）には「神宮」号が朝廷から授けられ、同年九月には明治天皇が歴史上初めてご親拝されました。明治四年に全国の神社に社格が与えられると、熱田は官幣大社に列格されます。明治十年（一八七七）には平田派国学者として著名な角田忠行《つのだただゆき》が宮司に任命されました。明治十四年には、霊剣が「勅封」され（天皇の命により封印され、許可がなければ開けることを許されないこと）、また明治二十六年（一八九三）には、従来「尾張造」という形式であった社殿が、伊勢の神宮と同様の神明造の形式で新たに造営され、ご遷宮が斎行されて現在の景観が形成されました。昭和二十年（一九四五）には、名古屋も度重なる空襲を受け、戦災にあうことを憂慮し、一時、岐阜県の水無《みなし》神社にご動座（神剣が〝疎開〟）したという出来事もありました。戦後も皇室の変わらぬ崇敬を受けると共に国民から広く崇敬され続けています。

【遺れている事の二】

そもそも、先祖を崇敬することは、礼の教えの第一に優先することです。ですから、古代の中国では皇帝が位につくときには、先帝の遺志を継ぎ、天の神、日月星・山川・諸々の神を祀りました。天照大神は、まさに天皇の祖先であり、最も貴い神です。ほかの神々は天照大神に対しては、子、もしくは臣下であり、比べ物になりません。しかし、現在の神祇官は幣帛を頒《わか》つ時に諸神を先に行い、伊勢の神宮を後回しにしています。これが遺れている事の二です。

〈この段を考える上での参照事項〉

・『延喜式』巻一「四時祭　上」によれば、神祇官からの案上の奉幣の次第は「宮中卅《さんじゅう》座、京中三座、畿内山城国五十三座、大和国一百廿《にじゅう》八座、河内国廿三座、和泉国一座、摂津国廿六座、東海道伊勢国十四座、…」となっている

■神宮への崇敬

「然《しか》れば、天照大神は、惟《こ》れ祖惟《おやこ》れ宗《きみ》、尊きこと与二《ならび》無し。因《よ》りて、自余《それよりほか》の諸神《もろがみ》は、乃《すなわ》ち子乃ち臣《おみ》、孰《たれ》か能《よ》く敢《あ》へて抗《さから》はむ」（天照大神は、まさに天皇の祖先であり、最も貴い神です。ほかの神々は天照大神に対しては、子、もしくは臣下であり、比べ物になりませ

ん)。

【遺れている事二】の段の中のこのフレーズは非常に有名です。中世における『古語拾遺』の受容のところ(116ページ)でも触れましたが、神宮、天照大神への崇敬の歴史を考える時に、度々、引用されてきた部分です。ここでは、広成が生きた時代における神宮の位置付けの中で、このフレーズが持った意味について考えていきましょう。

祈年祭では、神祇官に百官(多くの官人)と全国の官社の神職が参集して、神祇官の「中臣」によって祝詞が奏されたのちに、「忌部」による諸社への班幣の儀式があり、その後に神宮への奉幣があるという次第がありました。そのことに対し広成は「幣帛を頒《わか》つ時に諸神を先に行い、伊勢の神宮を後回しにしています」と、神宮をないがしろにしていると考えていたようです。しかし先述したように、実際には神宮だけには奉幣という形をとり、神祇官の官人が幣帛を奉るために伊勢に遣わされたのです。他の神社は逆で、班幣という形になり、神職が中央の神祇官へ取りに来なければいけないのです。律令祭祀の祈年祭が次第に実行できなくなるのは、遠く離れた神社でも神職が都まで幣帛を取りに行かなければならなかったからなのです。

神宮だけが、班幣ではなく奉幣であるという差異を見れば、決して神宮がないがしろにされているとは思われません。祈年祭の祝詞においても「辞別《ことわ》きて、伊勢に坐す天照大御神の大前《おおまえ》に白《もう》さく」(特別に、伊勢に鎮座される天照大御神に申し上げることには)と、神宮に対しては特別の詞章が奏上されます。それでも広成としては、神宮を他社とは別に取り扱って、その後に諸社への班幣があるべきと考えたのでしょう。

桓武天皇が平安遷都した頃の時代背景の説明でも触れたように、官社を「国幣社」と「官幣社」に分けていったのは、前記の実情があったからです。この「国幣」「官幣」という分け方は、明治の社格制度においての、地域での崇敬の篤い「国幣社」、皇室とのゆかりが深い「官幣社」という分け方とは異なります。神祇官が幣帛を頒《わか》つのが「官幣社」、国司が頒つのが「国幣社」というほぼ地域的な区分であり、遠隔地に位置し幣帛を取りに来るのが困難な神社は国幣社にするという実質的な区分でした。律令祭祀が円滑に執り行われなくなってきた中での再編成において「官幣社」と「国幣社」の区分が成立したのです。

そんな中での広成の主張とは、ただひたすらに天照大神の尊貴性、優越性を強調することにあったと思われます。系譜から考えれば広成は、別の主張をする方が自然だったかもしれません。祖神の太玉命は高皇産霊神の子ですから、もう少し高皇産霊神の尊貴性を称揚してもいいわけです。ところがそうはなっていません。至高に尊貴な神は天照大神であるという認識を、広成は明確に持っているのです。律令祭祀においても伊勢の神宮は最優先されました。その認識の基盤は『古語拾遺』の叙述にも通底する神代からの伝承なのです。

【遺れている事の三】

天照大神の分身の御鏡は、もともとは天皇と同じ宮殿に祀られていましたから、臣下は、天照大神・天皇共にお仕えしていたことになります。天石窟の時、中臣・斎部の二氏は、相共に日の神・天照大神をお出しするために祈りました。猨女の祖先もまた、天照大神の

お怒りを解きました。ですから、三氏の職掌は天照大神の祭祀と切っても切り離せないものです。にもかかわらず、現在伊勢の神宮の宮司は、中臣氏のみが任命され、他の二氏はそれにあずかることができません。これが遺れている事の三です。

〈この段を考える上での参照事項〉

・『延喜式』巻四「伊勢大神宮」「大神宮司の交替」条には「凡《およそ》大神宮司は、国司の交替に准ぜよ。（中略）其れ神祇官の五位以上の中臣を以て祭主に任ぜば、初年に稲一万束を給し、此を除くの外は、輙《たやす》く用ふるを得ざれ」とあり、「大神宮司以下の季禄」条には「凡大神宮司二員、大宮司一員正六位上の官、少宮司一員正七位上の官。其の季禄は神税を以て給せよ。（後略）」とある。従って、祭主は中臣氏だが、大宮司、少宮司に関しては官位の規定はあるものの氏族の規定はない

【遺れている事の四】

神殿や宮殿の造営は、すべて神代以来の職掌である者に任せるべきです。中央の斎部は、紀伊国の御木《みき》・麁香《あらか》に居住する忌部を監督し、斎《いみ》斧で材木を伐り出し、斎鉏《すき》で土台を掘り、その後に大工が作業を始めて竣工し、斎部が大殿祭《おおとのほかい》・御門祭《みかど》を斎行し、その後にお住まいになるべきです。しかし、現在、伊勢の神宮の神殿や大嘗祭の由紀殿《ゆきでん》・主基《すき》殿を造営する時に斎部が関与していません。これが遺れている事の四です。

〈この段を考える上での参照事項〉

・『延喜式』巻四「伊勢大神宮」「式年の造営」条には「凡大神宮は、年限満ちて応《まさ》に修造すべくば、使を遣し、[使《つかい》は判官《じょう》・主典《さかん》各一人、但し使の判官《じょう》は、中臣・忌部の両氏を任ぜよ。]（後略）」とある

・『延喜式』巻七「践祚大嘗祭」「悠紀院・主基院」の条には「（前略）五日の内に造り畢《おわ》り、即ち中臣・忌部、御巫等を率ゐて殿及び門を祭れ。（後略）」とある

【遺れている事の五】

また、大殿祭・御門祭は、もともと太玉命がご奉仕した儀式で、斎部氏の職掌でもあります。しかし、現在は中臣・斎部が共に神祇官に召集され、共同で奉仕しています。そのため、宮内省が祭りの時に奏上する言葉には、「御殿祭《おおとのほかい》に奉仕するため、中臣・斎部が御《み》門《かど》に待機しています」とあります。これは、宝亀《ほうき》年間の時、宮内少輔従五位下の中臣朝臣常麿《つねまろ》が勝手に奏上の言葉を改めて「中臣が斎部を率いて、御門に待機しています」、と申しあげてしまいました。宮内省ではその前例に従って、現在でも改められていません。これが遺れている事の五です。

〈この段を考える上での参照事項〉

・『延喜式』巻一「四時祭　上」「大殿祭」条には「（前略）中臣、忌部、御巫等次《ついで》を以《も》て御殿《おおとの》に入れ。忌部、玉を取りて殿《との》の四角《よすみ》に懸けよ。御巫等米、酒、切り木綿を殿内

の四角に散きて退出《まか》れ。中臣は御殿の南に侍り、忌部は巽《たつみ》に向ひて微声《びせい》に祝詞を申せ。(後略)」とあり、両氏が関与していた。一方、『延喜式』巻三十一「宮内省」「大殿祭」条には「(前略)神今食・新嘗祭の明日《あくるひ》の平旦《へいたん》の大殿祭には、省輔《しょうのすけ》已上《いじょう》は、諸《もろもろ》忌部等を率ゐて、延政門《えんせいもん》に至り、大舎人《おおとねり》をして門を叩かしめ、(中略)。其の詞《ことば》に曰はく、宮内省申さく、大殿祭供《つか》へ奉らむと神祇官の姓名、忌部を率ゐて候ふと申す。(後略)」とあり、斎部広成の指摘があったにもかかわらず、神祇官人に忌部が率いられていたことが分かる

【遺れている事の六】

また、神代から中臣・斎部が神事に奉仕する時、上下の差はありませんでした。しかし、ある頃から権限が中臣一氏に集中してしまいました。斎宮寮《いつきのみやのつかさ》の主神司《かむづかさ》の任につく中臣・斎部はもともと官位は同じ七位でしたが、延暦《えんりゃく》年間の初め、朝原内親王《ないしんのう》が斎宮に就任した時に、ことさら斎部の官位を降格させ、八位とし、現在もそのままです。これが遺れている事の六です。

〈この段を考える上での参照事項〉

・『延喜式』巻五「斎宮」「三年潔斎」条には「(前略)出居殿《いでいどの》の御座《ござ》・装束の類は、主神司の中臣に給ひ、寝殿内《しんでんの》の雑物《くさぐさの》は、同じき司《つかさ》の忌部に給へ。(後略)」とあり、同「監送使《かんそうし》の装束料」条には「(前略)主神司の中臣・忌部(後略)」とある。しかし、

位階についての記載は同「斎宮」にはない。一方、『類聚三代格』神亀五年（七二八）七月二十一日の格には、主神司の忌部の官位は従八位とあり、それは、延暦年間（七八二～八〇六年）に始まることではないことが分かる

【遺れている事の七】

幣帛を諸神に奉ることは、中臣と斎部で共同して携わっていました。しかし、大宰府の主神司《かむづかさ》の官職は、中臣氏が独占して、斎部が就任することはありません。これが遺れている事の七です。

〈この段を考える上での参照事項〉

・この指摘は『古語拾遺』唯一のものである

【遺れている事の八】

諸国の大社の神職にも、中臣を任命して、斎部を排除しています。これが遺れている事の八です。

【遺れている事の九】

宮中の鎮魂祭の儀は、天鈿女命に由来します。ですから、八神殿に奉仕する巫女の職は本来の氏族である猿女氏から任命されるべきです。しかし現在、他氏から選考されていま

す。これが遺れている事の九です。

〈この段を考える上での参照事項〉

『延喜式』巻一「四時祭」の「鎮魂祭」より

（前略）神祇の官人已下《いか》神部《かむべ》已上《いじょう》は青摺衣《あおずりのきぬ》を著《つ》け、御巫《みかんなぎ》等を率ゐて入りて、庁上《ちょうじょう》の座に就け。内侍《ないし》は御服《みそ》を持ちて内より退出《まかで》よ。大膳職《だいぜんしき》、造酒司《みきづかさ》は八代物《やつしろもの》を供へて同時に参り、縫殿寮《ぬいとのりょう》は猨女をして参《ま》入《い》らしめよ。（中略）神部堂上《かむべどうじょう》に於て拍手を催せ。御巫及び猨女等例に依りて舞ひ、訖《おわ》りて即ち神祇官の（後略）

・「鎮魂祭」とは、古代・中世に行われた祭祀の一つ。国家祭祀としての鎮魂祭は、天皇即位の大嘗祭や新嘗祭の重大な祭祀に臨む天皇の霊魂の強化を図るため、これらの祭祀に先立つ十一月の寅日に、御巫や猨女などによって行われた

・「鎮魂」については『令義解《りょうのぎげ》』の「職員令《しきいんりょう》」「神祇伯」条に「（前略）鎮魂《たましずめ》、［謂《い》ふ、鎮《ちん》は安《あん》なり。人の陽気《ようき》を魂《こん》と曰ふ。魂は運《うん》なり。言ふは、離遊の運魂《うんこん》を招きて、身体《しんたい》の中府《ちゅうふ》に鎮む。故に鎮魂と曰ふ。］（後略）」とある

・また、『延喜式』巻三「臨時祭」の「巫の採用」条に「凡《およそ》御巫・御門の巫・生嶋の巫各一人《おのおのいちにん》は、［其の中宮・東宮は唯《ただ》御巫各一人有れ。］庶女《しょじょ》の事に堪へたるを取りて充てよ。但し考選は散事《さんじ》の宮人《みやびと》に准ぜよ。」とあるように、御巫に猨女を任ずるとは必ずしも限らなかったようである

『類聚三代格』より

太政官符

猿女を貢《こう》すべき事

（前略）猿女の興《おこり》は、国史に詳《つまび》らかなり。其の後絶えずして、今猶見在《けんざい》せり。又猿女が養田《た》、近江国和邇村《わにのさと》、山城国小野郷に在り。今の小野臣・和邇部臣等は、既に其の氏に非《あ》らずして、猨女に供《もう》けらる。（中略）仍《よ》りて両氏の猨女は永《とこしな》への停廃《とどめ》の従《まにま》に、猨女の公《きみ》氏の女《むすめ》一人と定まり、縫殿寮に進《たてまつ》る。欠《かく》るに随《したが》ひて即ち補ふ。以て恒例《つねのためし》と為《す》。

弘仁《こうにん》四年十月二十八日

・猿女の君は朝廷の鎮魂祭において楽舞を演ずる猿女を貢上する氏で、これは世襲であった。『類聚三代格』に載る太政官符は、その乱れを記したものであるが、猨女氏に貢上するように達している。『類聚三代格』とは、平安時代に書かれた法令集で、それまでに出された法令をジャンル別にまとめたものである

【遺れている事の十】

大幣《おおみてぐら》を作ることは神代からの職掌によって、神祇官の斎部がそれを造作する諸氏を監督して、前例に従って整備するべきです。ですから、神祇官の神部《かむべ》の職には中臣・斎部・猨女・鏡作・玉作・盾作《たてぬい》・神服《かみはとり》・倭文《しとり》・麻績《おみ》などの氏を採用すべきです。しかし、現在は中臣・斎部などの二、三の氏からのみで、他の氏は選考されていません。この現状では、神代以来の由緒を持つ氏族たちは滅亡してしまうでしょう。これが遺れている事の十です。

【遺れている事の十二】

天平勝宝《てんぴょうしょうほう》九年、左弁官《さべんかん》から「今後、伊勢の神宮の奉幣使には専ら中臣氏のみを任用し、他姓の者を遣わしてはいけない」との指示が出されました。それは実施されませんでしたが、前例として官庁に記録されており、削除されていません。これが遺れている事の十一です。

忌部氏の立場

ここからは「遺れている事十一か条」のうちの「中臣氏の台頭に対する忌部氏の立場」を主張している部分を解説していきます。【遺れている事の三】以降は、すべてがその内容といっていいでしょう。

【遺れている事の三】の段に関しては、〈参照事項〉にも挙げたように、『延喜式』には「神祇官の五位以上の中臣を神宮の祭主に任ずる」と規定されています。大宮司以下の規定はないわけですが、この祭主の規定も「神代」からの伝承に照らし合わせれば、少々強引なものといわざるをえません。さらには、規定のない大宮司に関しても大中臣氏で固められていきます。また、内宮では荒木田氏、外宮では度会氏という地元の祀官がいて、それとは別に、朝廷から派遣される祀官も任命されています。こういう状況を受けてのここでの広成の主張は、神宮の尊崇という前提に立ち、神宮に奉仕する氏族は神勅によって定められた「中臣」と「忌部」「猨女」の三氏が祭祀職に入るべきだという主張です。ちなみに歴史的には、大中臣氏である藤波家が明治四年の神社制度の改革に至るまで、神宮の祭主を世襲します。広成の意に反して、国家から任じられる祭主としては中臣氏が独占していったということになります。

【遺れている事の四】も神宮の問題です。広成の根拠は「天石窟」の出来事にまで遡り、神武天皇のところでも見てきた神殿・宮殿の造営に関わる伝承です。天上では、太玉命が天照大神の御殿の建築の統率をし、御殿を守護するのは天児屋命と太玉命の役割でした。神宮も天上の御殿と同じであるとするのが広成の論理です。さらに「大殿祭」「御門祭」を考えると、天皇の宮殿・神殿造営も忌部が携わってきた「神代の職《つかさ》」であると主張しています。

『延喜式』巻四「伊勢大神宮」の規定をみると、神宮の式年遷宮にあたっての「正殿の心柱《しんのみはしら》を採る祭」には、忌部が参加せよということが記されています。ただし、広成が言っていることは、全面的に参加させてほしいということでしょう。遷宮の造営事業の主要なところからは排除されているというわけです。

【遺れている事の五】は、まさに忌部氏が掌った「大殿祭」「御門祭」のことで、神代で太玉命が奉仕して以来、本来は単独で行うはずのものが、現在は「中臣・斎部共に神祇官に任《め》され、相副《あいとも》に供《つか》へ奉る」ことになってしまっていると主張しています。ここでの根拠は【天石窟】の段などで説明してきたところによります。また、「中臣・忌部論争」のところ（88ページ）で説明したように、「相共に祈ったのだから、伊勢奉幣の遣いは忌部、中臣両氏を用いなさい。これは『日本書紀』本文にあります」といった争論の裁定が下されたことにも関わりがあります。

〈参照事項〉にも挙げておいたように、『延喜式』巻三十一「宮内省」には、大殿祭において祭員が内裏に参入する時、「神祇官が忌部を率い奉仕します」と述べよと規定されています。神祇官の上司はほとんど中臣氏で、つまり、「中臣」が「忌部」を引率する形になっているのです。そして、大殿祭では「忌部」が祝詞を唱えるので、「中臣」はただ座っているだけです。

ただ座っているだけだから何の役割もありません。しかし「中臣」が上司として観察しているという状況は、「忌部」から見れば屈辱的であったと思います。そして、そういう状況は律令制下の奈良時代に出来てしまったのです。これは宝亀年間(七七〇~七八一年)に中臣朝臣常麿が勝手に文言を改作して以来の定例になってしまったと述べられており、先述の通り『延喜式』にも規定されているので、結局、改まらなかったという歴史的な結果になります。

【遺れている事の六】では、伊勢の斎宮の奉仕に関して前記と同じような内容のことが問題になっています。先述したように、平安期には神宮のみならず賀茂を加えた斎宮・斎院に、忌部氏と中臣氏が神祇官人として奉仕をしましたが、両氏の官位に差があることを広成は問題視しています。両氏はもともと同格であったのが、朝原内親王が斎宮となった延暦四年(七八五)以来、中臣氏の意向によって忌部の位階が一つ下がってしまったと主張しています。しかし『類聚三代格』を見ると、ちょうど広成が生まれた頃である神亀五年

（七二八）に、斎宮の主神司《かみづかさ》の叙任についての格が布告されており、「中臣」は従七位であるのに対し「忌部」は従八位で、既にその段階で序列が定まってしまっています。奈良時代前期の律令制が固まっていった頃には、既に中臣氏と忌部氏の間に序列が付けられていたことは事実で、当然これは、現実の政治の中で藤原氏が台頭していくということと軌を一にしています。そのような現実が生じていることに対して、あくまで本来、両氏は同格なのだというのが広成の主張なのです。

【遺れている事の七】も、基本的に同じ趣旨のことを主張しています。なお、「天地開闢」の段のところに記述されていたように、筑紫国に天日一箇神の子孫がいるといった伝承も、大宰府の主神司に忌部が任命されるべきだという根拠の根底にあるのかもしれません。

【遺れている事の八】でも、全国の大社の神職への任命について同趣旨の批判を展開しています。遺れている事の「九」と「十」は後述しますが、【遺れている事の十一】は、天平勝宝九年（七五七）に出されたという「今後、伊勢の神宮の奉幣使にもっぱら中臣氏を用いなさい」との布告に関することです。このことも大同元年（八〇六）の「中臣・忌部の論争」と関係しています。天平勝宝の布告が、再び適用されることを危惧しているのです。なお、この布告については、実際は実施されなかったとする通説に対して、神嘗祭以外の月次祭および臨時奉幣には適用されていたのだという近年の指摘もあります。

以上は、律令祭祀の中での「中臣」「忌部」の序列を、神代からの伝承に従って正さなければならないという広成の主張であり訴えです。

ある史料が訴えているもの

以上の内容は、表面だけ見ていけば、先に触れた『疑斎』の論調のように「愁訴状」や「嘆願状」と捉えられても仕方がないところかもしれません。しかし、単なる〝愁訴状〟にとどまらないことが分かるのは「神祇氏族への配慮」という主張が見られることです。【遺れている事の九】で強調されているのは猿女氏が置かれている状況です。

抜粋を〈参照事項〉にも挙げておきましたが、注目すべき史料として『類聚三代格』に記載されている弘仁四年(八一五)十月二十八日の太政官符があります。これは小野朝臣野主《のぬし》という人物が太政官に提出した「解《げ》」(上申書)に答えたものです。『古語拾遺』が編纂されてからそう離れていない時期に、当時の猿女氏の置かれていた立場がどういったものであったのかが、この史料を見ると分かります。「猿女の興《おこり》は、国史《くにつふみ》に詳《つまび》らかなり。其の後絶えずして、今猶見在《けんざい》せり」(猿女氏の由来は国史に詳細であり、その子孫は絶えずに今に続いている)とあります。つまり、この弘仁年間に猿女氏は確かに現存し、所領も朝廷から賜っているのです。その猿女氏の領地が、近江国和邇《わに》村(現・滋賀県大津市小野)というところと、山城国小野郷という二か所にありました。しかし、そこに居住していた小野臣・和邇部臣が、本来は猿女氏の所領なのに、勝手にそこを横領し、猨女氏でないのにかかわらず朝廷の猨女の役に奉仕しているということを小野朝臣野主が朝廷に訴えたのです。ここに、「神事を先代《さきつよ》より乱《みだ》り、氏の族《やから》を後裔《すえ》まで穢《けが》して、日を積み、年を経て、恐らくは旧《ふる》き貫《ならい》と成れるならむ」(先代からの神事が乱れて、氏の後裔が汚されています。

このまま日を経たならば、この現状が慣例となってしまうでしょう）と、このままで行くと猨女氏が絶えてしまうことを危惧し、「望み請《こ》ふらくは、所司《ところのつかさ》厳しく捉搦《とりみだり》を加へ、用を絶ちて、氏に非《あ》らざらしめむことを。然《しか》れば、則ち祭祀濫《みだ》るるなく、家門を正すことを得《う》」（役人が厳しく監察して、猨女氏以外の氏の横領を禁止してください。そうすれば祭祀も乱れることなく、猨女氏が永続できるでしょう）と、裁定を願っています。

そこで朝廷は「旧《ふる》き記《ふみ》を捜し撿《しら》ぶるに、陳《の》ぶる所、実《まこと》あり」（古い書物の記述から考えると、上申の内容は真実である）と、野主の主張を認め、右大臣が天皇の勅を奉じて、横領していた小野・和邇部氏が朝廷の「猨女」を奉仕することを停止し、猨女氏の女一名を朝廷の縫殿《ぬいどの》寮に奉仕させるように定めた、と書かれています。

この太政官符の記述で注目したいところは、猿女氏のような古い氏族が存亡の危機にあると訴えられている点です。【遺れている事の九】で広成は、猿女氏が神代からの職掌を継承すべきと主張しています。一方、神代以来の氏の存立が危うくなるような出来事を見た小野朝臣野主は、やはり神代からの職掌というものを守っていかなければ大変なことになると考えたのです。そして神祇氏族を貶めることは、祭祀の乱れに通じるとの主張がされています。裁定の中では、古い「記《ふみ》」を見なければいけないということが述べられています。猿女氏にはどういう謂われがあり、歴代どのような職務を果たしていたのか、それを確かめられるのは古い書物であり、それによって小野朝臣野主の訴えは全面的に認められているのです。

当時の状況を広成が非常に憂慮しているのと同じように、他の人々も憂慮していたという点は、見逃せない事柄でしょう。『古語拾遺』は現状への不満をぶつけた愁嘆状という見方もありますが、そこにある思想は必ずしも忌部氏だけが持っていたものではないことが、関連史料の中に見出せるのです。

また、【遺れている事の十】において、神祇官人に鏡作・楯作・神服・倭文・麻積などの祭祀に携わる「負名氏」がいなければならないという主張は、たんに「忌部」だけが残ればいいということではなく、神代の天石窟の記述の中で、祭器・祭具の調製に従事してきた神の子孫の氏族を率いて天皇に奉仕せよという神勅に従うことであったのです。

■歴史の推移の中で

【遺れている事】の「三」「九」「十」などは、いろいろな氏族がいて、各々が神代から受け継いできた職を持っていたはずなのに、今はそのようになっていないことを表しています。これは「律令の時代」というものが、それまでの氏姓制度の時代の社会システムとは明らかに違うものになったことを示しています。

律令国家の官吏の役職というものは、原則、世襲ではありません。中国の場合は、「科挙」という任用試験制度があり、出自や地位は低くても受験勉強をして役人になって出世することが可能でした。日本の場合には「秀才《しゅうさい》」「明経《みょうぎょう》」「進士《しんし》」など一定の任用試験は導入されましたが十分に機能せず、中国のような完全な科挙制度を採用しませんでした。従って、官僚制度が取り入れられる一方、氏族制度が残存していきました。そういった中で、高位者の子孫を父祖である高位者の位階に応じて一定以上の位階に叙位する「蔭位《おんい》の制」などをうまく使い、他氏を抑えて伸びていったのが藤原氏です。官僚制の建前からは、伝統的な氏族がその職掌である官職に就く必然性はなくなります。藤原氏の伸長とともに、日本独自の律令制と氏族制との奇妙なせめぎあいといった矛盾を抱えながら、旧来の氏族というものは没落していかざるを得ませんでした。奈良時代末期から平安時代初期にかけては、そういう時代でした。

『新撰姓氏録』を見れば、平安時代初期には千を超える多くの氏が存在していることが分かります。源・平・藤・橘を「四姓」といいますが、結局、日本の姓は、これらの四姓が多数を占めるようになっていきます。ただし、それは長い歴史の間でそのように変化していったのであり、古代には多様な氏が日本には存在していて、『新撰姓氏録』はまさにその証拠資料です。その中には、「神別」「皇別」「諸蕃」という大きな区分があって、その中には渡来人も相当の数を占めていました。

「御歳神の祭祀」を理解する

本文を通読すると、前段の「遺事十一条」までで『古語拾遺』という書物は完結してもいいように思われます。この「御歳神の祭祀」の話はなくても完結するのです。ここの文章は後に付加されたのだという説もありますが、検証のしようがありません。ただし、この文が付されている意義は十分あると考えられます。それは、「祈年祭」の起源伝承を加えたかったのだろうということです。

御歳神《みとしのかみ》の祭祀

【御歳神】

とある伝えに、昔々の神代の時、春の田作りを始めようとする日に、耕作する人々に対して大地主神《おおなぬしのかみ》が牛肉をふるまって食べさせました。その時、御歳神《みとしのかみ》の子が田んぼにやってきて、饗膳《きょうぜん》につばを吐きかけて帰り、父神にそのさまを報告しました。御歳神は怒って、イナゴをその田んぼに放ちました。すると、稲の苗の葉っぱは枯れてしまい、篠竹のように弱々しくやせ細ってしまいました。そこで、大地主神は、片巫《かたかんなぎ》（鳥を用いた占い）・肱《ひじ》巫（米を使った占い）をして、稲が枯れしぼんだ原因を占うと、「御歳神が祟《たた》っています。白猪《しろい》・白馬《しろうま》・白鶏《しろかけ》を献上して、その怒りを解きなさい」という託宣《たくせん》が下されました。占いの教え通りにして、謝罪をしました。御歳神はそれに応えて「まことに、私の意の通りだ。麻柄《あさがら》で桛《かせい》を作りイナゴを縛りつけ、麻の葉でイナゴを払い、天押草《あめのおしくさ》を使ってイナゴを押しのけ、烏扇《からすおうぎ》を使ってイナゴを扇《あお》ぎなさい。もし、それでもイナゴを駆除できない時には、牛肉を排水口に置き、男根形《がた》をその傍らに置き、ツスダマ・ナルハジカミ・クルミの葉、そして塩を畦《あぜ》に置きなさい」と託宣しました。そして、教えの通りにすると、稲の苗の葉がまた生き生きと茂り始め、秋には豊作になりました。これが、現在、祈年祭の時、神祇官において御歳神に白猪・白馬・白鶏を奉る起源なのです。

〈この段を考える上での参照事項〉

・『延喜式』巻一「四時祭　上」「祈年祭」条に「（前略）御歳社《みとしのやしろ》には白馬・白猪・白鶏各一つを加へ、（後略）」とある

『延喜式』巻八「祝詞」「祈年祭」より

（前略）御年《みとし》の皇神等《すめがみたち》の前に白《もう》さく　皇神等の依《よ》さしまつらむ奥《おき》つ御年を　手肱《たなひじ》に水沫《みなわ》画《か》き垂り　向股《むかもも》に泥《ひじ》画《か》き寄せて　取り作らむ奥つ御年を　八束穂《やつかほ》の茂《いか》し穂に　皇神等の依さしまつらば　初穂をば　千穎八百穎《ちかいやおかい》に奉《たてまつ》り置きて　瓱《みか》の上《へ》高知《たかし》り　瓱の腹《はら》満《み》て雙《なら》べて　汁にも穎《かい》にも称辞竟《たたえごとお》へまつらむ　大野の原に生《お》ふる物は　甘菜《あまな》・辛菜《からな》　青海《あおみ》の原に住む物は　鰭《はた》の広物《ひろもの》・鰭の狭物《さもの》　奥《おき》つ藻菜《もは》・邊《へ》つ藻菜に至るまでに　御服《みそ》は明妙《あかるたえ》・照《てる》妙・和《にぎ》妙・荒妙に称辞竟へまつらむ　御年の皇神の前に　白き馬・白き猪《い》・白き鶏《かけ》　種《くさ》種《ぐさ》の色物《いろもの》を備へまつりて　皇御孫命《すめみまのみこと》の宇豆《うづ》の幣帛《みてぐら》を　称辞竟へまつらくと宣る（後略）

（大意：穀物の実りを掌る神たちに申し上げます。神が天皇にお寄せ申しあげるであろう稲、すなわち、農民の手の肱から水の滴が垂れ落ち、股まで漬かり泥を掻き分けて作るであろう稲が、大きく立派な穂となれば、最初のたくさんの収穫をお供えし、酒にも醸しまして、神前にたたえお祭り申し上げます。広大な野原で生えるものはさまざまな野菜も、広々とした海に住むものは大小さまざまな魚も、沖の海藻も岸辺の海藻も、御服は明るい色の布、光沢のある織物、やわらかい織物、ごわごわした布を備えてたたえお祭り申し上げます。さらに、白い馬、白い猪、白き鶏をはじめさまざまな色をしたも

のを、天皇陛下の貴い幣帛としてお供え申し上げ、言葉を尽くしてお祭りいたします）

・「集侍《うごな》はれる神主・祝部等、諸聞《もろもろきき》たまえ」という詞から始まる祈年祭の祝詞は十段から成っている。西山徳は「祈年祭の研究」（『上代神道史の研究』）で、その祝詞の願意の性格について、以下のようにまとめている。

①天社《あまつやしろ》・国《くにつ》社に白《もう》す詞《ことば》

②御歳神（穀物の稔りの神）に白す詞……年穀の豊穣を祈る

③大御巫《おおみかんなぎ》の祭る神に白す詞……御代《みよ》の長久を祈る

④座摩《いかすり》の御巫（皇居の敷地の神を祭る巫女）の祭る神に白す詞……大宮の地の安く平かならんことを祈る

⑤御門《みかど》の御巫（皇居の御門の神を祭る巫女）の祭る神に白す詞……宮中の守護を祈る

⑥生島《いくしま》の御巫（国土の神を祭る巫女）の祭る神に白す詞……国土の繁栄を祈る

⑦伊勢の天照大御神に白す詞……国運の隆昌と御代の長久とを祈る

⑧六の御県《みあがた》にます神（天皇の御料の地にいらっしゃる神。高市《たけち》・葛木《かづらき》・十市《とおち》・志貴《しき》・山辺《やまのべ》・曾布《そふ》）に白す詞……御料地の豊穣を祈る

⑨六の山口《やまのくち》にます神（山の入り口にいらっしゃる神。飛鳥・石村《いわれ》・忍坂《おさか》・長谷《はつせ》・畝《うね》火《び》・耳無《みみなし》）に白す詞……宮殿の御用材の豊かであることを祈る

⑩四の水分《みくまり》にます神（水を配分する所にいらっしゃる神。吉野・宇陀・都祁《つげ》・葛木）に白す詞……年穀の豊穣を祈る

そして、月次祭の祝詞には②段がなく、全部で九段から成っている。その②の部分が、先に挙げた祝詞の部分である

■祈年祭の「かたち」

祈年祭は現在でも全国の神社で二月に斎行される祭祀です。『令義解』には「歳災作《としのわざわいおこ》らず、時令《じれい》を順度《じゅんど》ならしめむと欲して」（災害や風水害が起こらないように願って）行うと、祈年祭の目的が説明されています。『延喜式』巻一「四時祭　上」では、二月四日が祭日と規定され、一般には農耕の開始前に稲の豊作を祈願する予祝儀礼であると理解されています。現在の我々にとってこの【御歳神】の祭祀の文章は、祈年祭の意義を的確に知るために大きく役立ちます。さらに、神社の祭祀と民間伝承というものが密接に結びついていることを理解することができます。

この二十一世紀の現代において行われている祈年祭では、各神社で稲作の豊穣はじめ諸産業の繁栄や国家安泰、皇室の弥栄の祈願が行われています。祭祀の定義については、現代においても古代においても変わりはないと思いますが、律令祭祀としての祈年祭は、神祇官での幣帛の班幣などもあり、現在のものとはその趣が異なっています。

ここで、祈年祭の「延喜式祝詞」を見てみましょう。〈参照事項〉にも挙げておいたようにその構成は、まずは「天社《あまつやしろ》と国社《くにつやしろ》」（式内社）に祈り、次に「御歳神」、続いて八神殿の神をはじめとする神祇官の御巫《みかんなぎ》が奉斎する神、そして、天照大御神に祈り、大和

葛木御歳神社

御歳神社

国の御県《みあがた》・山口・水分《みくまり》の神々に祈る、という形になっています。この祝詞の奏上の後に幣帛が頒《わか》たれましたが、その後に行われたであろう個別の神社の祈年祭の形態についての記録は残念ながら残っていません。神職が幣帛を持ち帰り、その国家の幣帛を自分の神社の神様に捧げて、といったそれぞれの祭祀が各地で展開されたことでしょう。

ところで、祈年祭の祝詞を「月次祭」の祝詞と比較してみると、ほとんどの詞句は同じです。月次祭祝詞との相違は、御歳神に対する祝詞が祈年祭にはあって、月次祭には無いことです。なお、ここでいう「歳」は一年、二年の「年」ではなくて、「年ごとの実り」、特に稲のことを指しています。その祈る対象は、祭神としての「御歳神」で、具体的には大和国 葛上郡《かづらきのかみのこおり》の式内社である葛木御歳神社（現・奈良県御所市鎮座）、もしくは高市《たけちの》郡《こおり》の御歳神社が中心的な神社でした。祈年祭の「延喜式祝詞」のうち、御歳神に対しての詞章を、これも〈参照事項〉に挙げておきましたので参照ください。

■白猪・白馬・白鶏

この段の伝承を要約すれば、以下のようになります。大地主神が田作りを始めようとした時に、耕作人に牛肉を食べさせたところ、御歳神の子がその様子を伝え、怒った御歳神がイナゴを飛ばして稲が枯れてしまった。困った大地主神は占いをしたところ御歳神の祟りであることが分かり、神託の通りの事を行った結果、稲が再び実るようになったというものです。

しかし、付随する具体的な個別の話の内容は現在でも分からないことが多く、占いの記述にある「片巫《かたかんなぎ》」や「肱《ひじ》巫」は古くから難解とされています。当時でもよく理解できなかったようで割注が付されていますが、現在の我々にはその割注の意味も分かりません。片巫は、割注の原文に「シトトドリ」とあることから、鳥のホオジロを用いた何らかの占いであることは推定されますが、鳴き声などで占ったものなのかはっきりとしたことは分かりません。ただ、神意を鳥で占うことは現在でも類例があり、広島県の厳島神社には「御鳥喰式《おとぐいしき》」と呼ばれる神事があります。

肱巫の割注の原文には「今の俗《よ》の竈輪《かまわ》及米占《またよねうら》なり」とありますが、その実態もよく分かっていません。竈輪は、竈《かまど》の上に灰を置いて熾火《おきび》の燃え方で占ったもの、米占については、新年に行われる「筒粥《つつがゆ》の神事」などに近いものではないかと考えられています。「筒粥」とは、米を炊いて、竹筒などをその中に差し込み、筒の中に入った米の様子から豊凶や天候を占うものです。現在でも長野県の諏訪大社下社《しもしゃ》をはじめ、各地の神社で新年の行事として行われており、市町村の無形民俗文化財に指定されているものも多くあります。他にも米を使った占いには、米を炊いてそのままにし、カビの状態でその年の豊凶を占うなど、さまざまなバリエーションがあります。

また、御歳神の祟りを和ませるために「白猪《しろい》・白馬・白鶏《かけ》」を献上したというところですが、祈年祭の祝詞にもそれらを御歳神に献上することが書かれています。しかし、それらがなぜ祟りを和ませることができるのかも、明らかにはなっていません。

白猪は、猪ではなく豚という説があります。『貞観儀式』には近江国からの「豚一頭」

の献上についてのことが記録されています。なお、平城宮の遺跡からは豚の骨と思われるものも出ていて、古代人が豚を食したのは確実です。

白馬の献上については実例があります。大和国の丹生《にう》社（現・奈良県吉野郡鎮座の丹生川上神社）は二十二社の一つでもありますが、長雨が降って止雨の祈願の時に白馬を献上したという例が、国史を見るとたくさん出てきます（『神社のいろは続』１７２ページ「丹生川上神社について教えてください」参照）。平安時代の弘仁年間（八一〇～八二四年）あたりからは、止雨祈願の中心は次第に山城国の貴船社（現・京都市左京区の貴船神社）を対象とするようになりますが、祈雨の時には黒馬、止雨の時には白馬を献上することが行われていました（『神社のいろは』94ページ「貴船神社について教えてください」参照）。雨は年の恵み、年穀に、直接、関係することですので、馬との関係には注意する必要があると思われます。いずれにしろ、体色が白い動物を捧げるということは、日常とは異なる、いわば「聖別」された動物を供えるのだと理解できるでしょう。

白鶏についてですが、現在はニワトリが白いのは当たり前ではないかと思われるかもしれませんが、ニワトリの原種は今のチャボのように茶色でした。品種改良されて今の白いニワトリになったので、もともとは白くありません。ここでは、突然変異種などを用いたのだろうと思われます。

■牛肉と祭祀

この段で解釈が難しいのが「牛の宍《しし》」(牛肉)です。神が「獣肉の穢れを嫌う」からと言ってしまえば簡単に説明が済んでしまいますが、これについてはさまざまな議論があります。

第一に想定されるのは仏教との関係です。穢れを嫌って災いが起こったというのは、仏教的な殺生忌避の考え方が反映されたものではないかとする説があります。先の白猪・白馬・白鶏は生きたまま供えられています。

『続日本紀』では『古語拾遺』編纂直前の延暦十年(七九一)九月十六日条に、牛を殺して「漢神《からのかみ》」(中国の神)を祭ることが禁止されたという記事が載っています。これらの禁令の背景には仏教の思想があるということが既に指摘されています。しかし一方で、禁令が出されるということは、実際にそのようなことが多く行われていたことを示しています。また、律令祭祀でも鹿や猪の皮などが供えられているように、古代の神祇祭祀において獣肉が、本来、嫌われていたのかどうかという素朴な反論も出てきます。

この段でも祟りの直接の原因は、「田人《たひと》」(耕作人)が御歳神を祭る日に牛肉を食べてしまったからです。大地主神が田を植えるとき、耕作人に精をつけさせるためか、牛肉を大盤振る舞いしたわけです。その様子を聞いた御歳神が怒ってイナゴを飛ばし、それで、イナゴが稲の葉を食べてしまったという展開です。

そのため、一見、牛肉の穢れであると考えがちなのですが、そうすると後ろの方の記述に矛盾が出てくるのです。イナゴの害を防ぐためのいろいろなやり方が示され、最終手段の一つとして、牛肉を水路の溝の口に供えなさい、という神託が下っています。ここで出てくる牛肉をどう解釈するのか、実はいろいろな説があって結論は出ていません。

例えば、これは「漢神祭祀」という外来神の祭祀を反映しているのではないかという説が一つあります。大陸での祭祀は、その多くが動物を犠牲として捧げていて、「牛耳る」という言葉は、そこに由来しているといわれています。祭祀の場で犠牲を捧げて、祭主は牛の耳を取る、つまり「牛耳る」わけです。そういう言葉も生まれたくらいですから、この「牛肉を供えた」のは、動物の犠牲を要求する外来神を祀ったのだろうと解釈することもできます。

牛を殺して捧げた実際の例が『日本霊異記』などにも出てきます。そこには「牛を膾《なます》にして食べた」とあり、そして膾にされて食べられた牛が、食べた人間を地獄で復讐しようとするという話になっていて、説話としては興味深く当時の民間習俗が窺い知れます。『日本霊異記』は平安初期に書かれた仏教説話集ですので、慣習的な土着の祭祀については否定的に描かれていますが、現実に動物供犠というものが祭祀に存在していたとも指摘されます。

国史上では『日本書紀』の皇極天皇元年（六四二）七月条に、雨乞いのため「村々祝部《むらむらのはふりべ》」の教えに従い牛馬を殺して諸社の神を祀ったという記事が見え、実際に祭祀遺跡からは、七世紀から九世紀までの期間の律令制下、祭儀に供えたと考えられる牛馬の骨の遺物が各地から出土しています。このように、農耕やそれに伴う雨乞いなどで牛馬を殺して神に供えるという儀礼が古代日本に実在したことは事実でしょう。しかし、それが普遍的に行われていたのかについては議論があり、大陸に由来する儀礼であると思われることから、渡来人を中心に行われていたのではないかという説が有力です。『古語拾遺』にこの伝承が記されているのも、「蔵」を媒介とした渡来人との交渉記事を多く載せていることと関わりがあるのかもしれません。

以上のように、占いや動物供犠については、学術的にさまざまな議論がなされていますが、結論は出ていません。一方、新年の農耕祭祀の予祝行事や神社祭祀、民間祭祀の中で、今でもこの御歳神の古伝承に類似したものが現存していることに目配りしていくことは大切です。そうした〝発見〟によって古伝承は今も生きている伝承になっていくのです。

■『古語拾遺』の修辞法

この段で広成が主張したかったこととは、律令祭祀の中で、祈年祭についても大嘗祭や大殿祭と同様に神代の伝えがあって、それを根拠として祭祀が行われているということを説明したかったのではないかと思われます。

祈年祭は、新嘗祭などに比べて成立が新しいのではないかと考えられています。律令祭祀が制定されるに際して、祈年祭がつくられたという説もあります。祈年祭は非常に規模が大きい割には、神祇官のみが掌っていて天皇は関わりません。一方で新嘗祭などは天皇自ら神嘉殿でお祭りをされます。また、月次祭に際しては当日の夜に神今食が行われます。

これらの天皇親祭と一体となっている大殿祭・御門祭については広成が意を尽くして述べてきたところでもあります。

確かに「遺事十一条」までの『古語拾遺』が述べてきた祭祀の中で、祈年祭だけが取り残されています。律令祭祀の中で祈年祭は重要ですし、祈年祭の幣帛供進も忌部氏の役割です。ですから、祈年祭についてはやはりどこかで説明をつけたかったのではないでしょうか。そう考えると、この御歳神の記述は後から竄入《ざんにゅう》したのだということではなく、意図を持って加えられているのではないかという理解が可能です。

なお、この段の文章は「一《ある》いは」（とある伝えに）というフレーズで始まります。これは、本文の全体の冒頭が「一いは聞けり」（ある説にいうことには）で始まっていることに対応しているようです。このことは『古語拾遺』全体に関わる修辞法と考えることができます。つまり、「これは古の『ある伝え』である」と最初と終わりに記すことで、「遺れている古伝承を拾う」という『古語拾遺』のテーマを読者に想起させる仕掛けになっていると思われるのです。

おわりに

いかがでしたでしょうか。斎部広成が記した「神話」と「史実」の世界を堪能することができましたでしょうか。

『古語拾遺』は、広成が生きた奈良時代から平安時代初期の時代状況の中で書かれた書物でした。この時代以降、ますます律令制の矛盾は大きくなり、やがては崩壊の時代を迎えるということは周知の通りです。その中で、祭祀や神社は一体、どのようになっていったのでしょうか。

平安時代中期以降は、氏族の単位での祭祀や神社崇敬が継続されながらも、新たな信仰が起こってきます。代表的な現象としては、八幡神、御霊《ごりょう》神などの新たに出現した霊験の高い神への信仰です。それら霊威ある神々の勧請は、従来の氏族神・地域神という存在を超えて広がりを見せていきます。また、本地垂迹説も九世紀の後半あたりから見られるようになり、勧請神を含め新たな「神」の観念が生まれていきます。

まさにその転換期の時代において、「神代」を基準に置くという広成の姿勢はゆるぎのないものでした。しかし、氏としての斎部（忌部）は、広成の後、衰退の一途をたどります。律令祭祀においても忌部氏の官員を充てることができず、「忌部代《だい》」が務めるということになってしまいます。もし、『古語拾遺』が著されておらず、もしくは失われてしまっていたとしたら、広成の意志も完全に忘れ去られてしまったであろうことは確実です。しかし『古語拾遺』は残っています。そして、本居宣長をはじめとした国学者からは高い評価を受けて、今に至っています。

本書を読んで、『古語拾遺』と『日本書紀』や『古事記』との関連性、あるいは『延喜式』などとの繋がり、そして歴史の流れを認識しながら古典を読んでいくことの大切さを感じていただけたとすれば幸いです。

数多くある神道古典の入門書として、この『古語拾遺』を活用していただきたいと思います。神社の由来、ご祭神の由来やご神徳など、神道を知るためには、古代に記された記録や物語を知ることが重要です。代表的な古典は、現存する最も古い書物である『古事記』、また、国家の歴史書である『日本書紀』、地方の伝承が豊富に記述されている「風土記」、最初の和歌集である『万葉集』などの奈良時代に成立した書物が挙げられます。そして、これらの古典には、『古語拾遺』と同じような構造性が秘められています。その構造性を認識していけばいくほど、神道の学習の面白さは深みを増していくと思われます。『古語拾遺』のタイトルに斎部広成が込めた意味を胸に刻みつつ、古伝承を逍遥する書物の旅に出かけていただければと思います。

「神社検定」公式ホームページ
http://www.jinjakentei.jp/

監　修　神社本庁

企　画　一般財団法人 日本文化興隆財団

執　筆　松本久史（國學院大學　神道文化学部　准教授）

協　力　浅山雅司（一般財団法人 神道文化会）

編　集　伊豆野 誠（扶桑社「皇室」編集部　編集長）

図　版　ミューズグラフィック

撮　影　大谷美樹（扶桑社写真部）

校　閲　聚珍社

『神話のおへそ『古語拾遺』編』

平成27年（2015）12月24日　初版第1刷発行

神社検定公式テキスト⑨

企　画　一般財団法人 日本文化興隆財団

発行者　久保田榮一

発行所　株式会社 扶桑社

〒105－8070 東京都港区芝浦1－1－1 浜松町ビルディング

電話 03－6368－8879（編集）

03－6368－8858（販売）

03－6368－8859（読者係）

ホームページ http://www.fusosha.co.jp/

印刷・製本　大日本印刷株式会社

Printed in Japan　ISBN978-4-594-07392-3